U0123570

年青文

让
我
们
一
起
追
寻

走过两遍的路

我研究中国历史的旅程

〔美〕柯文 著
Paul A. Cohen

A Path Twice Traveled:
My Journey as a Historian of China

刘楠楠 译

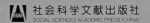

社会科学文献出版社
SOCIAL SCIENCES ACADEMIC PRESS (CHINA)

献给玉仪

目　录

图片目录

中文版前言

正如序言所说，我的好几本旧作早已翻译成中文版，而在中国的学术界里，我亦有不少的读者，因此，我觉得他们都会对这本有关我研究中国历史之历程的书感兴趣。序言交代了我决定写回忆录的缘起。出版中译版回忆录的第一步就是物色一个最好的译者。经过一番张罗，我最终选定了刘楠楠博士。她在北京外国语大学取得了翻译硕士专业学位，最近还取得了香港大学的翻译和传译博士学位。她在香港大学的博导宋耕大力推荐，令我对她更有信心。

多年来，我的华人同行都说我写的东西很难翻译。"你写的句子太长了，绵绵不绝的，翻译起来难度很高。"刘楠楠竟无畏无惧地处理我的长句子，她的方法是把句子分析了，然后重构内容，更往往用婉丽的文字演绎出来——无论如何，总是能够保留原意。她工作时，经常向我请教，把翻译好的文字一章一章寄来，听取我的评语。这过程令我想起林同奇，他将 *Discovering History in China：American Historical Writing on the Recent Chinese Past* 翻译成《在中国发现历史：中国中心观在美国的兴起》，这是我第一本翻译成中文的书。很巧的是，林同奇曾多年任教的北外，正是刘楠楠的母校。当时他每翻译好一章，也会拿来让我审阅。在那个未有计算机的时代，他的翻译稿都是在旧式的原稿纸上，一字一字用手写的。我看了他的译稿，就列出我的意见，和他商量，我们一达成共识，便开始处理下一章。

我和林同奇、刘楠楠合作的具体成果，是同样出色的译本。不过更重要的是，两本书的翻译过程都令我能更深入地了解语言和跨文化沟通及交流的本质。我非常感激刘楠楠和我分享这种珍贵的学习经验，特此致意。

柯　文

2020 年 8 月于美国马萨诸塞州坎布里奇

致　谢

　　回忆录是我从未涉足的体裁。这本回忆录能付梓，多蒙亲友、同侪的建议、鼓励。说服我写这本回忆录的，是我多年的伴侣冼玉仪（Elizabeth Sinn）。这本书谨献给她。本书的第二位读者是艾伦·勒波维茨（Alan Lebowitz）。他作为读者有两个特别之处：一是他的研究领域是英美文学，与我天差地别；二是我们认识超过 65 年了，作为多年好友，艾伦对第一稿及后续修订稿的反馈充满真知灼见，对我大有裨益。其他审读这本书并提出意见的，是中国和日本研究领域的专家：易社强（John Israel）、华志坚（Jeffrey Wasserstrom）、向纳（Irwin Scheiner）、罗斯·特里尔（Ross Terrill）、托马斯·黑文斯（Thomas Havens）、文基贤（Christopher Munn）和宋怡明（Michael Szonyi）。在此一并感谢他们提出的修改建议。

　　哈佛大学费正清中国研究中心不常出版书籍，但为这本书特地成立委员会，商议出版事宜。委员会成员除了我，还有费正清中心主任宋怡明、执行主任慕浩然（Daniel Murphy），以及哈佛大学亚洲中心出版项目主任鲍勃·格雷厄姆（Bob Graham）。在筹备本书的整个过程中，鲍勃给予了良多可靠的建议，还安排许多专业人士协助发行。我还要感谢莉萨·柯恩（Lisa Cohen）帮忙收集处理插图，黄学勤（Justin Wong）搜集费正清中心名下的照片资料。霍莉·费尔班克（Holly Fairbank）指导我如何获取她父亲费正清（John Fairbank）的照片，费先生的另一个女儿劳拉·普尔（Laura Poole）为手稿做了非常专业的编辑，杰夫·科斯洛伊（Jeff Cosloy）对封面耐心地做了大胆的设计。

最后，我想感谢过去半个多世纪我的精神家园——费正清中国研究中心，香港大学香港人文社会研究所及其前身香港大学亚洲研究中心。二十多年来每每到访香港，香港人文社会研究所都慷慨提供办公场所、行政帮助，以及温馨、创新的学术环境。我在此一并致谢。

序　言

　　我并非生来就是历史学家的料。后来怎样成了历史学家，是个一波三折的故事。我生于 1934 年，在纽约州长岛北岸的大颈（Great Neck）地区长大。高中时我数学学得最好，职业测试说，我大概会成为工程师那类人。我父亲威尔弗雷德（Wilfred）及他的几个兄弟，还有我祖父约瑟夫（Joseph）都从事男装制造业。父亲以为我也许会对工厂的生产加工感兴趣，所以在我大概 16 岁时，有一天他和我坐螺旋桨飞机从拉瓜迪亚（La Guardia）机场到费城——父亲公司的工厂设在那里，而业务和销售办事处则在纽约市。我们花了一天时间检查男士正装、休闲西装、西裤的生产机器，跟工厂工人、经理聊天，然后返回机场，坐上飞机，到家正赶上吃晚饭。孩提时代以来，我对商业整体抱着消极的态度——似乎全是挣钱而已。（1954 年初，父亲在写给我的一封信中说："人生的前 17 年，你一直轻视金钱，视金钱如粪土，认为富裕如同犯罪。"）费城之行后不久，我就告诉父母不想从事制衣行业，他们一向了解我的喜好，因此对这个决定并不感到奇怪。

　　20 世纪 40 年代末 50 年代初，我上高中时，有些女性在家庭之外还有工作，偶尔也听闻一些女性在事业上相当出色。但当时与现在截然不同，比如，今天美国法学院、医学院男女新生平分秋色。虽然我的一位姑姑曾是纽约市公立学校的西班牙语老师，还有一位姑姑是颇有名气的舞蹈家、编舞家，但就像我母亲罗斯（Rose）以及她那个时代的许多女性其实并没有自己的职业。除了参加一些志愿活动，婚后大部分时候我母亲就是一位家庭主妇。作为她唯一的儿子，我自然要有远大宏图，既然选择不做男士成衣，那么未来做什么就全凭自己选择了。

多年以后，我才完全明白自己有多幸运，一生中能自由自在地选择想做什么，不用承受外界的压力。父亲虽然对我没有继承家族衣钵稍感不快，但他依然明确告诉我，想做什么就做什么，他支持我的一切决定，若是我需要的话，也会在金钱上伸出援手。他年轻时并没有这样的机会，能给予我这些，他喜不自胜。大学第二年春季学期，他写信给我："一定要做你自己想做的事情，能做到这点的人，太少了……若是你能对一件事产生兴趣，用一年时间完成一个使命，只为满足自己当下的意愿和好奇心，只因为做了这件事情，你自己会感到满足，我会由衷地为你高兴。不要做别人眼中正确的事。"在另一封信中，父亲讲述了自己在我这个年纪时的经历。他高中毕业时，祖父并没有欣然接受他去上纽约市立学院（City College of New York）的想法，因为祖父"秉持着那种老观念，即男孩子高中毕业就得马上就业"。所以父亲在信中写道："孩子，相信我，那一年白天去市立学院的时光对我来说是很奢侈的。每晚晚饭时，我不能提任何有关大学的事情，因为你祖父不想听。所以第一年结束后我决定还是工作。于是我改上了三年的市立学院夜校，每天工作，一周才挣 8 美元，其中辛苦自然不必多言。"

图 0.1　少年时代的作者无忧无虑，但似乎已经着迷于更远的地方

父亲忆起一战结束后，他从海军退役还没 48 个小时，军装还在身上，就去祖父公司在纽约市的办事处报到。父亲坐在样品间，只是想着过来看看。但祖父当时日夜加班拼命工作，向旁人　4 嘲讽父亲："瞧，他坐在那儿跟国王似的。"祖父当即叫父亲周一早上来报到。父亲常对我说，当时从海军退役后，他的梦想是去读医学院，做外科医生。但他说，对于从事服装业，他无怨无悔。他和兄弟中尤其能干的伊西多尔（Isidore）最终成为男装业佼佼者。不过他也谆谆告诫我："我并没有为自己做主的机会。"

父亲多财善贾，所以后来以各种各样的形式弥补了青年时的遗憾。他是纽约州曼哈塞特（Manhasset）长岛北岸大学医院（North Shore University Hospital）的创办人、理事，曾任主席；纽约州新海德公园镇（New Hyde Park）长岛犹太医院（Long Island Jewish Hospital）创办人、理事；纽约市布朗克斯县（Bronx）阿尔伯特·爱因斯坦医学院（Albert Einstein College of Medicine）附属医院创办人、董事会成员。他虽然没有对我这样说，但我相信他参与三家大医院的事务，一定是希望间接地满足自己未竟的医生梦。他也是大颈地区犹太教改革派主要会堂伯特利会堂（Temple Beth-El）的主席，为许多犹太慈善组织捐款。除了这些社会活动外，他还是一位颇有成就的业余画家，多次成功举办个人画展。他用绘画收入成立了威尔弗雷德·P. 柯恩基金会，资助青年艺术家和艺术生。

能够给予我他自己年轻时没有的自由，让我塑造自己的人生，是父亲最心满意足的事。他对女儿们也一视同仁。我最小的妹妹艾丽丝（Alice）开了一家古董店，一开始在曼哈塞特，后来在纽约州绿港（Greenport）；大姐芭芭拉（Barbara）获得哥伦比亚大学社会工作学院硕士学位后，在纽约开了一家私人诊所，担任心理社工，还是纽约州新罗谢尔市（New Rochelle）一所学校的注册家庭治疗师。1992年父亲去世时，我已年近六十，研究中国历史已数十载。为他致悼词时，我特地感谢了他的宽容大度。如今我垂垂九十矣，了解许多同辈与父亲关系的故事后更加深刻地懂得：像他一样慷慨支持子女的父亲实在是少见。

1952年秋天，我进入康奈尔大学，读工程系。入学之后，视野马上开阔了；第一学期末我就转到了文学科学院。大学后两年我在芝加哥大学。芝大前几年在前校长罗伯特·M. 哈钦斯（Robert M. Hutchins）的影响下，引入新型课程设置，这使我得以接触人文学科、社会科学、自然科学那些多种多样的课程，以及数门学科融合课，而不用选择某个专业领域。但在本科学业接近尾声时，没有专业却成了大问题。20世纪50年代中期，一般认为健康男性要服两年兵役，可我却一点儿都不想服兵役。在芝大的第一学年（1953—1954年）对我来说是关键的一年。我热爱芝加哥的学术环境，人生中第一次爱上了读书。虽然仍不知晓未来要做什么，但我清晰地认识到，那一定是能给予我智识乐趣的事。这意味着我要继续读研究生，而当时如果要想申请兵役延期，这也是最简单的办法。然而有一个问题：本科没有专业，能接收我的研究生项目有限。

于是忧心忡忡的我在芝大的最后一学年，探索了许多需要继续读书的职业路径。我喜欢艺术，数学也很好，似乎可以做建筑师。但跟芝加哥的一位年轻建筑师约了一顿午饭后，他告诉我，初出茅庐的建筑师往往前十年都在设计楼梯间，于是我在清单上划掉了这个选项。我也向往心理学，掂量了一下要不要做心理治疗师，但想到读医学院要很多年，也就打消了这个想法。找个合适的职业一再受挫，我越来越心灰意冷，想着不如就举白旗，毕业去部队待几年算了。我写信给当时在哈佛大学读大三的好朋友艾伦·勒波维茨和丹尼尔·斯特恩（Daniel Stern），讲述了自己的沮丧心情。他们马上打电报给我，大意是"别从军，春假来哈佛一趟吧"。

于是我去了。当时丹尼尔正在修一门东亚文明入门课，他十分看好这门课，尤其是它开启了崭新的学术大门。看过课程大纲后，我也心驰神往。在毫无准备的情况下，我找到这门课的两位教授之一、日本历史专家埃德温·O. 赖肖尔（Edwin O. Reischauer），跟他解释了自己的情况，问他既然哈佛东亚研究文学硕士项目是跨学科项目，没有特定专业要求，那像我这样背景的学生有没有机会申请到。他叫我申请。虽然当时我还没拿到芝大本科学位，暑期仍需修一门课，但最终获得了试录取资格，1955 年秋季进入哈佛。

那时我对历史依然知之甚少，但有意思的是，最令我着迷的不是历史，而是亚洲，尤其是中国。我第一次走出北美来一场短期旅行是在 1954 年夏天，去欧洲待了几个月，此后文化之间的差异就深深吸引着我。这个兴趣牵引着我靠近一个自己几乎完全陌生的国度和文化。这之前我唯一了解到中国的机会是赛珍珠（Pearl Buck）的小说《大地》（*The Good Earth*）。我们通常以地域理解文化差异，因此，本尼迪克特·安德森（Benedict Anderson）在自传中这样评价田野调查的特殊性："陌生的经历让你的所有感官比平素更加敏感起来，对比较的喜爱更加深刻。"[1]我当时并没有意识到还可以从时间的角度理解文化差异。英国历史学家大卫·罗温索（David Lowenthal）在他的一本书中，借用了 L. P. 哈特利（L. P. Hartley）小说《送信人》（*The Go-Between*）的开篇首句——过往即"他乡"[2]，他的想法亦是文化差异与历史密不可分。入学哈佛不久，我拜在著名中国历史学家费正清门下，他是除赖肖尔之外东亚文明入门课的另一位老师，而同学们戏称上这门课是"下水田"。我很快了解到，在哈佛不仅会专修中国研究，更会研习费正清所长的中国历史。

这是半个多世纪前的故事了。我与历史不是一见钟情，而是日久生情。我日益意识到对历史的理解，包括我与费先生的理解可以非常不同。历史这个激动人心、充满智识挑战的学术领域与我情愫渐生。起初历史于我是中国史。1984 年，我出版了《在中国发现历史：中国中心观在美国的兴起》（哥伦比亚大学出版社）。书中我批判了美国主流中国史研究中的西方中心偏见，大力推崇更加以中国为中心的理解方式。思索那本书提出的问题时，我日益关注更广阔的历史本质问题，以至于在下一本书《历史三调：作为事件、经历和神话的义和团》（哥伦比亚大学

7

出版社，1997）中，我开宗明义，直言关注的具体例子是中国19、20世纪之交的义和团运动，但我希望探索的议题可以扩展到中国与义和团之外。

2015年10月，经人介绍，我认识了中国颇具影响力的文化月刊《读书》的编辑饶淑荣博士。她邀请我为《读书》撰写一篇文章。2016年1月，我向她提议了该文章大致的想法。研究中国历史已有60个春秋，我对中国历史和历史本身的思考经历了一系列演变；而中国的历史学家熟悉我的作品，因为上述两本拙作已多次出版中文版。我想，也许《读书》的读者，会对我作为研究中国历史的外国学者的心路历程的转变感兴趣。饶博士肯定了我的想法，但甫一动笔，我便发现这项计划比我预想的庞大得多，《读书》给的字数远远不够。我现在认为，我真切需要的不是一篇短文，而是一本有分量的小书。

计划有变，此时我获得了伴侣冼玉仪的莫大鼓舞。她建议，短文扩展成小书的话，我可以借此深入职业生涯的幽微之处，譬如诉说出书过程中充满艰难险阻但鲜有人知的故事；或是作为学者，我之前没有想到，却必须和读者分享的抉择。我接受了她的建议（详见本书第四章、第七章），发现书写这些话可以以少见的方式阐明写作、出书的过程。这些年与出版社打交道的经历，不仅丰富了我自己的故事，也会对准备出版作品却对此几乎一无所知的学界新秀大有裨益。出版专著是学术生涯中一个紧张脆弱的时期，学者需要知道，出版社也是人经营的，人有时会判断失误，所以出版社也一样会犯错。

这倒不是这本回忆录的重点。本书是为了与读者分享那份在逐渐理解历史这门学科过程中迸发的兴奋与深切的愉悦，尤其是随着我对历史本身的思考逐渐透彻，那个与我的祖国十分不同的国家，她的历史，竟没有我以为的那样迥异于世。

一本回忆录自然是一段历史。历史学家写下自己的学术生涯回忆录，可与当时构建学术生涯大不相同，这需要两种大相径庭的思维方式——我选择《走过两遍的路》这个题目本意即如此。这个题目象征着一个关键性的区别：当初亲身经历的历史与后来重构的历史十分不同。经历时是无法预知结果的，我们都不知道最终会如何；然而重构历史时，我们已然知晓结果，历史学家会把精力放在理解上，解释为何出现这样的结果。在最后一章中，我会就这点详细说明。

我也想就此谈谈这本回忆录的参考资料以及预期读者。这本书主要取材自我的著作、讲座——一些已然付梓，一些未然——还有珍藏的众多书信、笔记。完成初稿后，我想到读些其他历史学家的回忆录应该会有所启发，所以找出了杰里米·D. 波普金（Jeremy D. Popkin）的杰作《历史、历史学家与自传》（*History, Historians, and Autobiography*，芝加哥大学出版社，2005）作为参考。

在这本回忆录中，我不时讲到个人生活明显影响职业生涯的地方，但个人际遇并非本书重点。这本书关注的是我作为中国历史学家的思想演变，大多已见诸报章。我的一些著作在欧美、东亚中国史学界颇有反响，所以这本回忆录应该会引起中国史学者、读者的兴趣。我希望其中的部分内容也对所有历史学家有所启迪，尤其是关于以下著作的章节：《在中国发现历史》（1984）、《历史三调》（1997）、《与历史对话：二十世纪中国对越王勾践的叙述》（2009），以及最新出版的《历史与大众记忆：故事在危机时刻的力量》（*History and Popular Memory*：*The Power of Story in Moments of Crisis*，哥伦比亚大学出版社，2014）。

最后，我给几位朋友看过初稿后，他们指出我没有把当时的世界局势、个人生活纳入叙述的语境。其中一位朋友说道："读起来好像你端坐云端，动动手指，从一本书翻到另一本，读者却不知柯文何许人也，身处何方，生活境况如何，世界如何变幻。"这点醒了我，于是在后续几稿中我尽力加入了语境。这本回忆录依然主要讲学术生涯而非个人生活，但更加重视了个人生活、国际风云在各种时刻产生的关键作用。希望这些能让不是中国历史学家，甚至不研究历史的人，也觉得饶有兴致。

第一章
开端

中国人视六十年一甲子为一个重要的循环。我从治学中国历
史至今，正好六十年出头。此时回望我走过的路，似乎正当其
时。事业在何处开启？在一些节点我的观点如何转变，为何转
变？现在如何思考？我的学术著作关注 19—20 世纪，在不同程
度上几乎都与中国和西方的交流，以及中国和西方影响下的日本
交流有关，但生涯中长久萦绕于心的，是我志于深入中国，像中
国人自己亲历历史一样，最大限度重构中国历史，而不是关心西
方人自以为富有价值、自然而然、符合常规的历史。简言之，我
想脱离中国历史研究中欧洲中心观或西方中心观先入为主、受其
荼毒的观念。

较早的例子是我的第一本书：《中国与基督教》（*China and
Christianity*，1963）。在这本书中，我与中国传教史研究的传统范
式明确割席。过去的研究关注"传教史，而不是中国史"。战后中
国研究羽翼渐丰，"旧的西方中心观弊病"愈发明显，学界因此提
出新的范式，其中首屈一指的学者是我在哈佛的导师之一费正清
先生。新的范式"更关心如何理解、评价基督教传教在中国历史

· 1 ·

上发挥的作用"。[1] 我在《中国与基督教》中就采取了这种范式。

11　　　稍微变换一下措辞，我在这里"无耻剽窃"唐日安（Ryan Dunch）的精彩评论，我在《中国与基督教》中做的，"不是将在中国传教作为美国经历的一部分，而是从中国的角度，分析传教士与中国的互动"。唐日安写道：

> 那么，他前往巴黎、伦敦，去了关键的一站台北，在那里，他是第一位深入参阅总理衙门档案的美国人。他用林林总总的资料，围绕四类关键人物——本地士绅、清朝官员、西方领事及政府、传教士，编织成复杂多面的立论。这样他挑起了同辈学人未曾洞见的疑问：如何把传教士同其影响纳入中国历史？同辈以为西方就中国采取对策的时候，他已经"在中国发现历史"了。[2]

尚在学堂：费正清的指导

此时讲这本书为时尚早。走向第一本书之前，发生了许多奠基的故事。我在研究生期间的主要导师是费正清和史华慈（Benjamin Schwartz）。这两人性格迥异。费先生（图1.1）对中国心醉神迷，有时给人感觉他只想聊关于中国的话题。教学以外，他还特别优待我们这些研究生。每周四下午，他和夫人费慰

图 1.1　费正清在坎布里奇多年的家门前

来源：柯文、戈德曼编《费正清的中国世界：同时代人的回忆》（*Fairbank Remembered*，麻省坎布里奇：哈佛大学费正清东亚研究中心，1992）一书封面。

梅（Wilma Fairbank）在坎布里奇家中邀请来访的学者，主要是做中国研究的法国、日本等世界各地的学者饮茶，我们学生也可以去跟他们聊聊天。每周五晚上费先生还会举办非正式的聚会，招待在中国生活过的人。他有很多学术圈之外的朋友，像埃德加·斯诺（Edgar Snow）、欧文·拉铁摩尔（Owen Lattimore）和范宣德（John Carter Vincent），主要是做过外交官的人（如范宣德）、学者（如拉铁摩尔）或记者（如斯诺）。费先生与他们安排好晚上去某个人家，经常是范宣德家，因为他也住在坎布里奇。这样我们研究生也能花几个小时跟这些人聊天，讨论他们在中国的经历。我开始感觉到："哎，这样真好，真好，太好了！"[3]

当时是 20 世纪 50 年代后期，美国的中国研究刚刚起步，出版物少之又少，与中国、日本相关的学科，读完所有书轻而易举。《美国历史评论》（*American Historical Review*）等主流期刊不刊登东亚历史的论文；而专攻亚洲事务的英文期刊屈指可数，最著名的莫过于《远东季刊》（*Far Eastern Quarterly*）——1956 年 9 月更名为《亚洲研究杂志》（*Journal of Asian Studies*）和《哈佛亚洲研究学刊》（*Harvard Journal of Asiatic Studies*）。于是费先生决定稍微填补这个空白，创办了每年出版一次的研究生非正式期刊《中国研究论文集》（*Papers on China*），选登五六篇当年哈佛中国研究领域研究生的优秀讨论课论文，并向世界各地图书馆发行。讨论课论文获选的话，自然感到自己是真正的专家学者了。

史华慈先生（图 1.2）跟费先生一点儿也不像。许多研究中日历史的学者，午餐常聚在一张桌子上。赖肖尔是午餐常客，费先生有时去，而史先生每逢午餐必出席。他不像费先生，他什么都谈，不仅限于中国，只要觉得有意思都行。两位先生都对我影响深远，但影响不同。费先生有几点比较特别，比方说教研生涯开始之后，我每次发表了文章都会寄给费先生，一周之内他就会回信，写下自己的看法和鼓励。可若是寄给史先生，可能半年都收不到回复。去史先生办公室找他的话，则可坐下倾谈一个小时。但费先生门外总有长龙，每人仅限五分钟，说话得直截了当。费先生和史先生学生数目应该相当，但费先生行政职务更多。史先生生性不喜行政，只做了一年东亚研究中心代理主任，而费先生则是到1973年退休前都一直担任主任。

15

图1.2 史华慈。简·里德（Jane Reed）摄

学术上史先生对我的历史观、提出问题的方法影响颇深，但作为中国历史学家，职业生涯初期我确实受费先生影响更大。研究生时我上的两门讨论课都是费先生带的。第一门是在1957年春

季，当时我的中文水平不足以做研究，1955 年秋季，我 21 岁，才在哈佛开始学中文这门难学的语言，所以选了一个可以完全依赖英文材料的论文题目，即比较 19 世纪末最重要的两位新教传教士——李提摩太（Timothy Richard）和戴德生（Hudson Taylor）的传教理念。我原来没上过研究生讨论课，轮到我做口头报告、给全班讲论文进展时，结果一塌糊涂。我没有意识到报告时间，一直讲啊讲，最后费先生起身，大声拉上拉下教室的百叶窗，意思是说，时间到了，快点儿收尾。他当时的行为十分粗鲁，当晚回家后一位同学还给我打电话，向我道歉，表示同情。开头这么差，其后只能越来越好。1957 年底，我的讨论课论文入选《中国研究论文集》。[4] 随着时间的流逝，我与费先生的关系也慢慢改善了。

费先生带的第二门讨论课是研习清朝文书。这门课介绍了清朝文书体，即朝廷与地方之间沟通最常用的上谕、奏折等专用文体。每位学生要参阅文书资料写一篇论文。我写的是 1862 年湖南、江西的"教案"——一系列袭击传教士的事件。开始研究时，我要花很多时间才能看完一页文书，但读得越多，速度越快。费先生自己当时刚发表了一篇关于"教案"的开拓性文章。[5] 他欣赏我取得的进步，鼓励了我。我也得到了刘广京（Kwang-Ching Liu）的慷慨帮助，他也是费先生的学生，那一年在哈佛旁听清朝文书课（图 1.3）。大家都叫他 K. C.。有一次一节讨论课下课后，K. C. 花了三个小时，帮我解读一篇尤为艰

16

涩、对我论文至关重要的文章。我的论文再次入选《中国研究论文集》[6]，关键论点也成为我博士论文的重要部分——最终博士论文出书时，占了一章的篇幅。[7]

图 1.3　费正清在怀特纳（Widener）图书馆自己的书房讲学

研究生后几年我仍在上课，但主要精力花在做研究、写博士论文上。一开始我想既跟费先生又跟史先生，不过最后主要还是跟着费先生。一部分原因是他对我的博士论文选题——传教士——很感兴趣（史先生另有所好）；另一部分原因是他是东亚研究中心主任，我需要定期与他讨论课程相关的行政事宜，以及

未来的规划。论文接近收尾时，我申请并获得了奖学金，得到资
助去台北参加由福特基金会出资、康奈尔大学主办的汉语培训项
17　目。（出于政治原因，美国人当时无法前往中国大陆。美国当时
将台湾的国民党政府视为中国唯一的合法政权，直到 1969—
1970 年，理查德·尼克松总统开始与毛泽东主席建立秘密接触
渠道，情况才发生转变。）康奈尔项目主要强化学生的汉语口语
水平，说汉语固然重要，但跟项目提供的去中国文化环境生活近
一年半的机会相比，自然相形见绌。

台北生活

　　1960 年夏天，在耶鲁大学上完汉语强化课后[8]，9 月我和妻
子安德烈娅（Andrea）、尚在襁褓的女儿乔安娜（Joanna）抵达
台北，康奈尔项目于 10 月初开始上课。乔安娜 1959 年 5 月出生，
当时我和安德烈娅还住在坎布里奇。安德烈娅是我高中低一级的
学妹，当时我们互相不太了解，巧合的是，1954 年夏天我们都报
名去巴黎上法语课。那个夏天我们熟悉起来，两年后结婚。

　　突然提到我妻子，21 世纪的读者可能会想，她从事什么职
业，为何决定跟我一起去台北呢？那个年代与现在十分不同。安
德烈娅生于德国，德语流利。我刚开始读研究生时，她在巴纳德
学院（Barnard College）本科即将毕业，因写魏玛共和国
（Weimar Republic）政治局势的毕业论文而获得荣誉嘉奖。随我

来哈佛后，她给哈佛商学院做了一些编辑工作，并开始学习汉语，准备最终一起去台湾。现在回想，哈佛中文专业的博士生中，除非我记忆有误，没有一位男同学的妻子有自己的工作，而且我们抵达台北后，与哈佛之外做中国研究的美国学者成为朋友，发现情况依然如故。男学者的妻子一般上一些中文口语导修课。她们都有自己的兴趣，安德烈娅帮台湾著名精神医学家林宗义做编辑，修改他即将出版的英文著作。但无论她们曾有什么职业追求，都得暂停，跟着丈夫进入他的领域。[9]

两性职业发展不平等的情况，20 世纪 60 年代以来大有改观，这主要归功于民权运动。但 60 年代初期人人接受的规矩是，妻子不仅要随我去台北，随着我教学生涯开始，还要随教职的变动，迁居美国不同的地方。这方面安德烈娅并非个例。后来担任美国历史学会主席的娜塔莉·泽蒙·戴维斯（Natalie Zemon Davis）在史密斯学院（Smith College）读本科时痴迷历史，但那里的教授认为她已经结婚，不可能工作。虽然丈夫支持她，认同职业平等的理念，但夫妻二人仍觉得丈夫在哪儿工作，妻子就得去哪儿这事理所当然。[10]

这种不平等现象绝不仅限于学界。简·克莱默（Jane Kramer）最近写了保罗·弗里德曼（Paul Freedman）《改变美国的十家餐厅》（*Ten Restaurants That Changed America*）一书的书评，她说不得不提醒自己，20 世纪 50 年代艾森豪威尔当政时，"在大多数纽约的餐馆，必须有男性点餐买单，女性才能就餐"。[11]还有许多其他方面，在美国社会男女地位远不平等。正如马萨诸塞州参议员伊丽莎白·沃伦（Elizabeth Warren）所言，过去几十年间，女性"被关在许多事情之外"。[12]

想起半个多世纪前在台北的时光，我心心念念的不是学中文的点点滴滴，而是真正生活在中文文化环境的经历。我们跟很多外国人（还有一些中国人）一样，住在一所日式住宅。台湾从1895 年到 1945 年被日本殖民统治几十年，因此留下许多日式住宅。偶尔思乡之时，我们央求厨娘早餐做法国烤面包，而不是去家附近路边小摊买便宜的芝麻烧饼夹油条。大多数时候我们跟中国邻居一样，过中式生活，家家户户四面围着高墙，墙头上有碎玻璃，别人说，这是防止做非法狗肉生意的人爬进来，捉走家里的狼狗。

我们吃的饭基本是家里厨娘谢素芳做的，她是四川人，厨艺高超。我们就是要吃中国菜。我记忆犹新，素芳来家做的第一顿饭，主菜虾仁炒蛋，一点调料都没有，食之无味。我知道川菜并非如此，就去问她。她说："哎，川菜太辣，美国人不喜欢吃。"我们问她为什么要做虾仁炒蛋，她说在美国电影里看到有人吃。我们讲我们其实喜欢吃辣，让她只做正宗的中国菜。所以大部分时候，她吃什么，我们就吃什么，这么安排她特别高兴。

当时台北黑市猖獗，人人有份。确实，抵达台北之后我首先做的其中一件事，就有跟博士同学、比我先到台北的易社强（图 1.4）骑车到商业区，他介绍自己的"银行家"给我。"银行家"这里必须加引号，因为他就是珠宝店后门立一张桌子，坐在桌子旁边的一个人。一开始看起来确实偷偷摸摸的。社强已经跟他打过交道，介绍了我，我们握手，约定从此以后要是我台币花光了，随时给老家马萨诸塞州的银行写张支票，说明需要多少美元，"银行家"会根据当天黑市汇率，给我等值的台币。在台北期间，这套系统从未失效。一旦需要钱，我就骑车到商业区找"银行家"。他总记得我是谁，拿走支票，给我正确数额的台币，从未要过护照或身份证明。这件事最能给我"这儿不是美国"的感受。整套体系只需有人介绍，握手约定即可，特别中国。

图 1.4　两位哈佛博士期间的同学易社强（图左）和易劳逸（Lloyd Eastman）在台北一家餐馆吃饭，1961 年。作者摄

20　　　　另外一个中国特色是我们在台北居住的环境总有市声。那时台北有许多走街串巷的小贩，他们服务街坊，如磨刀、按摩，或卖点儿小东西，如新鲜鸡蛋、小兔子、馒头、甘蔗，数不胜数。小贩不上门按门铃，他们中的大部分人只是用特别的腔调唱出来或用乐器说明他们卖什么，高墙后面的人就知道了。外国小孩有时会不幸搞混。有一次我们给女儿买了几只小兔子做宠物，没过几天，

21　有天早上，乔安娜觉得兔子一定喜欢吃点儿她早餐的馒头。兔子不习惯吃馒头，很快就全死了。常听到的市声还有路过的人力三轮车、自行车叮铃铃铃；邻居家的狗汪汪叫；人们聊天、打招呼的声音；还有车骑得太快，就快接近人来人往的街道，叫人让道的喊声。

　　　　住了一段时间之后很快能意识到，当时的台北不像现在，很多方面还像个第三世界城市。小孩在路边露天的下水道蹲着便溺，卡车定期行遍市区，收集家里、楼里的"夜土"　（粪便）——人们戏称它为"蜜车"——交给农民施肥。很多店主住在自家店后，建筑结构之差，以至于被台风摧毁后几天就能重新盖好，跟没事一样。穷人健康状况相当原始。街上玩耍的小孩皮肤病看起来都很严重；父母大多有沙眼，若是不治，很容易有失明的危险。小女孩不到六七岁就得帮助照顾年幼的弟弟妹妹，背着他们，看着他们不要乱跑。我们觉得属于室内的活动——做饭，补衣，洗衣，卖新鲜水果、蔬菜，并理所当然地讨价还价——都在室外进行，谁都可以看到、听到，做饭的味道也能闻到。

　　　　美国来的客人，光是在台北的街道走走或骑车，就会觉得很

有意思。人们总会碰到盛大的葬礼行进队伍，许多哭丧女全身缟素，在队伍中为逝者哭号。哭丧女一般不是逝者家人，甚至都不认识逝者，她们这部分结束之后，会马上止住哀号，摘下白帽子，回头跟其他哭丧女有说有笑地离开。当地人管宗教节日叫"拜拜"，节日到来之前，总会看到路过的卡车上塞满新宰的猪，用于祭祀。我自己觉得最难得一见的，是与我们家几条街之隔的 22 蛇肉店。走过或骑车经过时，很可能看到一条甚至几条蛇，在蛇头下面一点儿的位置被钉在木杆或墙上，店主在蛇的颈部划开，剥下蛇皮，小心地分开能吃的蛇肉和要丢弃的内脏。

从语言学习的角度，我们融入当地生活最重要的方式自然是每天听和说中文。60 年代初，台北人还不是至少都能讲一些英文的，有些人会，大部分不会。告诉厨娘做什么菜，请人调自行车、冲印胶卷、兑支票，跟三轮车夫讲价（图1.5），或者跟托儿所管事的交流，都得说好中文，而且听懂别人的中文也一样重要。

在台北的十几个月里，政治环境也是新的体验。1960 年秋天我刚到这里时，国共内战（1946—1949 年）只过去了 11 年。内战期间约有 200 万大陆难民逃往台湾。1949 年末至 1950 年初，共产党从海上攻打台湾似乎迫在眉睫，蒋介石政权一直秣马厉兵，1950 年 6 月朝鲜战争爆发，国民党才有喘息之机。共产党在东南集结，将准备内战最后一战的部队调往北方，而美国视台湾为东亚防线的重要组成部分，调遣第七舰队进入台湾海峡。

蒋介石政权获得之前没有的喘息空间，在 20 世纪 50 年代采

图 1.5　我女儿乔安娜坐人力三轮车
往返托儿所，1961 年台北。作者摄

取了一系列方针政策，为台湾接下来的三十年定下基调。国民党
整顿部队，50 年代末在役士兵达 60 万人，与 1949 年逃离大陆、
24　士气低落的残兵败将形成鲜明对比。平民教育几乎普及，50 年
代末 90% 以上的学龄儿童入学。1949 年实行的土地改革备受赞
誉，大大削弱了农村地主权力，台湾农业变革为耕者有其田制

度。日据时期留下的基础设施，加上 1950 年以后美国大量的经济援助，以及大批受过西方教育的中国技术官僚移居台湾，他们实行的政策为 50 年代及以后台湾经济腾飞增添助力。

这些发展背后的大计——在 1950 年之后的几十年里被喋喋不休地反复强调——就是重返大陆。许多简洁明了的口号体现了这一目标："反攻复国""反攻大陆"。这些口号在公共场所的墙面、书籍杂志、学校小册子、政治讲话、电台电视、报刊上随处可见。为"反攻大陆"这一政治目标在意识形态方面添翼的是儒家价值观灌输，在学校和其他地方强调儒家信仰。这在一定程度上是为了打造"中华民国"作为中国传统文化真正继承人的形象，国民党认为当时的共产党消灭了中国传统。这样的做法当然也是针对岛上大部分台湾人，他们刚刚脱离日本长达半世纪的殖民统治，许多大陆人认为他们战时通敌，急需重新学习儒家"忠""义"等经久不衰的道德准则。

1949 年起国民党实施军法戒严令，直到 1987 年，蒋介石的儿子、继承人蒋经国逝世前不久才解除。对于研究中国的美国学生来说，住在一党制威权政治体系下的警察社会，是一种全新的体验。那么，我们的生活受到了怎样的影响呢？其实大多数情况下，影响并不严重（图 1.6），但如影随形，无法避免。之前已经提到，我们接触到的国民党书面宣传无孔不入。有人说美国学生的厨师、用人每周向当局汇报我们的动向，是真是假我也难说。研究 20 世纪中国文学的美国学生可能难以拿到研究需要的

25

阅读材料，许多像鲁迅这样的现代文坛巨擘的著作书店买不到，即便有特殊许可，也只能从"中央研究院"等特殊馆藏借阅。这种限制主要针对的不是美国博士生，而是当地人。比如与我成为朋友的年轻士兵总是向我抱怨，20 世纪中国最优秀的作品大部分是看不到的。

图 1.6　与朋友在一家台湾餐馆唱歌，1961 年

修改博士论文、寻找教职

26　　1960 年春天，我和费先生一直保持频繁联系。他在世界各地的中国研究中心讲学，虽然身处海外，依然会尽职尽责地阅读我博士论文的每一章并给予评价。他告诉我日本等地一些中国传教史研究者的名字，供我日后联系他们。在台北安顿下来之后，我得马上决定是尽快出版修改后的博士论文，还是海外之行结束后去东京、伦敦、巴黎的档案馆，多做一些研究再将之出版。夏天在纽黑文（New Haven）读中文项目时，我请耶鲁的芮玛丽（Mary C. Wright）教授读了我的论文，想听听她的意见。她强烈建议我马上修改付梓，不用等到做补充研究之后。

11 月中旬我收到费先生的长信，是他对论文的详细评点。他认为，这本论文"是向着出书这一目标的一个很好的开端，但仍需要大量的编辑修订，哈佛大学出版社才会通过，而我们希望出版社的审核越快越好"。他的意见是，文稿最主要的问题是结构过于思辨，没有给读者渲染 19 世纪 60 年代不断累积的紧张气氛，最终导致的那场"摄人心弦、震惊中外的天津教案，正可以把所有分析角度收尾到最强音。若是你能用杰出的编辑技巧搞定这点，写成畅销书几乎不在话下。因为这个故事正是不断积累，直到高潮"。[13]

鼓励中带着压力，这点无人能出费先生其右。1961 年 2 月，我的文章《中国的反基督教传统》（"The Anti-Christian Tradition in China"）发表在《亚洲研究杂志》，我寄给他一本单行本。他回复道："这篇文章写得真的非常出色，你可以由此开辟一个崭新的领域。再接再厉，尽快修改手稿，修改有没有时间表？最近有没有新的洞见？9 月能交稿吗？"[14]这就是费先生的行事风格。

　　亚洲之行后，我想马上开始教学，所以与费先生来往的无数
信件中，美国就业市场成为另一个话题。20世纪60年代初，中
国研究界虽然即将进入60年代中后期大举扩张阶段，但当时的
规模依然小得可怜。费先生在哈佛办公室以一己之力为学生提供
就业服务，告知新的招聘职位，给建议、写推荐信，赞赏这位、
那位学生的长处、技能，等等。我的情况有些复杂。主要因为我
当时身在亚洲，面试成本太高，去不了我感兴趣和对我感兴趣的
大学面试。另外一点是我再也不想做学生了，急切想走向职业生
涯下一步，开始教学。最终，我的决定是接受密歇根大学一年的
聘用，代替休假的经济史学家费维恺（Albert Feuerwerker）。但
这个职位的不利之处是不可能被长久聘用。不过密大是一所顶尖
大学，在中国研究的各个领域已有建树。因为工作时间只有一
年，而且费维恺和我本就相识，所以不用着急去安娜堡（Ann
Arbor）面试。

　　接受密大聘用之前，情况又复杂起来，别的选项来了又去。
西北大学在招一名东亚研究学者，来填补要去密大的日本史学者
罗杰·哈克特（Roger Hackett）的空缺。费先生向西北大学极力
推荐我，这是份实打实的工作，以后有晋升的希望。我明白这
点，但没有同意。12月中，费维恺告诉我如果去密大要教的课
程的大致情况。他说虽然历史系还没有百分之百同意我的入职申
请，但他个人担保只要我想来，这份工作就是我的。[15]这之前我
收到西北大学两封语气迫切的信，让我如果有意马上告知他们。

我回信说还需要时间斟酌手中的选项。但不久之后，西北大学告诉我这一职位已有人选，再之后我就收到了密大的正式入职通知。

1962 年 1 月 11 日，我收到费先生电报，他说："若尚无更好选择，建议接受密大。"等了几天之后，我写信向密大表示接受。然而 1 月 15 日吃早饭时，又收到费先生一封电报，说芝加哥大学有一个新职位，希望我推迟接受密大。我跑到邮局，问能不能拿回给密大的信。工作人员说当天没有飞机前往美国，若能找到信，确实可以取回。我翻了好几摞的信件，终于找到并截获。1 月 22 日我收到费先生的信，主要说他刚刚听说芝大的这个工作需要历史系和东亚研究委员会双重审核，通过双栅栏要很久。他最近刚好去了密大，为新成立的中国研究中心揭牌，感受到那里学者年轻、向上的热情，印象深刻。他让我别再推迟，接受费维恺的工作。我听从了他的建议，也给芝大写信解释了自己的决定，说如果他们下一年还招聘的话，希望可以考虑我。

在台北期间，我信中也和费先生谈了工作以及论文修改成书之外的话题。1960 年秋，正值美国总统竞选活动如火如荼，我常给费先生寄国民党《中央日报》的剪报。《中央日报》强烈支持尼克松，攻击费先生是美国左派即约翰·F. 肯尼迪（John F. Kennedy）的走狗。共产党的报纸原来也批判过费先生，费先生幽默里夹杂着讥讽，得知海峡两岸都有树敌，觉得有些好笑。有次去中研院近代史研究所，我发现他们有反基督教低俗色情小册子《辟邪实录》的原本，传教士翻译了这本册子，出版时题目改为《腐烂教义的致命一击》（*Death Blow to Corrupt Doctrines*）。我用微型胶卷拷贝一份，应费先生要求寄给了他。[16]若是获悉书籍重印再版的情况，我也告知他，比如马士（Hosea Ballou Morse）的三卷《中华帝国对外关系史》（*The International Relations of the Chinese Empire*），初印于 1910 年至 1918 年，早已失传。他买了三套自用，还写道："（哈佛）库普书店（the Coop）买了大概50 套……新学年开学的时候，我们会让所有研究生都买。"他叫我推荐英文书籍，说他"可以寄给台北优秀的（亚洲）学者，如果对他们研究有益的话"。[17]费先生生性喜爱交际，6 月写信说让包德甫（Fox Butterfield）夏末到台湾学语言时找我。包德甫当时刚从哈佛历史系以最优等荣誉毕业，日后成为《纽约时报》著名记者。费先生说："相信你的建议和榜样无论如何能使他受益良多，希望你们惺惺相惜。"[18]

8 月份，我写信给费先生：

康奈尔项目今年圆满结束了。大多数拿到奖学金的学生为了展示口语的进步，7 月初在美国新闻处（United States Information Service）大会堂演了一出中文独幕剧。我们排练了六周，请了一位专业中文导演，扮上古装，化妆、贴胡子、戴假发，做了舞台背景，总之该做的都做了（图 1.7）。演出时全场爆满，本地报纸盛情称赞。估计这是新闻处在台北成立以来最受欢迎的活动。所以新闻处意识到机会，试图劝说我们到台中、台南巡回演出。可我们非常没有爱国热情，说一夜剧就够了。[19]

图 1.7 与梅兆赞（Jonathan Mirsky，图右）一起表演中文剧，1961 年台北

康奈尔项目 1961 年初夏结束，但我 1962 年 1 月才离开台湾。在岛上这最后六个月，我做了不少事，常去南港区的中研院近代史研究所查阅与我写书相关的档案。近代史研究所馆藏有清代总理衙门档案。总理衙门 1861 年 3 月创立，是外交部的雏形。

总理衙门档案中有许多教案材料。这些档案当时正筹备出版，我若是碰到晦涩难懂的中文材料，就去咨询负责档案工作的主要专任研究人员王尔敏和吕实强，两位的解答让我受益匪浅。康奈尔项目还运行时，我也继续上之前的一对一辅导课。其中一门是马静恒教的研读课，讨论《儒林外史》《红楼梦》这两部著名小说。另一门讨论课的老师是梁宝硕（音译），我们读了全本《论语》和《孟子》，而我的作业是把文言文翻译成现代白话文，并跟梁老师讨论两本书的内涵。就像参演中文剧一样，这两门课都强化了我的口语水平，为这次精彩纷呈的全面语言学习画上了最恰如其分的句号。

学术生涯拉开序幕

台湾之行结束得一波三折，困难重重。1962 年 1 月中旬，工作快有着落时，我女儿乔安娜染上水痘，后引发严重的葡萄球菌感染。几天后安德烈娅就要带着两个孩子，包括 1961 年 8 月刚出生的儿子纳撒尼尔（Nathaniel）启程飞往伦敦，去她姐姐家。我则要去东京一阵子。原计划是我去东京一个月，然后去伦敦团聚，之后几个月伦敦做我们的大本营，我在伦敦、巴黎查阅档案。然而，屋漏偏逢连夜雨，刚 5 个月大的纳撒尼尔又感染了阿米巴痢疾，吃什么拉什么，被迫住院几日静脉输液。安德烈娅改签了机票，待孩子身体状况有好转后，才和他们一起在 1 月

22 日离开。我第二天飞到东京。我曾想倒是可以在日本多待一段时间，学习日语，但由于家庭的缘故，也因为我很想早日开始教学，几个月前学日语的想法遭到腰斩。

撰写回忆录的好处之一，是可以回望人生前事，希望经过岁月的历练自己能更加明智。五十多年后，当我回想起上面讲述的经历，内心的愧疚不是一星半点儿。前文讲到的性别不平等在20 世纪 60 年代初依然存在，当时我的职责就是好好工作，而妻子的主要任务是照顾小孩。这种安排不可避免的后果就是男性会理所当然夸大自己的作用。他努力工作是应该的，家里其他人却要处处配合。带着两个小孩长途飞行，而且两个孩子都是大病初愈，安德烈娅一定压力重重。而我却一点儿都没看到这些，完全没有想到我应该跟他们一起飞到伦敦，确保他们安顿妥当，然后再飞去东京。现在与当时相比，我的想法发生了巨大转变。

在东京我遇到了志同道合的日本研究学者，结识了日后的终生好友向纳。他也研究东亚基督教史，着重关注明治维新时期的日本。[20] 2 月底我飞往伦敦与家人团聚。2 月余下的时间和整个 3月，我都在伦敦公共档案馆（Public Record Office）、巴黎奥赛堤岸（Quai d'Orsay）的法国外交部档案馆做研究。4 月初我们回到美国，在长岛我父母家住了几个月，之后去往安娜堡——已与费维恺一家安排好，他们出国的一年就住在他们家。

下面几年是我职业生涯中精彩、重要的几年。在密大开始教学后不久，我写信给费老师（称呼已改为更亲切的正清），讲述自己多么享受教学的过程。无论如何，这一点也不意外，不过我打算以后几十年以此为生，这个发现倒令人惊喜。[21]教学之外，在安娜堡的那一年，我与亚历山大·艾克斯坦（Alexander Eckstein）成为好友，他是中国经济学家，曾在哈佛待过。密大正飞速提高在中国研究各领域的地位，费维恺不在，亚历山大就积极奔走。我刚在台湾待了 16 个月，认识那里一些跟我一样刚刚进入职场，但不像我有费正清这样的导师的优秀人才，因此恰好可以协助亚历山大。[22]密大需要中文教学好手，而我正有合适的人选——我的老师、好朋友马静恒。亚历山大联系了密大语言学系，他们很感兴趣，于是跟静恒来来往往许多信件，安排家人、签证等。最后一切顺利，1963 年夏天，静恒和家人搬到安娜堡，秋天开始在密大教中文。当时我已经去了阿默斯特学院（Amherst College）。

我在台北结识的另一位好朋友是中国哲学学者孟旦（Donald J. Munro）。我在安娜堡时他在底特律地区暂居。当时他即将从哥伦比亚大学博士毕业，还没准备马上开始教学。我知道他要找1964 年秋季学期开始的工作，美国当时招收中国哲学领域学者的大学不多，我就跟亚历山大提起孟旦，建议亚历山大跟密大哲学系商量一下。哲学系面试了孟旦，给予他助理教授职位，1964年秋季学期可以开始上班。孟旦在密大工作三十多年，成为中国哲学思想领域的顶尖教授，著作等身，1996 年退休。

必须指出，积极推荐职位人选是我从费先生身上学到的另一个优点，当然这方面我与费先生的贡献相比是小巫见大巫。还得说明一下，20 世纪 60 年代初我与正清、与其他人频繁通信是在电子邮件时代来临前，邮件立等可复的日子尚未到来。当时是"龟速时代"，而需要果断做决定时，方显通信速度的重要性。

一书接收，一书又起

在安娜堡那一年，另一个重要的进展是 1962 年 6 月，我得到哈佛接收了我的书稿的通知[23]，这意味着下一年大部分时间，出书这个我当时一无所知的过程会占用许多精力。然而我还有时间打开另外一个新世界的大门。有些学者在写完一本书后，马上就准确知道下面要做什么，可我向来不是这样。1962 年夏天，我有许多闲暇时光思索下一步的打算，去密大前，以及一到安娜堡，我就着手查阅密大丰富的中文馆藏，收集清末一位非常有趣的知识分子的资料，他叫王韬（1828—1897）。[24]此人吸引我的原因有几个，有学术上的，也有实际考虑。首先，王韬不像 19 世纪后期其他与西方有广泛接触，或曾游历、旅居国外的中国人，他著述甚广，颇有成就，而且关于他人生经历的资料比较丰富。我第一次读到他是博士时读邓嗣禹和费正清的经典著作《冲击与回应》（*China's Response to the West*）。学术界这种现象很常见，前人和前人著作中的决定会影响后人的选择。若不是邓先生和费先生决定把王韬写进那本书，可能很久之后我才会听到这个名字，更不太可能选择花十年的光阴，读王韬的著作，写一本关于他的书。（《中国与基督教》也是类似的情况。1941 年，中国学者吴盛德、陈增辉合编了一部梳理基督教使团事件的中文资料编目。1985 年第一次与陈增辉通信时我告诉他，他们这个编目为我 20 世纪 50 年代末写博士论文省下几个月的时间。"坦白说，"我写道，"以我当时的中文水平，若没有你们的编目，我严重怀疑自己能不能就那个话题写出博士论文。"[25]）

诚如美国历史学会一位前主席在《历史学展望》（*Perspectives*）2007 年 2 月刊所言，实际考虑也是影响学术生涯的一大因素，这是王韬吸引我的另一个原因。执教阿默斯特学院之后，离我最近的图书馆中哈佛的中国历史馆藏最为丰富，距我两小时车程。王韬是高产作家，大多数著述已由几本关键书目收录，我可以复印几本，也可以从哈佛燕京图书馆长期借阅，因此写一本书只关注他一个人更好。我在阿默斯特待了两年，之后接受了卫斯理学院（Wellesley College）聘请，它离坎布里奇只有半小时车程。

35　　卫斯理学院比阿默斯特学院更吸引我，有几个原因。一是给了我兼任哈佛东亚研究中心研究员的机会，我在哈佛有了办公室，也能与其他中国研究学者频繁往来。[26]1965 年 3 月，我写信给姐姐芭芭拉告诉她新工作的消息，说道："我不会再像在这里（阿默斯特学院）一样孤立无援了。这里没人读我读的书，想激发灵感的话，我只能对墙说话。"二是卫斯理愿意引入中文教学，当时阿默斯特似乎无意提高东亚研究在课程中的比重。第三当然是卫斯理离哈佛燕京图书馆更近，这里有美国第二大的中文馆藏，仅次于国会图书馆。早期做王韬研究时用他的几本关键著作还能对付，但深入下去时，我更加迫切地需要获得借阅更多中文书籍的权限。

卫斯理第四个吸引我的地方，是我作为教师的责任更加广泛。我在卫斯理任教约35年，从一开始来到这里时我就认识到，卫斯理视中国为世界的重要组成部分。1966年11月我在为《卫斯理校友杂志》写的一篇短文中谈道："在美国本科学校中，卫斯理在开展中国研究的决心上鲜有对手。"在卫斯理的第一年（1965—1966年），我开设了一门系外中国文明课，有242名学生。第二年，在林戴祝畬（Helen T. Lin）的专家级指导下，卫斯理首次开设中文课。林戴祝畬曾在台中的美国外事语言学院（Foreign Service Language Institute）、耶鲁远东语文学院（Far Eastern Language Institute）教中文。早在此之前，兴致勃勃的学生就组织了中文午餐会，意在每周都见面，与像我这样热情参与的教职人员讲讲普通话。1974年9月，执教中文九年之际，我在一篇报告中写道，卫斯理的本科中文项目，与美国任何一所大学相比都毫不逊色。当时中文系一般每年本硕博有50到60位学生，有人用中文做研究，写出了获得荣誉表彰的本科毕业论文；越来越多的人做更高层次的研究，去了顶尖博士项目。

1966 年到 1967 年，在巴尼特·米勒（Barnette Miller）基金

36 会、宋美龄基金会的赞助下，中国成为卫斯理学院多场大型课外活动的焦点，其中包括罗樾（Max Loehr）组织的中国传统艺术形式展。专门研究中国的学生，自然也从卫斯理与哈佛的邻居关系中受益匪浅。

这些年来，我在卫斯理的学生中有相当一批继续在美国或其他国家的大学里攻读中国研究硕博学位。同时，积极参与哈佛东亚研究中心（后来更名为费正清中国研究中心）的事务给了我卫斯理无法感受到的教学体验：能与哈佛的博士生和其他大学的访学博士生保持密切的联系。我也活跃在中心的日常运作方面，20 世纪 70 年代应时任中心主任傅高义（Ezra F. Vogel）的要求创办了新英格兰中国研讨会（New England China Seminar）。研讨会项目每月一次，形式是黄昏时由一位受邀嘉宾做讲座，请的嘉宾一般来自新英格兰地区，偶有来自其他地方的学者；晚饭后由第二位受邀学者做讲座。1980 年我应邀担任费正清中心执行委员会委员，时常参与中心运作的重要决策，当时是受时任中心主任孔飞力（Philip Kuhn）之邀，他是我 1950 年代末的博士同学。戈德曼和我是第一批担任委员的非哈佛教职成员，而且 1980 年至今我一直是委员。

在卫斯理这些年，即使是学期中我也能每周在哈佛两三天。除了去东亚研究中心听讲座（或是偶尔做讲座）之外，我也经常受邀审读、评判博士生的论文和同事的著作。我出书越来越

多，在中国研究界越来越为人熟知，读全国其他大学学者的书稿
（偶尔也有博士生正在写的文章）成为我学术生活的一大特色，
我也一向严肃对待。所有这些因素使我坚信，1965 年秋天搬到
卫斯理学院、波士顿区域是交了好运。在美国最好的本科院校之 　37
一教书，并成为中国研究界最顶尖的研究中心之一密不可分的一
部分，这两个机会的组合绝无仅有。这本回忆录的余下章节，我
会试着主要向读者讲述自己是如何利用了第二个机会。

第二章

王韬：清末变革之法

38   王韬一生挑战的核心议题是"西方冲击－中国回应"学说，这是他在学术上最吸引我之处。"西方冲击－中国回应"学说盛行于 20 世纪五六十年代的美国学术界，与欧美更深厚的理论传统有着千丝万缕的联系。19 世纪以来，西方根深蒂固的观念是，中国几乎不可能产生深刻的内生变化，真正的变革只能由西方冲击造成，中国必然效仿西方模范。下一章将细数此等西方思想。我个人开始悉数审视这种思维方式是在 20 世纪 70 年代后期。然而以今思昔，早在十年前研究王韬生平、著作时，我就对此等思维深感不适。[1]

王韬（1828—1897）生平概要

      王韬（图 2.1）成长于苏州地区。1846 年乡试不第后，他在上海传教士创办的墨海书馆担任编辑，参与《圣经》新译本的翻译工作。虽在 1854 年受洗为基督徒，但他在上海的闲暇时间似乎难符基督徒的标准，常携三五密友，饮酒作乐，青楼寻欢，还在著作中以绵绵爱意，摹画青楼的生活仪式。1862 年，清廷上海当局以王韬上书太平天国策划谋逆、意图夺取上海为由通缉他。王韬在英国人的帮助下逃往香港，经安排协助理雅各（James Legge），成就影响深远的中国经典翻译事工。王韬协助得力，1867 年被理雅各邀请前往其苏格兰的家中，继续翻译工作。 40

图 2.1 王韬

来源：《上海研究资料》（上海：中华书局，1936）。

在游历海外（包括欧洲大陆）两年多后，王韬 1870 年返回香港，开始撰写有关西方的著述，其中最著名的是《普法战纪》，该书于 1873 年出版，讲述普法战争（1870—1871 年）。此书是首次用中文审视欧洲近代史大事件的著作，让王韬作为外事专家而一举成名。此时王韬亦开启新闻记者生涯，1874 年被指定为新创办的华文报纸《循环日报》的主笔。《循环日报》乃香港第一家华人出资、华人主办的报纸，虽是商业报刊，却以讲述世界、参谋时事为己任。王韬的政论经常见诸报端。在当时英国殖民统治下的香港，他言论自由，于是借报刊宣传变法。王韬开创的这一风气，19、20 世纪之交为著名政论家汪康年、梁启超所因袭，对现代中国产生深远影响。

王韬见证了香港成长为商业社会的过程，广结呼风唤雨的华人商贾，不仅与这些人有金钱往来，亦结伴定期拜会港督，甚至与港督轩尼诗（John Pope Hennessy）成为好友。王韬通过《循环日报》呼吁清朝官员更加重视商业，改善商人在中国社会的地位。

1879 年，王韬访日四个月，受到日本名士的热烈欢迎，被称赞为中学文士、西学学者。王韬在香港二十载成就斐然，1884 年他回到阔别已久的上海，继续宣扬改革主张。1894 年，他帮助孙中山修改"上李鸿章书"，不过当时的北洋大臣李鸿章却另有紧要事由——中日之战一触即发。孙中山上书失败，转而谋划革命。王韬——其革命主张与孙文不同——在同辈中国人预见的

41　变革前夕，1897 年 5 月七十大寿之际，怅然离世。[2]

王韬一生致力于解决纷繁复杂的变革问题，为梳理他的思想，我必须直面变革议题。我在研究王韬的著作《在传统与现代性之间：王韬与晚清改革》序曲中写道，此书四部分讲到一系列宏大的变革议题，均与王韬相关：渐进变革与革命的关系；

代际变革与历史变革的不同；以内部标准衡量社会变革的优势；"传统"与"现代性"之间的复杂关系；中国历史事实与所谓"中国传统"的差异；技术变革与价值观变革；19—20世纪中国改革的地理文化渊源；等等。接下来几节讲述王韬思想时，我会讨论上述问题，但当时的我仍无法脱离"西方冲击－中国回应"学说的窠臼，我在质疑以西方影响为衡量清末中国变革核心尺度这一立论时，仍难免高估西方影响的重要性。[3]

王韬的新中国之策

"在新大陆，"费正清写道，"现代世界是我们参与创造的；在中国，现代世界被推到中国人身上，强迫他们吞下。"[4]19世纪西方围堵中国，中国毫无准备，花了几十年时间，虽仍懵懂，但也逐渐开始理解摆在自己面前的挑战的本质与深度。这种情况下，应对挑战的策略远非家喻户晓，下述手段亦有耳闻：

> 老、庄之旨，柔可以克刚，退可以为进，惟能善用其弱，而弱即可为强矣。过刚则必折，躁进则必蹶，惟轻用其强，而强无有不弱者矣。历观古今来享国久长者，莫如周代，然自平王东迁以后，萎靡不振，几若赘旒……赵宋于诸代中为最弱，然能历与辽、金、元三朝相抗，延至三百余年，则以弱而能自存也。[5]

42

这段话出自 19 世纪 60 年代末的一家香港报纸，文章作者意在说明，中国人若想易历久弥新的中国之道为西方之道，以面对西方的挑战，不过是自欺欺人。中国的最佳防御策略并非练兵制器、筑堡建寨，而是效老庄以示弱，行儒家传统美德义、忠、信。这家报纸的编辑将此篇文章寄给远在苏格兰理雅各家中的王韬，王韬写下雄篇，力陈中国亟需变革的立场，以及应对西方威胁的思想框架。[6] 他首先大胆宣称，世变已极，中国三千年以来所守之典章法度，至此而几将播荡澌灭。随后他比较了世界的西北与东南，即西方与中国。"东南柔而静，西北刚而动。静则善守，动则善变……柔能持己，刚能制人，故西北每足为东南患，东南不足为西北病。"[7]

王韬承认，顾守有时足以待变，柔有时足以制刚，但这个过程缓慢易变，西方必将趁机为难中国。而中国的明智之举，莫过于师其所长，赢得西方的游戏。因此中国需要变革，此变乃形势所需。王韬谈道，变乃天之常道，"盖天道变于上，则人事不得不变于下。《易》曰：'穷则变，变则通。'"[8]

若中国必变而后可以为国，则将驱赶传统的风俗政事、文物声明，而尽西方吗？"非也，"王韬直言，"吾所谓变者，变其外不变其内，变其所当变者，非变其不可变者。所谓变者，在我而已……彼使我变，利为彼得；我自欲变，权为我操。"王韬继续讲道，中国从前幅员狭隘，之后境土渐广，逮到清朝疆域最广。欧洲诸邦历史上亦如是，百十年间，洪波无阻，渐由印度而南洋，由南洋而东粤，羽集鳞萃。

此天地之变局绝非出于人意计所及，必乃天心为之也。天之道正欲福中国。王韬世界观的一大特色，就是认为中国有天命相助："天之聚数十西国于一中国，非欲弱中国，正欲强中国；非欲祸中国，正欲福中国。故善为用者，可以转祸而为福，变弱而为强。不患彼西人之日来，而但患我中国之自域。无他，在一变而已矣。"

前述王韬点明其"变"为"变其外不变其内"，而这里他又呼求"一变"，如何解释这种前后矛盾呢？我认为这只是貌似矛盾，实则并不矛盾。如果我理解得当，王韬的"一变"不是改变一切，而是改变可以改变的一切。"一变"不涉及"内"，"内"近似"道"，乃精华本质，恒常不变。"内"却包含"外"，"外"是"内"之外一切事物，"外"可变，自然有变革的巨大潜力，"外"可变的规模如此之大，无须侵蚀固若金汤的"内"，即可

44

夫用兵以刀矛一变而为枪炮，航海以舟舰一变而为轮舶，行陆以车马一变而为火车，工作以器具一变而为机捩。虽……，及其成功一也，然而缓速利钝，难易劳逸，不可同日而语矣。

凡此四者，皆彼所有而我无其一。使我无彼有，而彼与我渺不相涉，则我虽无不为病，彼虽有不足夸，吾但行吾素可耳。独奈彼之呫呫逼人，相形见绌也。且彼方欲日出其技

以与我争雄竞胜，絜长较短，以相角而相凌，则我岂可一日无之哉？……将见不及百年，四者必并有于中国，行之若固有，视之如常技。吾固不欲吾言之验，而有不得不验者，势也，亦时为之也。天盖欲合东西两半球联而为一也。

这些段落的价值取决于我们怎样看待其理论结构。越来越多的学者认为，"传统"与"现代"并非截然对立，互不重合。历史学家高慕柯（Michael Gasster）总结该问题时说：

> 无论西方还是东方，大多数社会是二元的，不是要么现代、要么传统，而是混合了现代与传统，他们是"文化变革正在发生的体系"，之间的差别在于"现代"和"传统"成分之间的组合关系……从这个角度来看，现代化的最佳诠释是，现代化是一个走向现代性某种情境的过程，但这种情境永远无法完全实现。诚然，现代性没有最终达成情境，只有诸多现代力、传统力之间不断调整的渐进过程。[9]

就此我仅补充一句，我认为将方方面面必须限制在"现代"和"传统"这两个壳子里毫无依据。每个社会的构成中，都有无法简单归一到任何外壳的成分，比如人类天生对故事和讲故事的渴望。[10]

如果现代性是一个相对概念，那么所有社会，无论有多现代，都会保留一些传统特色。接受这一立论随之会产生两个问题：客观考虑，19 世纪的中国需要放弃多少儒家思想，才能促成深刻的变革？若想促成此类变革，必须公开挑战儒家思想吗？思索这两个问题，就像打开潘多拉的魔盒，衍生更多问题。儒家不等同于传统，那么如何厘清二者之间的界限？且不论如何界划儒家思想，有意排斥儒家，就一定能保证不受其继续干扰吗？反之，拒绝公开贬斥儒家思想，就一定能保证儒家思想不受侵蚀吗？一言以蔽之，真正的变革与看得见的变革有何分别？看得见的变革与想见的变革又该如何划分？

提出这些问题——下一章仍会继续探讨——我是想告诫人们，不要想当然接受现成的答案。这些问题堪比蜀道，其中一些可能终究无法解答。每一个都没有定论，所以必须常问常思。 46

轻视中国改革思想的"坚船利炮"阶段，亦反映出 1895 年前中国改革是以"失败"告终的普遍想法。持这一想法的主要是"条约口岸知识分子"，他们对中国的"无能"一向很没有耐心。近些年强调这一想法的学者，大多误读了日本的情况。比较中日现代化的努力十分有价值，但比较时必须小心翼翼。1895 年，日本大胜中国，此后成为世界强国，而中国则继续迷茫软弱。但若是以此下结论，认为日本因"对西方的回应"迅速才得以成功，中国则因迟缓而导致失败，那是无视了近代日本史的基本事实——日本的现代化，尤其是政治现代化，远在西方人到来之前就已经开始了。[11]如果要修正上述思维方式，我们可以扩大比较范围，不仅衡量中日之间的现代化经历，还可以将中日与世界比较，西方冲击只是其中一个变量。这样比较的话，我们可以发现，中日的现代化进程都相对较为成功，[12]中国可能落后于日本，同时起步也更晚。

比较时一定要注意，成败、快慢这种词只是相对意义上的。比较中日现代化进程时，关键问题不是为何两国回应西方速度不同、成败结果不同，而是为什么只有外界刺激"大举入侵"之后，中国现代化才开始，而日本的现代化早在外界侵犯前就已经开始了。[13]

轻视"坚船利炮"的想法大行其道，因此许多人不愿深究 19 世纪中国改革的技术层面。结果就是很多最基本的区别没有搞清楚，混淆了技术变革的事实与决心：决心是主观的，包含价值判断。而且少有学者能区分技术变革的决心的程度：有人推崇有限的变革；有人承诺的规模之大，不亚于技术革命；有人对技术变革持积极、正面态度，认为它是"文明前进脚步"上的自然衍生品；有人则视之为不可避免的遭遇，是情势所迫，不得已为之。最后，下决心投入技术变革的动因也多种多样，有所交叉：或是为改善人们生活，或是为与他国有力竞争，或是改善国家实力，或是保存传统价值观、体制，不一而足。

假设个人对技术变革的决心的本质，或多或少反映其对变革的取向，那么 19 世纪 60 年代末，王韬是什么立场呢？与当时其他力陈己见的中国人相比，王韬的改革计划和意见又有多大胆呢？虽然无法准确厘清王韬此时愿意走多远——这点很可能他自己都不知道，但可以肯定的是，他超越同辈大多数人一大截。其他改革派一致认为中国需要引入西式武器、舰船，但清廷高官全部反对建设铁路，[14]而且除了一些非常西化的"条约口岸知识分子"，据我所知，19 世纪 60 年代末无人提倡在中国经济中大规模应用机械。

王韬赞成技术变革的原因同样重要。19 世纪末许多改革派认为西方等同于"物质"，而中国等同于"精神"，认为只有采取西方物质文明，中国的精神文明才能免于毁灭，即"体用说"，最著名的是 19 世纪 90 年代总督张之洞的名言"中学为体，西学为用"。

若说王韬完全不接受"体用说"，是谬以千里——像在别处他亦有前后矛盾——但他的核心思想指向另一个方向。王韬认为，中华文明的实质、核心思想，即中国之道，是坚不可摧的。因此在技术进步方面，理论上说他可以自由地采取任何立场，即使是对一些象征性的改革，如无必要他也会拒斥。按同样的逻辑，他也可以支持大规模技术变革，前提是变革不会对中国之道造成损害。如果他选择支持变革，那么背后必然有保护中国之道之外的原因。我发现王韬的实际想法恰如上述假设。王韬认为，实行技术变革有两层原因：第一，只有这样中国才可以与业已实行技术革命的西方国家抗衡；第二，上天命中国实行技术改革，

48

以求世界统一。在王韬看来，这两种情形下，保护中国的价值观不是进行技术变革的原因，而是限制技术变革的条件。

王韬提议实施深刻的技术变革，只是因为变革不可阻挡，还是在某些程度上，用变革不可阻挡这个论点强化他自己的立场呢？换句话说，他是认为"鸡生蛋"，因为变革迟早来临，所以需要变革，还是"蛋生鸡"，因为需要变革，所以变革迟早来临呢？表面看来，王韬以技术革命为两害相权取其轻中的轻者。他坚称并不希望自己的预测成真，而是由于"时势"，这些预测必然成真。这里我们不能姑且听信王韬之言，毕竟他的立场不是写在给朋友的私函或自己的日记里，而是写在报刊文章里。王韬的目的是说服日报读者。可以想象，19世纪60年代末的日报读者大多反对深刻的技术变革，作为策略，说变革迟早来临效果更好。王韬个人对"机器时代"来临的感受，在他游历欧洲期间（1868—1870年）的旅途日记中有更为准确的描述，当时他在日记中对此毫无保留地表示赞赏。[15]

王韬对技术变革的决心大胆超前，自然也就很早承认其他领域的变革必不可少，就这一点，依然少有人达到他的高度。19世纪70年代，他是变法的第一批拥趸。此时距他注重技术创新只过了几年时间，他决心大增，开始首肯社会、经济、教育、政治领域的基本改革。过去支持变革的理由越来越不充分，所以王韬不得不寻找新的理由。[16]其中一个来自历史，反映了王韬的历史发展观、线性历史观：

49

> 泰西人士尝阅中国史籍，以为五千年来未之或变也。夫中国亦何尝不变哉？巢、燧、羲、轩，开辟草昧，则为创制之天下；唐、虞继统，号曰中天，则为文明之天下。三代以来，至秦而一变；汉、唐以来，至今日而又一变。[17]

面对西方批评中国停滞的声音，王韬的辩解值得玩味。他当然可以把批评视为变相的赞美：这正说明中国之道亘古不变，光荣伟大。然而他选择回应，坚持"中国亦尝有变"，暗指自己在情感上认同变革理念，在当时的中国人中，这种信念罕有。

类似的积极进取精神，也可以从王韬的其他改革文章中感受到。他断言因时制宜乃圣人之道，即孔子之道。孔子若是生于19世纪，断会支持行泰西之法，成变革之业。[18]孔子若生今之世，亦为变革之人——王韬的这个想法可能跨越了时代，也预见了19世纪末思想家康有为超前著述的诞生。该想法不仅为广泛变革提供了强有力的依据，也把对变革更积极的态度引入儒家思想。

王韬关于普遍性的"道"的理念，[19]其影响虽不显眼，但也一样具有颠覆性。当时人们几乎全部倾向于认为"道"属中国，"器"属西方。然而王韬坚信"道"是人类文明共有的特质，因此既是西方的，也是中国的，为讨论打开崭新的天地。这种观点把西方带进了中国的话语世界，由此给中国提供更大动力，借鉴西方时可以不单借"器"。

50

王韬对孔子的动态诠释和对"道"的普适解释，是否篡改了儒家传统，这些诠释还符合儒家定义吗？努力寻找中国现代化的合理依据时，王韬是不是把儒家思想诠释至死了？面对这样的问题，我们很容易滑入事后诸葛亮的决定主义，毕竟20世纪初五四运动时期，儒家思想被公开批判打倒，在此之前的几十年间，儒家思想被不断修正，最终无可避免走向被遗弃的命运。要遏制决定主义的想法，我们必须提醒自己，儒家信条以前也经历过颠覆变革，但儒家传统并没有因此消亡。汉朝或宋朝的儒家思想，很可能孔子都识别不出来，但汉儒和宋儒的门徒依然自视为圣人货真价实的传人。因此在王韬这个例子里，王韬对儒家思想的发挥是不是将之诠释至死，我们很可能无法客观判断，而唯一能确定的是，王韬依然自视为儒家传人。

19—20世纪中国变革的根源

《在传统与现代性之间》前几部分主要讲王韬生平，最后一部分分析19—20世纪有关中国与变革的一些更宏大的议题。此书1987年再版时，我在前言又捡起这些议题。我在此想简要总结最后一部分的主题，讲讲现在的我会怎样修改、加强这部分的论点。当初提出的诠释框架由三个论点组成。其一，颠覆性的文化变革往往需要两个阶段，第一阶段主体是开拓者、创新者，第二阶段主体是实施者、生效者。其二，鸦片战争以降的中国历

51

史，是两个各具特色、各成体系的文化环境互动的产物。这两个文化环境是指沿海的香港、上海等与中国内陆。其三，在整个19世纪和20世纪的几十年里，中国提出变革的主要是沿海亚文化地区，内陆主要负责实施。为阐明清末沿海如何开启变革，我在书中最后一部分从个人传记转向群体传记，探讨了十二位改革派的人生，其中八位（包括王韬在内）与沿海文化联系紧密，其余四位代表内陆。

我当时公开承认此框架仍属早期探索，很不成熟，用了许多词削弱观点力度。[20]我在深入撰写下一本书《在中国发现历史》（1984）时，才得以让自己稍稍远离《在传统与现代性之间》——更为明晰这本关于王韬的书弱点在何处，以及该怎样加强。而弱点之中最紧要的，是我在此书中流露出这样的倾向：清末中国变革的主要衡量标尺是西方对中国体制及中国知识分子世界观的冲击。这样的倾向在此书最后一部分以及前几个篇章中都有所显露。也就是说，我把西方对中国生活的影响与变革画等号，这么做有三重影响：其一，忽视或边缘化了中国的内生变革；其二，书中称设置机构、实施变法的过程为"合法化"，而这种"合法化"被我过度简化为"中国化"和"去西方化"；其三，我几乎只关注了阻碍变革的知识、文化壁垒，却忽视了社会、经济、政治壁垒。

如果今天重写此书的最后一部分，我仍会保留沿海、内陆的对立区分，以及文化变革的开拓阶段和生效阶段（这里的文化是广义人类学上的文化）。但是，我会用更多的篇幅分析 19 世纪后半叶中国内部促成的变革，如商业发展[21]、越来越多地方上层人士参与政治等。更关键的是，我会讨论进行这些变革时产生的特殊问题，以及这些问题与进行外国影响下的变革产生的问题有何不同。一个例子是晚清颇负盛名的士大夫冯桂芬（1809—1874）。冯桂芬在 1860 年至 1861 年首次提出中国地方政府改革方案，[22]影响深远，方案的灵感基本来自中国内部，可能有极少的外国影响。但在 19 世纪 60 年代至 80 年代，在当时的中国实施这些方案的阻力之大，不亚于王韬等人的改革方案所面对的阻力。不过，因王韬的改革方案大多反映西方影响，所以阻碍他的变革方案生效的力量本质上来自社会、文化，而冯桂芬面临的多来自政治、经济。

我应该更加承认清末内部变革进程的重要性，这样才能纠正过分夸大西方影响的偏误，也更不容易误读西方的影响。《在传统与现代性之间》于 1974 年首次出版，我在几年后重读，注意到自己虽然不愿夸大西方的影响，但仍会时不时流露倾向，认为 19 世纪后半叶更大胆的改革举措一般源自"西方的挑战"，少有例外。以今视昔，我愿全盘抛弃"挑战"说，做出更基本的判断：西方影响下的变革，始于技术，最终扩展到其他领域，而且需要中国的推广才能实施，尤其需要政府官员或社会知名人士推广。官员士绅的主要目的是防范更为根本因此也更具威胁的内生和半内生变革。这是他们的防御策略。换言之，某些情况下，中国社会中的相对保守分子会与受西方影响的变革力量结盟。这并不是说只要是以西方为灵感的变革，就一定更"大胆超前""动摇根基""威胁国本"。

最后，与上文稍显矛盾的是，如果今天我要重写此书最后一部分，不会急于否认 20 世纪后半叶沿海的创新龙头地位。20 世纪 70 年代末邓小平时代开启，邓时代的一个主要特色就是向世界打开中国大门，力度之大，在 70 年代初《在传统与现代性之间》初版问世时，我远不能想象。邓时代及其后的中国，绝大部分外来影响通过沿海地区流入。上海、天津、广州等沿海港口与内陆偏远城市获得、接受的外国影响不同，由此导致的创新差距有天壤之别。

同样的道理，毛泽东时代结束后，引入、接受外国影响的变革，尤其是西方影响的变革依然问题重重。邓小平时代之初所发生的一些事，说明某些与外国有关的想法要在中国实施仍会受阻。然而与王韬所处的时代相比，受阻的原因更为复杂迥异。现在人们感到另一种外来意识形态体系——马克思列宁主义——的纯洁性遭到威胁，而不是中国本土文化传统遭到冲击。

自认中国文化独一无二、自给自足的领地情绪，亦是一股不容忽视的力量。尽管过去 150 年间，中国屡遭外国影响冲击，也部分由于外国影响，民族中心主义在广袤内陆与官僚体系中依然坚挺不倒，尤其是在危机时刻。民族中心主义建立了一种区分"什么是中国"的标准，即便这套标准并非一成不变。外国思想可被商议，但无法轻易符合这一标准。深受外国思想和马克思主义非主流派别思想影响的个人，其思想实质虽与晚清改革先驱有所不同，但他们在中国面临的处境，与王韬一代面临的问题明显有共通之处。因此，《在传统与现代性之间》最后一部分探索的主题虽然还不成熟，但不仅适用于晚清，也适用于中国当代史。

　　停笔搁下王韬的话题之前，我想分享 20 世纪末自己有关王韬的一段个人经历，也许能说明至少在政治领域之外，中国此时发生了多大的变革。1996 年夏天，我受华东师范大学之邀担任几周的访问教授，主要是指导一下，做几次讲座。我主要接触的是华东师范大学历史系教授忻平，他是当时唯二著书对王韬做了全面研究的人。[23]我到访期间，有天他和我雇车到江苏苏州东南 24 公里的甫里村，那是王韬出生的地方。我们去了几个王韬住过、生活过的地方，了解他少年时代的环境。启程回上海之前，我们去一位村干部的办公室，告诉他我们对王韬很感兴趣。这位干部颇有进取心，意识到村里一位名人是国际关注的焦点，是甫里村打出声名的大好时机。他提议不如举办一场有关王韬研究的国际会议，而 1997 年正是王韬逝世一百周年，几个月后就是他的生辰。提议虽没有落实为行动，但象征了中国发生的变革之广，以及"文化大革命"（1966—1976 年）结束 20 年后，中国与世界的关系发生的变化之大。

第三章

下一步：《在中国发现历史》

历史学家之外的人以为历史不过是一堆过去的事实，可历史学家不该这么想。事实当然存在，但事实无穷无尽，有时毫无用 56 处，有用时也互相矛盾，宛如梦呓、令人费解。历史学家的职责是走到混乱的事实巴别塔深处，选择重要的事实，理解它们的意义。

这工作并不简单。虽然历史学制定了证据规则，而这些规则要求历史学家诚实，但任何历史研究难免有大量主观成分。选择什么事实，如何诠释其意义，取决于我们问什么问题，用什么理论操作框架。这些问题是什么、理论是什么，同样取决于我们心头所思。时间迁移，心头所思移变，随之问题与理论也就发生变化。所以常有人道：每一代历史学家，都要重写上一代历史学家写下的历史。

世代也是一个模糊的概念。就集体观之，每位历史学家都属于某个世代群体。史学界往往默认某个学术群体会采用某种研究方式，处于学科进化史的某个阶段，比如20世纪50年代费正清指导的哈佛学者，就被称为中国历史学的"哈佛学派"。但就个体观之，所有历史学家在职业生涯中都会经历一系列世代交替。

57　每个人所在的世代集体力量的强大，能切实限制我们转变学术走向的能力。但这些限制是相对的，不是绝对的。一是因为每个人秉性不同。同一位老师同时教同样年纪的学生，这些学生会有一些共性，但依然各有不同。确实，本章会清楚说明，这些学生的历史研究方法可能千差万别。二是随着我们的成长，世界有时天翻地覆，我们也会受内外移变的影响，就算是那些老顽固，他们死守的观念看似从不动摇，其实也几经离变。

《在中国发现历史》反映了这些世代发展的视角：集体阶段代表学科的发展历程，个体阶段代表历史学家自身面对内外变革的反应、经历。这本书评鉴、分析了二战以来美国的中国近世（recent）史著作的主要研究方法。近世指19—20世纪，一般被称为现代（modern era）史。我对中国历史能不能被称为"现代史"多有疑虑，认为这个名词并不适用，需要的话我会用"近世""1800年后"这两种说法，后文会讲为何如此。然而，完全避免用"现代"这个词是不可能的，我在书中写到的大部分学者都把中国历史分为现代史和古代史（亦称前现代史）。

《在中国发现历史》探索美国的中国历史研究，也会直接分析人们常说的中美关系的学术维度，除此之外，此书也是一位历史学家心路历程的转折点。四十岁伊始，我下决心写这本书，直面、超越过去一些时间里我反复纠结的学术问题。这些问题有些与我本人有关，有些则是历史导致的。我的第一本书《中国与基督教》1963 年出版，当时的我只是初出茅庐的大学老师，关心的主要是个人职业而非学术。当然，20 世纪 40 年代末 50 年代初，世界发生了一些关键事件：第二次世界大战结束不久，冷战拉开序幕；1949 年 8 月苏联第一枚原子弹试爆成功，同年中国共产党赢得国共内战；1950 年 6 月朝鲜战争爆发。一连串事件后危机迭起，在美国人心中播下恐惧、怀疑的种子，非理性行为蔓延。从 1950 年开始，参议员约瑟夫·麦卡锡（Joseph McCarthy）等人指控费正清、欧文·拉铁摩尔等中国领域专家搞共产主义颠覆。[1]

58

这些事件一开始对我的生活影响很小，毕竟 1952 年春天我才高中毕业，在芝加哥大学本科最后一学年（1954—1955 年）时，麦卡锡主义业已衰退，但其残存势力仍足以引发波澜。美国政府对于共产主义的一丁点儿气味都如同惊弓之鸟，一度支持马克思主义的外国科学家，甚至别人认为他们曾支持过的，美国均不愿发放短期签证。许多才智过人的科学家因此无法前往美国参加学术会议，分享自己的成果。讽刺的是，这个政策并没有促进美国国家利益，人尽皆知的是，它反而阻碍了国家利益。我本科最后一年就这个话题写了一篇讨论课论文，并获得政治体制论文竞赛一等奖。[2] 我记得很清楚，1954 年春季，宿舍同学们每天晚饭后聚集在公共休息室，观看"陆军-麦卡锡听证会"的最新进展，听证会经媒体大力报道，导致麦卡锡的支持者大幅减少，最终导致麦卡锡在 1954 年 12 月遭到参议院的谴责。

接下来几年相对平静，1957 年到 1958 年我博士第三学年的讨论课论文里，《中国与基督教》萌芽，1963 年此书出版。在此之间广大的世界里并没有惊天动地的事情，至少我所在的地球的这个角落并没有大事发生。没有外界的刺激，我写书伊始时抱的想法在成书时基本原封未变。我家里基本没有学者，唯一一位对学术有浓厚兴趣的是大家族中的堂亲阿瑟·A. 柯恩（Arthur A. Cohen），他是小说家、出版家、犹太神学研究学者。我那时不太相信写书的人也是肉体凡胎，一心想向自己证明我也可以成为一名历史学家，这就意味着写出的学术著作能符合史学界的功力标准。[3]

59   我的第二本书《在传统与现代性之间》于 1974 年出版，此时作为历史学家的我自信心渐增，自感这是本好书，而且与第一本相比笔力见长。但我担心这本书的学术设计是否内部连贯，背后的理论是否行之有效——一言以蔽之，这本书行不行。前文讲到 1957 年至 1963 年我完成第一本书，而我写第二本书是在 1964 年到 1973 年，这是美国愁云密布、动荡不安的时期。正如大萧条改变了美国上一代人，越南战争、美国入侵柬埔寨、罗马俱乐部《增长的极限》报告、水门丑闻改变了我这一代人。两者之间有所差别。大萧条年代引发人们对财富分配、社会结构的深切关注，60 年代、70 年代初接二连三的危机，凸显美国技术的摧毁力和控制技术最终使用权的美国人道德感的模糊，二者互相矛盾，人们开始质疑"现代"历史发展进程的本质。

美国出兵越南时期，我在卫斯理学院教中日历史，同许多亚洲研究学者一样强烈反对越战。我频繁参与校园自由讨论（teach-ins），某年 7 月 4 日独立日，和另一位中国研究学者梁思文（Steven Levine），受邀在马萨诸塞州一座市政厅的台阶上演讲。1969 年 11 月 15 日，我南下华盛顿特区参加大型反战游行，当时估计有 50 万人参加。我认为越战之后，不能再断言美国力量都是好的，不能再把"现代"与"启蒙"轻易地画等号。持这种态度的不只我一个。我的导师费正清——当时即将卸任美国历史学会主席，在 1968 年 12 月 29 日的演讲中问道，如果更全面理解历史的话，美国人还会挑起越战这个烂摊子吗？"这客观地教育了我们，"他用了这样的措辞，"什么是历史的无知。"他问道，如果更了解中国与北越复杂的历史关系，"我们还会在 1965 年随随便便就出兵越南吗？如果理解佛教徒舍身饲虎的能力，儒家对领袖个人声誉、道德榜样的关注，甚至共产主义者爱国的能力，我们在决定轰炸河内直到其屈服之前，就会有所犹豫。"[4]

《在传统与现代性之间》的主角是王韬，一位生活在 19 世纪后半叶中西文化边界线上的中国改革家，他深思并详述了中西之间的交流。试图理解王韬时，我面临的问题是写作伊始我对"中国"与"西方"、"现代性"与"传统"这两组词的假设在成书的十年间相互碰撞。我意识到这些困难，在文本许多地方讨

60

论了这些假设中的问题，尤其是传统—现代性二元对立的问题。我甚至想过给书定名为"在传统与现代性之外"，而不是"之间"。但最后，虽然可能王韬曾到达过"之外"，但我仍决定保留"之间"。我的主要思想推向一个方向，而思想框架的组成概念却把我拉往另外一个方向，结果就是此书深层学术框架里蕴藏着一定的冲突。

《在传统与现代性之间》一书完成，得以与之拉开一定距离后，我的不适演变成危机，我意识到唯一的化解之道是直面战后美国19—20世纪中国史著作的主流思想框架、范式。（下文会讲到，1970年我已在这个方向做了初步批判。）面对这样一种冲突的情况，我的动机中一定有强烈的个人成分，但也希望这种冲突的结果可以成书，供同人和大学生使用。20世纪60年代末，中国近世史学界刚出现批判总结该领域的著作。大约此时，更具批判性的视角逐渐浮现在《关心亚洲问题学者公报》（*Bulletin of Concerned Asian Scholars*）上，以及1975年开始发行的季刊《近代中国》（*Modern China*）上。我欢迎这种视角，对于这个思考逐渐萎靡的领域，这种批评宛如苦口之良药。一些特定的批评我并不全盘接受，甚至有时想接受，但支撑批判的实证资料不足，而且批判本身过于绝对、简单、极端，无法使人信服。一部分新视角令我不安，大部分被批判的视角同样令我不安，两难之间，我立志写一本史学概述，可能没有如今提出的一些批评标新立异，但至少能阐明其中心议题。[5]

61

"中国对西方之回应"症结何在？

《在中国发现历史》第一章，我批判了费正清代表的"西方冲击－中国回应"学说。战后几十年间，该学说在美国 19 世纪中国研究中占据重要地位。我在《中国与基督教》最后一章已经间接分析了这一学说的问题。我写道：

> 当代研究中国历史的学者，往往将精力全放在西方冲击、中国回应的过程，忽视中国冲击、西方回应的过程。传教士来到中国，迎接他的是沮丧、恶意，这是出发前几乎不可能预见的，沮丧与恶意潜移默化，真真切切地改变了他，他变成了一位外国传教士。他意识到这种转变，甚至憎恨这种转变，加之对中国当时情况的强烈不满……极大影响了传教士对中国情境的回应。[6]

"西方冲击－中国回应"学说预设 19 世纪的中西互动是一条单行道，车全部由西方开往东方，这是一种过度简化。[7]

1970 年，即《中国与基督教》问世数年后，我发表了一篇文章，更系统地审视冲击－回应学说，希望找出该学说背后隐藏的一些前提。除了刚才讲到的西方影响东方这一单行道预判之外，我指出该学说有许多根深蒂固的症结。一是"讲到'西方冲击'时，往往忽视西方这个概念本身就难以捉摸，自相矛盾"。这点是我的另一位导师史华慈曾深刻指出的。他说大多数西方历史学家对"西方之外"的社会理解肤浅，因此他们理当谦虚谨慎，却以为西方是大本营，熟门熟路。他告诫道：

> 当我们把注意力转回现代西方本身时，这种自以为是的清晰了解就不见了。我们知道 19—20 世纪的贤哲为理解现代西方发展的内涵，做了艰难的努力，却依然莫衷一是……（与任何西方之外的社会相比，）无疑我们对西方的了解更多，但对西方的理解仍然问题重重。[8]

我们对西方认识模糊的另一个原因是西方，即使是现代西方，随着时间的推移，也已发生了很大的变化。鸦片战争时期中国遭遇的西方，与 19 世纪末以来深刻影响中国学术、政治生活的西方，同属"现代西方"。然而二者迥然不同，这种差异往往被西方的中国历史学家忽视。

冲击－回应说的其他问题还包括：忽略 19 世纪中国与西方冲击无关或关系甚远的方面；往往不假思索地认为，这一时期中国历史与西方有关的领域是中国对西方冲击之回应造成的，不过这些领域有一定西方影响，但大体是中国内部因素造成的；最后，可能因为这一学说强调"有意回应"，所以更强调学术、文化、心理等历史原因，忽略了社会、政治、经济原因。[9] 结果就是冲击－

回应框架虽然大幅纠正了前人完全忽视中国思想、行动的研究，却助长了对 19 世纪中国片面、扭曲、偏颇的理解方式。[10]

最能说明这种扭曲、偏颇的，是邓嗣禹、费正清影响甚广的《冲击与回应》（1954 年）一书的导论：

> 中国是人类最大的统一集合体，拥有最悠久、延续至今的历史，上世纪遭到西方蹂躏，必然造成持续、激烈的思想革命，这场革命仍在进行……"不平等条约"一百年间，中国的古老社会被迫与西欧、美国等扩张霸主越来越近距离接触。这种与西方的接触得到工业革命襄助，对古老的中国社会产生了灾难性影响。在社会活动的方方面面，旧秩序被挑战、攻击、削弱，被一系列政治、经济、社会、意识形态、文化进程冲击。由于一个异域强权社会刺入，中国内部进程启动，中国的巨大传统结构分崩离析……仅用了三代人的时间，旧秩序就颠覆了。[11]

63

超越"传统与现代性"

与冲击－回应说如影随形的，深刻影响了 20 世纪 50—60 年代学者的理论是现代化理论，《在中国发现历史》第二章主要对其进行了批判。现代化理论综合了一系列社会分析学说。这些学说在二战后明确成形，冷战背景下满足了美国等西方社会科学家的意识形态需求，用以反击马克思列宁主义对全球"落后""欠发达"现象的诠释。这一理论最吸引美国中国史学者的是，它把中国的悠久历史清晰划分为进化的传统阶段和现代阶段，现代阶段一般指与现代西方有广泛接触的时期。现代化理论也提供了连贯的学术框架，解释"传统"社会演进为"现代"社会的进程——就如"传统社会的现代化"丛书的编辑们所说，"安静的地方是怎样活泼起来的"。[12]

64　　　现代化理论脱胎于战后的世界状况，但思考西方之外社会和"安静的地方"变化的本质时，其根本预设源自 19 世纪西方知识分子中大行其道的理念。这类评论中必不可少的调料是中国社会静止不变的形象。19 世纪的大门还没有打开的前几年，法国数学家、哲学家孔多塞侯爵（Marquis de Condorcet）写道："那些巨大的帝国，存在从未中断，蒙羞亚洲如此之久，人的头脑……被迫处于无耻的停滞之中。"几年后，德国哲学家黑格尔（Georg Hegel）断言："我们面前最古老的国度没有过去……这个国度过去如此，现在依然如此。因此中国没有历史。"[13]

　　认为中国一成不变的观点并不新鲜，19 世纪前就广受追捧。新鲜的是以为中国停滞不前的想法获得了负面评价。法国大革命前，许多作家赞誉中国社会根基稳固、恒常不变，值得西方钦羡。然而 18 世纪末以来，随着工业革命兴起，欧洲与中国物质水平的差距似乎在扩大，欧洲人开始认为"文明"需要物质文化发达,而曾为西方景仰,技术工艺高超、物产丰饶的中国如今却被认为是落后社会。

欧洲当时发生了重要思想转向:经济层面反对商业发展限制,越来越提倡自由贸易、自由放任主义;政治层面对专制统治越发不满;整个社会层面重视进步、多元发展、变革等价值观。这一转向也强化了中国的落后形象。这种新世界观越来越等同于"启蒙"精神,中国的贸易限制令人恼火,政府专制,似乎抵制深刻变革,自然就被许多西方人视为守旧,如同一潭死水注定停滞不前,需要多元现代的西方带来转变的生机和现代化。

19 世纪西方对中国看法背后的假设,深刻影响了二战到 60 年代末的美国历史学界。这种回溯效应理论最具代表性的人物是天才历史学家约瑟夫·列文森(Joseph Levenson)。列文森认为,承载了现代社会的西方文化,对中国文化有两种并行的影响。第一,西方文化是一种溶解剂,古老的文化对它束手无策。第二,西方文化代表一种中国新兴文化愈加效仿的模式。这种角度下,自始至终中国的转变是现代西方引发的问题造成的,用列文森的话说,中国的转变是一场通过反对西方(象征帝国主义)从而加入西方(象征现代性)的革命。这种图景下,革命很大程度上不被视作回应长期、内生问题的方式,这些问题虽然可能因西方加剧,但西方不是这些问题产生的唯一因素,甚至不是长久以来的主因。列文森学说中难以看到中国传统文化可能包含的核心特色。然而,这些特色远非中国现代化转型的障碍,而是促进转

65

型，为转型指明方向的生机。[14]

列文森认为儒家思想与现代性源头上互不兼容，中国的旧秩序必须被打碎，才能建立现代秩序。20 世纪 50—60 年代，恪守这一思想的学者还有很多，其中最著名的是芮玛丽和费维恺。[15] 60 年代末，越来越多的学者开始质疑这种学说，挑战"现代""传统"互相排斥的二分法。本书上一章已经引用了高慕柯的观点。尤其就中国历史而言，史华慈批评了列文森的有机统一文化观，坚持认为"过去的种种经历，是福是祸都会继续影响现在的存在"，而且"'中国的过去'和'现代性'各自并非互相对立的整体"。[16]劳埃德·鲁道夫（Lloyd Rudolph）和苏珊·鲁道夫（Susanne Rudolph）夫妇研究印度政治进程，其名作《传统的现代性》（*The Modernity of Tradition*）给人启迪，他们在其中厘清问题的根源在于观察者的视角，且实有见地的一点是：只研究现代社会时，学者往往倾向于强调仍有传统存在；比较现代与传统社会时，现代社会的传统特质往往从视野中消失。也就是说，学者的视角对观察到的图景有重大影响。[17]

帝国主义：是现实还是神话？

《在中国发现历史》第三章探究美国历史学的另一学说，该学说的初衷就是明确反对冲击－回应和现代化两大取向。20 世纪 60 年代末正值越战，美国激进的中国研究学者受毛泽东历史观影响,出发点有时并非理解中国,而是批判美国和西方帝国主义。的确,对于这些学者来说,帝国主义往往是中国 19 世纪历史进程的根源。该取向的拥趸立论前提不一,但均与冲击 - 回应和现代化两种取向有模糊的关联。这一倾向在詹姆斯·佩克(James Peck)和倪志伟(Victor Nee)两位激进学者身上彰显得淋漓尽致。20 世纪 60 年代末以来,两位学者的著述大出风头,佩克大力鞭笞以费正清为首的冲击 - 回应学说和与该学说并行的现代化理论,但讽刺的是,佩克的观点也难逃窠臼。他跟其他两派学者一样,笃信 19 世纪初西方帝国主义全面冲击之前,中国社会一成不变,似乎无法自成变革大业。[18] 毋庸置疑,19 世纪西方入侵之后,中国才有真正的变革之机。尽管西方创造了中国社会大规模革命的先决条件,之后却有效阻碍了所有不符合西方利益的变革。中国人逃脱生天的唯一法门就是变革。佩克和倪志伟 67
明确将革命归纳为"19 世纪中期,中国回应西方扩张主义冲击,从而导致的旷日持久、从未间断的历史进程"。[19]

走向以中国为中心的中国史

《在中国发现历史》最后一章,我提出美国中国学的新取向,与其说它是单一、清晰的取向,不如说是林林总总研究方法的集合,我将之称为"中国中心观"。"中国中心观"1970 年前后出现,我认为该取向着力克服了前人西方中心的偏见。史华慈、鲁道夫夫妇，以及越来越多学人质疑"传统"与"现代性"之间所谓壁垒分明、互不兼容的体系，这对西方理解中国近世史有重大意义。学界继承的 19 世纪立论结构——中国野蛮，西方文明；中国无力自成线性变革，需要"外来之力"才能变革；只有西方才是外来之力的载体；西方入侵之后，"传统"中国社会会让步于新的"现代"中国，现代中国必然效仿西方——被全面动摇，现代化语境中过去与现在关系的研究，产生了前所未有的复杂模型。

该取向一个最具影响力的成果是孔飞力的里程碑式著作《中华帝国晚期的叛乱及其敌人：1796—1864 年的军事化与社会结构》（*Rebellion and Its Enemies in Late Imperial China: Militarization and Social Structure, 1796 – 1864*，1970）。在开篇探讨"现代历史的边界"时，孔飞力（图 3.1）注意到学界对中国现代历史时期转变的研究，至少背后隐含"现代"的定义是"历史进程的决定因素主要来自中国社会之外、传统之外的时期"的观点。他对此定义深感不适，并提出一个重要观点：摒弃此定义之前，必须要先从中国一成不变、循环往复的旧思维模式中解放出来。他在序言中关注的中心问题是西方大举入侵前，中国社会变革的本质。孔飞力提到"18 世纪中国人口从 1.5 亿到 3 亿现象级增长；通货膨胀严重，通胀率可能高达 300%；经济越发货币化，农业社会经济竞争加剧"。此等变化规模之大，他因此质疑，这样的变革是否仅是传统的循环变化。[20]

图 3.1　孔飞力（Philip Kuhn）

孔飞力首创的角度颠覆了中国近世史研究中对过去作用的理解，因此重新定义了 19 世纪中国不同变化孰轻孰重的认知。这一新取向的优势是过去一个半世纪的中国历史又有了自己的主体性，他开辟的新路径中，西方在这段历史的作用不再那么自我膨胀，而更脚踏实地。"传统"和"现代性"关系的崭新理解正在成形之时，即大约 20 世纪 60 年代中后期，反映这种想法的学术研究开始出现，这绝不是巧合。

这些研究有许多共性。最与众不同的是他们着手解决中国语境下的中国问题。这些问题可能是受西方影响，甚至西方直接造成的，但也可能与西方完全没有关系。不过无论如何，这些是中国的问题，有两重含义：其一，这是中国人在中国经历过的；其二，需要以中国（而不是西方）为标尺衡量这些问题的历史意义。研究过去的传统范式——全以西方为历史的开端，以西方来衡量历史事件的意义——被明确或暗中摒弃。中国近世史叙事的开端不是欧洲航海家恩里克王子（Prince Henry the Navigator），不是西方扩张主义的一星半点儿苗头，而是中国。随着越来越多学者找寻中国的故事线，而且他们如有神助，确实找到了一个，中国的故事远没有在 1840 年陷入停顿，遭到西方阻拦、取代，而是在 19 世纪甚至未来都一直占据中央核心地位。

70

魏斐德（Frederic Wakeman Jr.）对这一变化趋势的论述最为经典。他写道：

> 渐渐，社会历史学家开始意识到整个 16 世纪 50 年代到 20 世纪 30 年代是一个连续的整体。学界不再认为清朝只是重蹈覆辙，1644 年、1911 年不再是关键节点，而是找到了走向共和的这四个世纪中国史中绵延不绝的进程：长江下游城市化，雇用劳役代替力役，一些形式的地区贸易出现，大众识字率上升，士绅阶层扩大，地方治理商品化——这些现象始于明末，生发的行政、政治变革在清朝继续演变，某种意义上，在 20 世纪初成为社会史进程的最强音。[21]

中国中心观的第二个特点是把复杂广袤的中华分解为更小、

更好把握的空间个体。采取这一策略主要是因为中国幅员辽阔，地区之间有天壤之别，若想更细致、清晰地理解这个整体，我们需要明确这些区别是什么、有多大，而且理解整体不能只是索然无味地反映不同区域的最小公分母。这一学术进路下，西方历史学家对省级乃至县级的研究如雨后春笋，我们对中国的多元理解更加丰富。[22]施坚雅（G. William Skinner）的区域体系理论也以关注多元中国见长，激发了人们对中国广阔内陆地区内部差异这一重要问题的思考。[23]

中国中心观的第三个特点在 20 世纪 70—80 年代愈发广为流传，即中国社会的纵向多层级安排。上一段讲了空间或"横向"划分，这里加上纵轴。70 年代前美国的中国研究往往关注上层 71 视角：中央政府的政策措施，手握重权的封疆大吏，鸦片战争、义和团运动、其他中外战争等重要的国家事件，以及康有为、梁启超这类声名远扬的知识分子、文化人物等。新的中国中心观则聚焦中国社会下层：商人、宗教领袖、信众、下层士绅、地方武装，甚至地痞流氓。因此该取向的长处之一就是打开了大门，从更多层次分析了 19 世纪中国大众历史这一前人忽略的领域。[24]

中国中心观的第四个层面是，该流派的学者高度接纳社会科学等其他学科的研究方法、策略，并在历史研究中大力引入这些方法。这本身并非以中国为中心，但在中国历史研究中应用社会科学分析方法的优势一直为人所知。而之前的方法却有意无意间勾连现代化理论，负载着众多西方中心的假设。前文已经讲到，现代化理论指导的研究在理解中国方面有重大缺陷。20 世纪 60 年代，学界的两个进展深刻改变了社会科学和中国历史文献资料之间嫁接融合的语境。一是认识到社会史的重要性，催生了一大批前人未曾预见的历史与社会科学合作的机遇与成果。[25] 二是西方，尤其是美国社会科学家更加明辨社会科学理论中深藏着的一些狭隘地方主义，即使这种批判性思维依然有限、微弱，但狭隘地方主义必须被根除。这方面开拓新路的自然是人类学。人类学的研究主体往往是西方之外的社会，因此比大多数社会科学学科都能更敏锐地看到种族中心偏见的危险之处。[26]

此处简要介绍的"中国中心观"颠覆了对 19 世纪中国历史的理解。美国学界此前一致认为，中国近代史和古代史的分水岭是鸦片战争，近代史多有变革事件，但前人印象中古代史几乎一成不变，或者没有真正意义上的变革。近些年越来越多学者达成共识：19 世纪中国史的真正分水岭是太平天国运动（1851—1864 年）。孔飞力将太平天国比作"很多层面上中国古代史通往近代史大门的铰链"。罗威廉（William Rowe）总结太平天国造成的物质、人口损失后，断言太平天国与其后爆发的捻军起义、西北回民起义，"对清朝人口而言，毋庸置疑更符合分水岭的定义"，而非鸦片战争。[27]

中国中心观更广阔的视角

中国史领域中国中心观的兴起，是美国历史学界更广阔转变的一部分,非洲、中东穆斯林和西方之外其他地区的研究,近些年也有类似的转变。每个领域转变的节点、情况不同,但转变方向大致类似,都是离开外部殖民史视角,转向内部视角,积极正视任何西方之外社会的历史,以其自身条件、内部眼光观之,不将其视作西方历史理论或实际上的附庸。[28]

如前所述,中国史领域的转变始于 1970 年前后,正是当时,一些史学家心存严重的西方中心偏见,复辟旧的帝国主义范式,攻击现代化理论对美国史学界的影响。在一些人看来,越战是美国帝国主义的至暗时刻——用强大的武力,摧毁一个远比自己弱小贫穷的国家。许多美国历史学家痛恨自己国家战争期间的行为,深以为耻,因此以新的眼光看待帝国主义,认为帝国主义是中国等亚洲国家上个世纪困境的根源,这种认识顺理成章。

越战对美国的意义,却超越了帝国主义。越战与 1973 年阿拉伯国家石油禁运事件、1979 年到 1981 年的伊朗人质危机一道,迫使美国人认识到强权的局限性,让世界弯腰为美国服务的能力是有实实在在的限制的。越战的另一层意义也深深影响了美国的中国史学家。越战揭露了美国全球霸权背后的政治、道德、文化神话,因此也许是第一次解放了美国史学家,使他们放弃西方规范、衡量标准,走向更真诚以他人为中心的历史研究,走向不以西方历史经验,而以中国经验为根本的历史研究。[29]

73

第四章

《在中国发现历史》：幕后故事

　　上一章，我简要总结了《在中国发现历史》的内容，概述了 20 世纪 50—60 年代以及 70 年代初，我从酝酿此书到瓜熟蒂落背后的政治、学术环境。本章我想讲讲此书从书稿到印行过程中发生的千难万险的故事。若非我这样的写作者，读者恐怕会对出版业的这一面一无所知。

　　无论采用怎样的标准，《在中国发现历史》甫一出版即大获成功，好评如潮，两度被译成中文，兼有日文、韩文版本，北美、欧洲、东亚中国历史系学生人手一本。美国图书馆协会书评期刊《选择》（*Choice*）将其评为 1984—1985 年度"杰出学术书籍"。它的教学价值广受赞誉，康奈尔大学高家龙（Sherman Cochran）评价该书为"优美的教材"。1986 年秋天，高家龙写信给我，说他用《在中国发现历史》做研究生史学研究课的最后大作业，"要求学生根据本学期的阅读材料撰写这本书的书评，然后在最后一节课前互读书评，课上讨论。我教讨论课以来，那次是最好的收尾——多亏了你的书"。[1]

　　最能彰显《在中国发现历史》在北美中国研究界特殊地位

的是，2014 年美国亚洲研究协会（Association for Asian Studies，AAS）年会组织了一场特别圆桌论坛，纪念此书出版三十周年。据我所知，在美国亚洲研究协会的历史上，这样的活动绝无仅有。[2] 近些年来，这本书在中国史学家中的影响力也非比寻常。2014 年圆桌讨论嘉宾李怀印说，中国知网数据库显示，1986 年到 1999 年《在中国发现历史》被 116 篇中文期刊论文引用，平均每年 8 篇；2000 年至 2013 年，这一数字达到 774 篇，每年大约 55 篇。引用数量井喷的部分原因是中国互联网数字化兴起，但李怀印同时指出，20、21 世纪之交，革命范式在中国大陆历史学界的主导地位受到挑战，年轻一代历史学家愈加对地方、区域社会文化史表现出浓厚的兴趣，此一转向与《在中国发现历史》终章倡导的中国中心观有深切共鸣，引用数量暴增绝不仅仅是巧合。[3]

　　卢汉超对《在中国发现历史》的精彩点评也提及此书对中国历史学家的影响。但若不是三十多年前我与林同奇（图 4.1）的神奇相遇，这一影响可能根本不会出现，至少不会那么快出现。1985 年初，林同奇刚从中国来到哈佛，踏进费正清中心我的办公室时，我并不认识他。他说自己读过《在中国发现历史》，认为中国的历史学家应该看到这本书。他在中国人脉深厚，已与著名出版社、有意出版中译本的中华书局有书信往来。林同奇英语精湛，来美之前在北京外国语学院（今天的北京外国语大学）任教数十载，他说愿意亲自翻译。一开始我对这个提议并没有严肃对待，因为 80 年代中期鲜有美国的中国历史研究学术著作被译成中文。但林同奇志在必得，于是我们拍马上阵。

图 4.1　与林同奇

当时计算机远没有现在普及。以今天的眼光看，我们的工作流程相当原始。林同奇用老式中文原稿纸手写译稿，每译好一章就交给我，我对照原文检查。我列一份清单，标明修改意见、问题、建议措辞等，然后我们见面长谈几个小时，讨论清单上每一项问题，然后他再提供那一章的修改稿。对我来说，这真是段长见识的经历！这本书出版后，无数中国同事告诉我，有林同奇这位翻译，我是三生有幸。我想说的是，这份神兵天降的经历，例证了后文"无法预知结果"（outcome-blindness）的说法，对于这本原意是写给西方人，尤其是美国读者的书来说，它的历史进程被大大地改变了。1989 年 7 月，中译本出版。[4]

待到此时，中美历史关系研究学者之间互通有无势头良好，我的好朋友、复旦大学的汪熙（见本书第七章）说，《在中国发现历史》中译版尚未发行就已备受瞩目。1986 年 5 月，汪熙写信给我，说已有书评见刊，戏称自己觉得中国史学界是通过我在中国"发现"历史的书"发现"了我。林同奇当时正在翻译此书，写了一篇关于这本书的英文书评，特地取名"在美国发现历史学"。我给林同奇看了汪熙信中不谋而合的部分，他觉得十分好笑。

付梓前传

如果世界是完美的话，刚才描述的这本书，出版社一定乐意发行。但当时此书大获全胜的结果远无人预见，世界也远非完美。1981 年初，书稿已经完成。我的前两本书均由哈佛大学出版社发行，颇受好评，所以我就把这部书稿又给了哈佛。但这个决定的结果十分惨痛，留下的创伤不小。1981 年 3 月，我见了哈佛大学出版社执行编辑艾达·唐纳德（Aida Donald）。哈佛把书稿寄给两位外审，6 月初收到外审报告后，我写信给唐纳德回

复外审意见，内容大致如下：[5]

　　出版社收到书稿的两份报告：一份激烈负面，认为我的研究并无裨益；另一份却大加赞赏，不少建设性建议可供提升书稿质量。仅就两份报告的行文来说，假如两份报告说的是同一本书、同一位作者，我不得不承认我感到蘧蘧然若庄周。庄周是中国哲学家，梦为蝴蝶，醒来不知自己是周之梦为蝴蝶，还是蝴蝶之梦为周。

　　客观冷静看待那份负面报告实属不易。那份报告中满是情绪用词，完全不符合学术评价严格的实证标准，让人心生疑窦。考虑到其观点极为负面，所以用词奇异、主观片面或许也属正常。报告作者对自己的论辩力度自视甚低，抑或过分高看了我，不信的话无须再进一步探究，只需看报告的意见信，里面说虽然"意见非常负面"，坚决反对出版，但"我相信柯文教授的书会出版，可能经哈佛大学出版社"。……

　　我认为关键是负面报告的作者一直没有理解这本书讲的是什么。若是另一位出版社外审以及受我邀请看过书稿的六七位学者同事，都不懂这本书的内容的话，我自然提心吊胆。此书不是全面研究中国历史学这门学科，而是写得明明白白的，"厘清、分析、批判美国历史学研究普遍存在的假设"。……

　　说我的分析"薄弱""有气无力"的攻击，我不知如何应答，因为给出意见的这位作者又一次没从文中找出任何支撑自己言论的实质证据。他认为第二章是"书中最薄弱的"，论证"模糊、令人面赤"，但另一位审稿人却评价其为"历史学研究的优秀的入门介绍"；他甚至不吝赞美，说我对约瑟夫·列文森的分析"力透纸背"。对列文森的分析，约占第二章一半内容。

负面报告的作者认为具体指出书中的"偏漏错误"纯属浪费他的时间，因为如果我有能力改正的话，绝不会写出这种书。对此我唯一能说的就是，现在我能理解50年代被抓到众议院非美活动委员会的人的心情了。 79

写到这里，我的幽默感所剩无几。这位作者扣的另一顶帽子倒值得简评。他说这本书充满了"哈佛中心、小团体中心、美国中心"的狭隘偏见。我不知道他说的"哈佛中心"是什么意思。如果是说我博士是在哈佛念的，是费正清中心的研究员，有两本书是哈佛大学出版社发行的，我认罪。如果是说书中一半以上的学者，职业生涯的一些阶段与哈佛紧密相关，我再次认罪。但我要马上反驳。其一，截至1981年我提交书稿时，哈佛……尤其是在费正清（的指导下），战后培养的现代中国历史学家数目远超美国其他任何一所大学。评价这些年美国的中国历史学，不可能不深刻反映哈佛的影响。其二，书中分析的哈佛学者在意识形态、治学路径上千差万别。其三，书中深刻、尖锐批评了不少哈佛人，如费正清、芮玛丽，尤其是列文森。这本书可能简言之是以哈佛为中心的，但绝对不是要为并不存在的"哈佛学派"向人们道歉。

至于"小团体中心"，应该是指作者说的"一小撮儿狐朋狗友"，作者说我只讨论了这些人，尤其是只赞赏了这些人。恐怕在这里，这位作者是在扮堂吉诃德，大战风车。我一向敬重费正清、芮玛丽、列文森，一向视费正清先生为朋友、同事、导师。但如前所述，这三位在我的研究书稿中都有批判。另外，我并无相与的伯克利毕业生周锡瑞（Joseph Esherick），以及耶鲁出身、我几乎没打过交道的高家龙，都对此书深表赞赏。

狭隘偏见中的美国中心，我猜是指偏重了美国的历史学（为什么这样侧重前面已经讲过）……

现在简要说说第二份报告，感觉像宇航员环绕太空许多天后，终于回到了地球。不是因为这份报告里有一些溢美之词——当然看到这样的评价令人心满意足，而是因为它代表了每位学者都希望看到的严肃、负责、明辨、具有建设性的审读。我这里不就每点建议都做评析，只想说每个点都深刻异常，我会在终稿中多加完善，大量采纳……

在这封信中我花了大量笔墨反驳第一份报告的意见，没有细致回应第二份的建议。这深属遗憾，但恐怕也不可避免。我最想做的是向你们说明这次的负面意见是个意外。这份意见都算不上意见，完全误解了整本书，其中的攻击全盘负面，没有任何实证支撑，更无法分析其优点。更可气的是，

（这份意见的）作者写完这些还自鸣得意，说这本书出版之时，他会把这份意见"几乎一字不改"，发做书评。我只能说，我的理由有千万条，但也希望他得偿所愿，越快越好！

我之后获悉，哈佛大学出版社治理委员会收到我对外审意见的回复后左右为难，决定让其中一位委员，也是一位社会科学学者读完书稿，在下次开会时给出意见。听小道消息说这位委员的意见趋近于负面，我听从艾达·唐纳德的建议撤回了书稿。

下一站是耶鲁。我之前认识耶鲁大学出版社的查尔斯·格伦奇（Charles Grench）。查尔斯知道我当时与哈佛大学出版社的商讨进展不顺，鼓励我如果哈佛不成，不如转投耶鲁。我没有正式投稿，而是问他能不能先看一下书稿，听听他的意见。电话初步交谈了之后，我在 1981 年 7 月 10 日写信给他，说已经另外寄了两份书稿，信中我试着说明此书的特别之处：

> 这并不是一部传统意义上的专著，而是战后至今美国现代中国研究领域的批判史，因此不可避免地反映了一位历史学家看待这个领域过去和未来的观点，而且肯定不是所有人都同意我的观点。但我确实说明了自己的学术倾向，也努力客观看待与我路子不同的研究范式。这样的书该领域前所未有。我认为大多数中国历史学家和其他研究西方之外历史的学者，会发现这份付出有益、重要。

81

信中我提到了看过书稿人士的正面反应，并提及尽管没有人认为结构上需要大改，但也给出了一些改善的建议，这些建议大多被采纳。"至于本书的潜在读者，"我在信中或许太过乐观地说，"我想应该是中国研究领域刚入门的人——本科主修生和低年级研究生。"

查尔斯浏览了一遍书稿，说很喜欢。"关键是最终成品能不能达到出版的水平"，他咨询几位同事后写信给我。他的同事说我探讨的这些议题，面向主要读者的最好方式是写成期刊论文。他补充的一句话尤其发人深思："历史学的问题很难回答，主要人物还健在，还有一些伤疤隐隐作痛。你扮演了法官的角色，但我们担心，表层下涌动的暗流其实还有很多，现在解决可能价值有限，会触及私人关系。"我回信给查尔斯说没能由耶鲁出版很是遗憾，并感谢他非比寻常的回复速度和坦率的态度。

此时是 1981 年夏天，我面前的拦路虎愈加分明。一是哈佛暗示、耶鲁明示的，这本书关于历史学，许多出版社一向不愿触碰这个话题。二是尤其鉴于这本书中分析的历史学家，除了列文森外都健在，仍活跃在学界。学术期刊书评里可以对当世学者进行批判，可即便如此，一般也建议没拿到终身教职的年轻同事谨慎行事（当然我已经获得终身教职），可写书不一样。另一个困难是，至少对于哈佛大学出版社来说，我在第一章大费笔墨，指出以费正清为首的"西方冲击 - 中国回应"学说的弱点。有人

82

可能会说，这是否说明了表面下暗藏的玄机呢？此外，费先生一向与哈佛大学出版社关系甚好、互相成就，若真的发行我这本书的话，出版社很可能会难堪。

我必须马上指出，这种想法根本不符合费先生的所做所想。多年前，费先生读过收录在詹姆斯·克劳利（James Crowley）主编的一本论文集中的我对"西方冲击－中国回应"学说的初步批判，[6] 还发给我手写的便条（没有日期，用费式简写写的）："你那篇收录在克劳利论文集中的文章非常好，见解高超，中国重心向内，外国影响接触远属边缘偶发因素，外国人不可想。李约瑟[7] 收集资料来说明'西学中源'。世界史的思考方法日新月异。"

师与生：无法被超越的费正清

此处最适合按下出书之事不表，转而说说费正清先生最大的特点：他的为师之道。前文已经提及，无论何时我把自己的文章寄给费先生，永远能很快收到他的详细点评，且一般是令人如沐春风的鼓励。几周、几个月甚至数年后，我往往会收到他给别人信函的复印件，他在信中仍不吝溢美之词，盛赞我的文章，提醒别人去读。这些信是鼓舞人心、彰显巧思的写作模板，反映了真心以学生成就为荣、慷慨大度的导师精神。所以对我来说，导师费先生最重要的一点是他包容所有异于自己的观点和学说。他也

83

是个固执的人，不会轻易改弦易辙，觉得愚蠢无知的学术想法，他能在纸上将其批得体无完肤。费先生明白，就算在学术殿堂，也一定会有前浪后浪。"不站在前人肩膀上，踩在前人脸上，人类怎能进步？"他有次用费式简明扼要的风格写道。[8] 但如果学生不理解的话，他从来不会停止倾听，放弃这位学生，不与他讲话，或者不再去函。即使是在生命的最后时光，费先生也与严厉批评他长达数年的人保持频繁交流。

另外一个说明费先生慷慨大度的例子是，我的书在耶鲁大学出版社遭到冷遇之后，经过很久的内心挣扎，我决定在找下一家出版社时，不如完全避开大学出版社。马上映入脑海的是自由出版社（Free Press）。自由出版社的专长是出版严肃非虚构作品，而且当时正在策划出版由西北大学中国历史教授薛立敦（James Sheridan）主编的"转型中的现代中国"丛书。我致信薛立敦，大概介绍了我书稿的内容，另外给他寄去序言、绪论和目录。11月初，他打电话说很欣赏已经收到的部分，希望阅读全文。我随即寄给他全稿。12月初，薛立敦打电话，说这本书"十分精彩"，论证清晰有力，纸质版一旦出版，一定大卖，并适合作为课程书目。他还说不觉得我对书中涉及的学者有狭隘偏见。他已与自由出版社商讨，提供了外审推荐名单，出版社会把书稿交给其中的一位。

此时是1981年底，很久之前我已把书稿给费先生看过，跟他讲了寻求出版过程中的艰难险阻。费先生在圣诞节前主动给薛立敦写信，把信的复印件也寄给了我。他写道：

> 我现在才看完柯文的"美国现代中国研究历史学"书稿，我认为这本书极为精彩——分析脉络清晰，风格审慎中立。研究中国史的学者应把书稿中提及的书目悉数研读，学生也会对大部分内容感兴趣。关键是柯文把所有书纳入一个框架，除去自陈观点之时，其余不含任何偏见，这使读者能迅速了解历史分析的三大学说；而且翔实程度无人能比。这本书说的是史学实质，是现代中国史领域的历史，是其中每位成员都需要的自我认同。
>
> 换言之，这部书稿展现了几大学说之间的互相补充，提升了我们历史学家的成熟度。对于老一辈，这是个看待这些学说问题更清晰、更坚定的机会。而对于年轻一辈，这本书弥补了近世史研究的盲点。近世史太近，难以以历史手法记录，又离年轻人个人经历太远，难以回忆。这本书使新老几代都能受益良多，深受启发，从而找到自己的定位。

信末，费先生说希望自由出版社将这本书作为丛书中的一本出版；还说到当时他正和费维恺合编《剑桥中国史》第 13 卷，在该书导论中，他们"希望引用这本书"。

《剑桥中国史》第 13 卷即《剑桥中华民国史（1912—1949年）》下卷，1986 年出版。费先生提到的导论是《导论：近代中

国历史的透视》，由费先生、费维恺、独立学者冉玫铄合写。费

先生一诺千金，1984 年 3 月，《在中国发现历史》终于出版后，

他特意写信给我，说因为最终有太多人参与写作上述导论，他们

很难写就所有人都同意的文本。"很明显我们需要求助一位'史

学大师'，"他在信中说，"所以我们希望你能帮忙。请帮我们看

一下。我们感激不尽。"仔细审读了这篇导论后，我写信给费先

85 生说，这篇文章"有所有类似超级导论的共性……超出了导论

的范畴，加入的新材料、新观点太多，侵占了该卷的后续内容。

这篇导论写得确实非常好，可问题是怎样连贯起来。"他对我这

一封长长的建议信表示真挚感谢。

　　费先生还有两次求助于我。1981 年 12 月费先生致信薛立敦

几天后，邀请我去他家共进午餐。他和赖肖尔这两位著名两卷本

教科书《东亚文明史》（霍顿·米夫林出版公司，1958、1960）

的作者，感到该书大体基于 20 世纪 50 年代的研究，需要更新重

写。他想知道我愿不愿意参与他负责的明朝以来这部分章节的写

作。初步计划是，哈佛大学历史系教授阿尔伯特·克雷格

（Albert Craig）重写原书日本的部分，当时在耶鲁执教的余英时

（是我 1962 年到 1963 年在密大的同事）重写远古到明朝部分。

我对此有所保留，自觉不擅长写教科书，而且 70 年代我的大部

分精力用在了《在中国发现历史》以及同石约翰（John

Schrecker）合编的 19 世纪改革工作坊丛书，[9] 因此急切想回归基

础科研。同时，对重写他人著作的想法我也十分抗拒。在我表达

自己的矛盾心情之后，费先生说不用马上做决定，可以多花时间考虑一下。深深纠结近三个月后，我最终决定不参与，并在1982 年 3 月 20 日写信给费先生告知他。一周后收到他的便条："我能理解。我们会想念你，但你做得对。"我不清楚后来发生了什么，只知道重写《东亚文明史》教科书的计划最终没有实现，费先生最后自己写了一本（见下文）。

说到第二次，那是 1991 年 5 月 20 日清晨，费先生 84 岁寿辰来临之际，他往我家中打电话，说他正在坎布里奇的奥本山医院（Mount Auburn Hospital）治疗，心悸越来越严重，自己"一向持重"，如果病情恶化，希望有人接管他的《中国新史》（*China: A New History*）的成书、出版工作。我已经受他邀请审阅过两次书稿——上次是这次打电话前几个月以信件回复的[10]——一向很支持他的工作。他问我愿不愿意接管这件事，我们聊了一会儿，我提到自己也年近 60（当时是马上 57 岁），因此也有些焦虑，尽管现在记不起是为什么而焦虑了。费先生叹气，感慨地反驳多愿自己也才 60 岁。这声长叹起了作用，过去我几次回绝，这次我带着惶惶不安的心情，对他说"好"。

这次的惶惶不安不是由于背后需要负担的工作。虽然我一向秉承他在六十大寿时对承恩蒙泽的学生立下的规矩——"不用回馈我，传递给别人"——但这次有更加直接表示感激的机会，我很高兴。然而我不安的是，自己之前公开表示对他的一些立场持保留意见，结果却要在书中披上他的外衣，采取与自己大相径

86

庭的立场。结果我的烦恼是杞人忧天。费先生又坚持数月，即使住院在床，依然继续修改、草拟书稿的尾声部分，充实文中欠缺的内容，还指挥在我看来是一支小型正规军的学者团队，这些人或多或少都参与了此书撰写。1991 年 9 月 12 日，他和妻子费慰梅去哈佛大学出版社递交《中国新史》完整打印本，几小时后心脏病发作，两天后离世。他逝世第二天，慰梅打电话给我，说费先生的死于他是幸事（指他在心力衰竭前努力写完书稿，这对他来说压力过大），但"于我们是坏事"，感叹他时间卡得正好。

87　　从 5 月电话到 9 月他逝世之间的几个月，费先生和我一直就此书事宜频繁联系。有时他会打电话谈谈自己最近读的书，想听听我的看法（他读书比我快得多，一般我都无从发言），也分享自己的想法。有时我会告诉他自己在读什么，推荐他也看看。下次聊天时，他不仅已经精读了这本书，如果作者观点有说服力，他还会努力把这本书塞进自己的书稿。

　　费先生最后一次心脏病发作的前几天，我午饭后去办公室拜访他，想告诉他自己关于书稿最新一版问题突出的一章的想法。（结果他已经又拟了一版，问题已被有效解决了，无须我的点评。）他着急的时候，一定要快点儿看才能跟上。他办公室的门半掩着，我敲门时一开始无人应答，然后听到他的声音："进来。"原来是我打搅了费先生无人不知的饭后午睡。他马上坐起身开始讨论书稿，好像刚才一直躺着在思考这本书，抑或是在梦

中思考？他说几周后书稿就要交付清样了，他担心不能纳入
"17 本新书"的成果，而这 17 本书在递交清样和书出版之间一
定会问世的。我的思绪回到这么多年，听闻费先生耍各种把戏，
从不情不愿的作者手中夺来他们书稿的故事。我自己都没意识
到，就开始按费先生的风格教育费先生，苦口婆心说新书永远都
会有，而学者的著作里纳入尚未出版的书不现实，所以要知道何
时收手停止修改，接受业已完成的事实，等等。他笑了，笑容一
如往常讳莫如深。他知道我说得对，但他也知道，归根结底，他
说得也对，因为这是他最后一本书，书问世时，他很可能就不在
了。他真的很想确保一切无虞，才能放心离去。[11]

　　在费先生生命的最后几个月，除了与他频繁交流之外，我还
应哈佛大学出版社时任助理社长、总编辑艾达·唐纳德邀请，担
任书稿外审。[12] 费先生去世后，我积极参与了此书出版需要的编
辑工作，就著作里的插图材料咨询了慰梅，并仔细审阅了清样，
尽力将成书错误降到最低。我甚至重写了关于晚清农业经济人多
地少问题影响的一段。最后能参与成书我很高兴，这是对这位自 88
己亏欠良多的人明确表达我深切的感激之情。

仍须努力

　　结果我的书在自由出版社也是功败垂成。大概是费先生给薛
立敦写信的时候（1981 年 12 月），薛立敦给我写了一封思虑缜

密的批评长信，指出一些他认为书中需要加强的薄弱之处。他的一些观点我认同，回信说一定修改。我不知道外审的意见是什么，也不知道到底有没有外审。1982 年 2 月我接到自由出版社历史编辑乔伊斯·塞尔泽（Joyce Seltzer）的电话，被告知出版社将不予考虑此书，理由是这本书不符合"大规模作为教材"使用的设想。她说我的文笔很好，然而——多么似曾相识的说法！——历史学著作一般只有其他历史学家感兴趣，由大学出版社接手更好。她在随后的简短信件中重申，对于自由出版社来说，这本书"读者应该不多，商业价值低"。几天后，薛立敦打来电话，表示自己对出版社的决定愤懑不已，并依然坚持认为这是本好书，会极力出言支持出版。

书稿自首次交给出版社已经一整年，结果离被接受还长路漫漫。我依然坚信这本书的价值，认为它对北美中国历史学界是有益的贡献。但让我费解的是，虽然有许多支持这本书的声音，两家大学出版社和一家以出版学术作品见长的商业出版社却都泼了冷水。这是我出版前两本书时完全没有经历的，那两本都是提交哈佛大学出版社几个月后就立项了。若说就此绝望跳下布鲁克林89 大桥倒还不至于，但我确实很受伤。

另外还有一家商业出版社我觉得可能值得联系，那就是万神殿出版社（Pantheon Books）。这家出版社一直对亚洲相关的图书青睐有加，尤其是那些批判思考美国对亚洲看法的类型。我的书虽然只关注亚洲的一个区域，但显然也属于批判思考的类型。我跟万神殿亚洲书籍主编汤姆·恩格尔哈特（Tom Engelhardt）打过交道，于是 1982 年 8 月给他写了封信，附上书稿序言、绪论和目录。之后我收到他的简短回复，说只凭绪论无法决定，需要看完全稿。当时他明确说，从绪论来看，"感觉这本书更适合大学出版社，不太适合万神殿这种商业出版社"。此时看来，投万神殿明显不太可能成功。我回信感谢他愿意浏览全稿，希望以后还能有机会在他们社出版，但我感觉如他所言，找大学出版社前景更加光明一些，我想再试试这条路。

这时是 1982 年 9 月末，没有更努力去敲开万神殿大门的原因是发生了意料之外的不相干的事情，最终解决了问题。关键人物是多萝西·博格（Dorothy Borg），她写有多本研究美国东亚关系的重要著作，包括《美国和远东危机，1933—1938 年》（*The United States and the Far Eastern Crisis*，*1933 - 1938*，哈佛大学出版社，1964），并凭此书获得 1965 年哥伦比亚大学美国历史研究班克罗夫特奖（Bancroft Prize in American History）。[13]博格博士 20 世纪 40 年代是太平洋国际学会（Institute of Pacific Relations）美国分会会员，在中国生活过两年。几年后，太平洋国际学会被约瑟夫·麦卡锡参议员组织的人士攻击，称要为"把中国输给了"共产党负责，她暂停学术生涯几年，帮助维护备受攻击的欧文·拉铁摩尔等同事。[14]

我结识博格是在 1982 年夏天，当时她是哥伦比亚大学东亚研究所高级研究员。我的朋友、中国政治学者沙乐思（Lawrence

90　　Sullivan）刚搬到纽约附近，他熟悉我这本书，知道我还在找出版社，就向博格提及了书稿。博格此前正在整理思路，筹备一本讲美国的中国史、东亚史研究的短篇论文集，于是 7 月给我打了电话。接下来的长谈我觉得有一个多小时，可以想象，我很紧张，又有防备，但感到这其实是一次面试。听到她做记录的铅笔沙沙作响，想到自己在接受面试，我还是感到很荣幸的。博格之后很快要北上波士顿开会，我们 8 月 6 日共进了时长不短的午餐，当天晚些时候我把书稿交给她，加了一张便条，说可以给她在哥大的同事、中国政治研究学者黎安友（Andrew Nathan）看看，他应该感兴趣。

　　8 月末我收到多萝西（午餐后我们就互称名字了）的信，笔道瘦削，如同打印字体，她的朋友们应该都很熟悉。她在信中提及这部书稿令她"非常不安"，因为她想写的这里很多都写了，若是从出版的书第一次看到，"一定是平地惊雷"。她深深感谢了我处理这种情况"非常友善、大度的方式"，说这对她"意味深重"。我当然马上回信，让她放心，虽然我和她或许大致观点相近，可我一定写不出她那种作品——她的目标读者是美国研究学者，我的不是；她关注的是美国东亚关系史，我在书稿中并没有涉及。

　　回到纽约后，多萝西把书稿给了黎安友，他 9 月末给我寄来评点的长信。黎安友几年前受托写过 20 世纪中国政治研究综述，所以对这方面的挑战心知肚明。"所有这些问题，"他有些自嘲地说，"你做出了超凡回答而且行文如此优雅，也只有我这样真正努力过但失败了的人，才能理解这份成就的巨大意义。"他对书稿有两个主要的担心，一是现在熟知的读者群体问题。有多少人会买、会读？他说自己也不知道答案，但是"任何考虑出版这本书的公司一定会就此辗转反侧，请求外审决断"。他然后就如何既不改变全书主旨，又能提升吸引力提出许多真知灼见。他第二个担心的是公允问题。我为支撑自己的论点，是不是对费正清、列文森的分析过于浮皮潦草？这里他的观点尤为深刻，也十分有说服力，促使我重写了序言部分的内容。这部分现在是这样的：

> 公允问题对我而言至关重要，撰写这本书时，我一直忧心忡忡。做出判断时，我力求不偏不倚，在指出一位学者的著作、一个大的学术取向的不足时，我尽量说清批评的前提依据。但用别人的著作印证自己的分析角度时，难免有一定程度的歪曲。人们的观点随时间起伏变化，势必有所流失；学者的著作总是纷繁复杂，其中融洽对位的主题、主题的限定条件，甚至亦有可取之处的些许矛盾，都会从视野之中消失。因此，我把费正清、列文森当作20世纪50—60年代美国历史学主要取向的代表人物时，很容易忽视费先生学术生涯悠悠五十余载，治学中国有多个角度，但他任何情况下都没有忽略过异于自己学说的学术论文，反而是张开双臂。列

91

文森虽然 1969 年不幸去世，无法回应当时渐次出现的新学
说，但他目光如炬、思路精细，从来没有把自己束缚在任何
学说的框架之中。[15]

意想不到

说回黎安友的信之前，我想在此补充几句关于约瑟夫·列文
森的话。1969 年 4 月 6 日，列文森在加利福尼亚州俄罗斯河
（Russian River）因划艇事故溺亡。我大约在他逝世六七年前认
识他，十分敬服他为学、为人的风度。他去世时，我深受打击。
在我的脑海中，他的死也与当时发生的另一件事紧密相连。1969
年 4 月初，我收到著名历史学家阿诺德·汤因比（Arnold
Toynbee）于当年 3 月 29 日发出的信，邀请我为他编辑的东亚论
文集写一篇文章。文集最终定名为《世界的一半：中日历史文
化》（*Half the World: The History and Culture of China and Japan*,
London: Thames and Hudson, 1973）。格拉斯哥大学的伊懋可
（Mark Elvin）推荐了我。我深感荣耀，写信给汤因比博士说撰
写此章是我的荣幸，章题为《欧游东方：西方对中国、日本的
第一次冲击》（Europe Goes East: The First Impact of the West on
China and Japan）。我在 4 月 8 日的信中陈述了一些自己倾向于
如何着手的细节，汤因比 5 月 14 日回复说收到回信很高兴，我

怎样诠释都可以。他认为我提到的观点对那一章来说，可以"大大增加其价值、意义"。他随信附上了文集的作者名单，还提到列文森英年早逝的消息，问我除了负责那章之外，能不能考虑写本来由列文森撰写的"西方的第二次冲击"那章。我5月21日回信说当时忙于完成《在传统与现代性之间：王韬与晚清改革》，亦有其他事由，恕难从命。我冒昧推荐了几位我相信能写好列文森那章的学者。6月2日，汤因比回信说完全理解，并感谢我推荐人选。

哥大喜讯

1982年9月底，黎安友在信中还指出了一些小的缺点，建议我多加考虑，之后表示乐意与多萝西·博格一起向哥伦比亚大学出版社推荐此书，希望他们能"审慎、惜才"。他也表示出版社做决定前应该会请一位外审。我回信感谢安友对书稿的评价，也感谢他帮忙与出版社沟通。同时，多萝西已经把书稿寄给哥大出版社执行编辑伯纳德·格罗纳特（Bernard Gronert），10月6日格罗纳特打电话，说刚花了一个小时浏览书稿，很欣赏我的文笔和直接介绍此书、融入个人立场的方式。他提到哥大出版社即将出一本致敬多萝西·博格的历史学文集，由孔华润（Warren Cohen）主编，他认为跟我这本书很适合作为一套。[16]他问我既然前两本书都是哈佛大学出版社出版的，为何这本书遭到冷遇。我

93

和盘托出，猜测说是因外审报告观点极为相左，哈佛又与费先生有密切的联系，管理层可能因此决定放弃。格罗纳特说会马上把书稿交给外审。

此时多萝西·博格已然放下之前任何个人利益，愿意为我的书稿出版贡献所有力量。除了书稿交到出版社时写的赞扬信之外，11 月初她给我写便条，说一旦知道消息马上告诉她。"我感觉一定一切顺利，"她的语气一如既往地充满鼓励，"也希望一切尽快。"

感恩节那个周末，多萝西非常有心，在家给我打了个电话，兴奋地给我读她已经收到但我还未收到的外审报告的片段。一两天后，我也收到了报告全文和格罗纳特的手写便条，他说这本书"如若有光"。"有了外审的报告以及安友、多萝西的支持信，"他说，"12 月 15 日我把这个项目在院系出版会上提出，一定会一呼百应。"

外审报告开篇就解决了各家出版社最关心的问题：这本书谁会看？报告作者（后来我发现是易社强）说：

> 有人会问，这本书"对中国研究学者来说是必读书
> 94　吗？"我的答案只有一个字：是！这本书会是学术研讨会、
> 历史学课程、高水平中国"近世史"研究综述的起点，柯
> 文之后，谁人敢言"现代中国"？"现代中国历史"课第一
> 节讲座的题目会是"'现代中国'概念问题所在"，只需总

结柯文此书观点即可。研究生资格口试这本书一定是必读书目，就算整场资格考不是"柯文式"的，教授们也一定会问学生许多"柯文式"的问题。

报告随后点出书稿需要修改的地方，尤其是题目，不过前几年已经改过十几次：

柯文行文流畅明晰，对分析有绝佳的帮助，但题目却以己之矛，攻己之盾。已经驳斥了"现代中国"这个术语不能深刻描述背后的现实，他就不能把书名定作"美国历史学家与现代中国"了。《美国近世中国史历史著作》这个题目（当时发给外审的题目）像躺在碗里的麦片，被动吸收牛奶，一点儿都不出彩、响亮、悦耳。不过，目前的书名确实说明了此书的内容，应该作为副标题保留。正标题应根据第四章"走向以中国为中心的中国史"来拟。

我采纳了外审意见的前一部分，没采纳后一部分。修改后成书的正标题，当时就觉得恰到好处，三十年后的今天依觉如此——《在中国发现历史》。这是对黑格尔观点——"我们面前最古老的国度没有过去……这个国度过去如此，现在依然如此。因此中国没有历史"——最机智的反驳。

书稿很快就被出版社接受。多萝西下一个跟这本书有关的便条写于 1984 年 4 月，书刚出版之后。她祝一切顺利："祝愿这本书一帆风顺，书评佳，销量佳，心想事成。"然后感谢我在序言中对她的致谢。"我总觉得，自己最喜欢读的，是人们在致谢中表达的那最真挚、纯粹的感情。"她写道。回望当时在书中我感谢多萝西的用词，真的不过是寻常语句。但有时，深刻的感情藏在普通语句之下。我从多萝西的回应中明白，她知道我有多感激，同样重要的是，她知道我懂得她一开始支持此书时的内心况味。

回首与多萝西·博格非比寻常的友谊，我总会想起她为这本书所做的一切。别人面对类似的情况，会遮遮掩掩、有所保留，她找到我时，我也是如此。多萝西下意识的反应是放下个人情感，拥抱自己认同的观点，没有停留在小我的自矜、自尊上。这不是说她完全无私，她风趣幽默，不屑于自私无私。但她是少有的心胸开阔的人，过人之处不止这一点，能做她的朋友，我三生有幸。

第五章
中国中心观的局限

在之前的两章中我探讨了《在中国发现历史》的内容、出版故事，此书前三章检视了 20 世纪 50—60 年代美国中国历史学 三大理论范式中的西方中心偏见：冲击－回应范式、现代化（或传统－现代性）范式和帝国主义范式（或者更准确地说，是帝国主义－革命范式）。《在中国发现历史》最后一章，我提出了美国学界的新取向，将之称为中国中心观。新学说的核心特点是更加努力理解中国历史本身，关注中国历史进程中的细节、中国人对自身问题的看法，而不以脱胎于西方历史的期待看待中国。[1] 这并不是说中国中心观忽视了外部影响，也不是说中国中心观拒绝把中国之外、历史学科之外的理论成果和研究方法拿来研究中国现实，相反，中国中心观热烈欢迎这样的应用。

直到今天，这部分的分析我依然一字不改。中国近世史研究中的无数问题，中国中心观都可用、适用。这里简要列举一下 1984 年《在中国发现历史》初版问世前后相继出版的一些应用 中国中心角度的著作：曾小萍（Madeleine Zelin）1984 年关注 18 世纪中国国家内部变革，尤其是财政改革的著作；罗威廉

1984 年关于 19 世纪汉口商业发展的杰作；本杰明·艾尔曼（Benjamin Elman）1984 年讲 18 世纪长江下游学术话语重大演变的著作；黄宗智（Philip Huang）1985 年关注清末民国华北农业长期变迁模式的著作；冉玫铄 1986 年以浙江为例，分析清末社会精英日益组织化政治化的著作；杜赞奇（Prasenjit Duara）1988 年关于 20 世纪上半叶国家形成对华北农村社会历史的影响的著作；詹姆斯·波拉切克（James Polachek）1992 年从当时中国内部政治状况入手，重构鸦片战争的著作；白凯（Kathryn Bernhardt）1992 年分析清末民国中国商品社会日益发展，政府权力干涉愈甚，长江下游地主阶级不断衰落的过程的著作。[2]

然而在其他问题上，使用中国中心范式明显不太合适。映入眼帘的有一系列学者最近关注的领域，这些领域毋庸置疑与中国历史有关，但最好应用其他研究方法。这些领域要么研究问题的本质是广义比较史，比如为解决世界史问题，将中国作为东亚或亚洲区域体系的一部分进行审视，甚至是即便处理中国历史这一话题，主要研究对象的范围也超越了中国历史。再比如中国向世界其他区域的移民等问题，在质疑所谓"中国历史"的边界，因此不可避免地也挑战了中国中心观的适用性。

对于研究中国史及历史其他领域的学者来说，近些年比较史研究中最有意思、相当有影响力的是王国斌和彭慕兰（Kenneth

Pomeranz）的著作。我指的是王国斌的《转变的中国》（*China* 98
Transformed，1997）和彭慕兰的《大分流》（*The Great*
Divergence，2000）。这两本书都论述了两个多世纪以来，西方为
什么会统治世界这一棘手问题。[3]但两位学者各具特色。彭慕兰
的兴趣集中于经济发展问题，王国斌更关心国家形成和大众抗议
的问题。[4]彭慕兰自述更重视"全球重大事件、双向影响，讨论
时除中、欧外还会引入其他地区"；[5]而王国斌一以贯之地仅关心
中欧比较。不过两位学者的共同的想法还是比他们之间的分歧重
要得多。最关键的是二人一致认为，过去比较欧洲与世界其他地
区的西方人问错了问题：他们受 19 世纪欧洲中心观的社会理论
束缚，认为欧洲变革的轨迹是规律，既然工业革命在欧洲发生，
没在中国发生，要问的问题就是中国哪里出错了。

驳斥这一路径时，王国斌和彭慕兰坚持要进行双向比较，王
国斌的说法是"对称角度"（symmetric perspectives），彭慕兰则
是"双向比较"（reciprocal comparisons）。[6]两位从以欧洲变革轨
迹为准绳的欧洲中心观中脱离出来，分析了 18 世纪后半叶中国
和欧洲的经济形势，彭慕兰还论述了欧洲、中国、印度、日本等
区域，找到了非常相似的并行轨迹。"在关键方面，"王国斌论
道，"18 世纪欧洲与 18 世纪中国的共同点，大于 18 世纪欧洲与
19—20 世纪欧洲的共同点。"彭慕兰分析的地理区域更加具体，
但观点类似。他观察到 18 世纪中期"散布在旧世界的许多核心
区域——长江三角洲、关东平原、英国、荷兰、古加拉特——之

间有许多重要的共通点，比如市场相对自由、手工业发达、农业高度商品化，而所在大陆或次大陆附近的其他地区却没有这些共通点"。[7] 既然当时欧亚部分地区盛行的经济模式十分类似，王国斌和彭慕兰面前的关键问题，就从亚洲哪里出错了，转向 1800 年后欧洲为何发生短期急遽的经济变革。变革最早出现在英格兰，随后流向欧洲其他核心区域，而亚洲大陆即使最发达的地区也无声无息。应对这些问题时两位都认为英格兰的技术创新，以及向煤这一新能源的转变至关重要。王国斌同时也强调，欧洲政治经济变革中的一些结构特点起到了解放作用，比如国家之间的互相竞争。彭慕兰的论证则更侧重欧洲以外的因素，尤其是参与新的贸易体系，以及在新世界发的横财和新世界的资源。[8]

虽然王国斌坚称《转变的中国》"主要写中国历史，其次是欧洲历史"，[9] 虽然他深刻洞察到治中国史不能有欧洲史带来的盲目偏见，但我个人的观点是"中国"不是《转变的中国》的主要内容。于我而言，《转变的中国》最大的价值是王国斌缜密构建并阐明了研究比较历史的新颖、不偏不倚的角度，不以世界某个地区的历史路径为尊、其他地区路径为卑，因此提出任何地区历史问题时不用再做预设，因为本来就没有预设。彭慕兰的研究虽然比较空间大于王国斌，但整体取向不只关注比较。彭慕兰一挖到底，关注 18 世纪中期之后欧洲、东亚经济发展大分流的问题。虽然彭慕兰剖析了"如果不把中国的经济预判为欧洲的对立面，中国的发展竟有如此不同的面貌……而我们一旦看到欧洲经济与最常比较对手之间的相似点，欧洲历史亦有不同的面貌"，[10]但他最重要的目的，还是厘清现代世界经济如何形成这一实质问题。因此彭慕兰和王国斌一样，虽然为中国大费笔墨，关心中国的故事有没有讲对，但最终感兴趣的话题超越了中国历史。

将"中国中心观"这一标签应用于诸如王国斌和彭慕兰这样明显与世界历史有关的学术研究（无论是在比较历史，还是侧重突发事件和有影响力事件）上，似乎显然是不合适的。同样的道理还适用于分析中国作为亚洲更广阔区域系统组成部分的研究。区域作为国家个体和世界之间的过渡类型，有内在的历史张力，区域历史学家认为必须从区域中心视角审视这些张力。例如滨下武志[11]着力"将东亚理解为历史塑造的区域，内部自成等级霸权体系"，该区域"现代历史的开始，不是欧洲列强的到来，而是来自传统、以中国为中心的朝贡体系的内生动力"。[12]朝贡体系中国创立，形成包含东亚、东南亚的松散政治融合体系。中国与朝贡国之间不仅是两个国家之间的关系，一些时期还包含次级朝贡关系，如越南要求老挝进贡，朝鲜不仅向中国进贡，还向日本遣送进贡使节，琉球国王与清廷和江户幕府均有朝贡关系，因此形成了整个区域复杂的关系网。

滨下认为，亚洲区域系统另一个重要特点在于经济。东亚、东南亚形成了多边商业关系网络，与朝贡体系共生运行，同中国商人下南洋开展贸易、华南劳动力移民紧密相连。"朝贡商品与

100

'赏赐'之间主要是买卖关系。"商品价格"大体由清朝市场价格决定"。滨下谈道，事实上从明末开始，"有证据表明，整个复杂朝贡贸易体系的形成基础是中国的价格结构，朝贡贸易区域形成统一的'银币区'，银币成了贸易结算工具。朝贡贸易体系运作的关键，是中国之外对商品的巨大'需求'，以及中国内外的价格差异"。[13]需要注意的是，滨下对区域经济融合重要性的论

101 述，与费正清等人关于"朝贡体系"的早期观点有显著差异。[14]

虽然在滨下的地区中心视角中，中国发挥绝对基础作用（他亦确实频繁使用"中国中心"一词描述该视角），但中国中心观明显不适合他阐明的亚洲区域系统。[15]这一点在他论述的另一部分更加清楚。他提出，海洋与陆地一样，是亚洲历史活动的中心及决定因素。虽然我们习惯将亚洲区域看作土地疆域集合体，但亦可将其视为一系列互通互连的"海洋区域"，从东北亚一路延伸到大洋洲。滨下认识到，一旦采取以海洋为中心的地理视角，就更能理解过去几世纪以来亚洲内部政治关系演变的原因，"每个海洋区间边缘的国家、地区、城市……彼此相近、互有影响，但若间隔太远，就无法融入更大的实体。这样的自主发展，是朝贡体系这种松散政治融合体系建立的重要基础"。[16]

汉族之外少数民族[17]的历史研究，是另一个不适用中国中心观的领域。这类研究形式不一。一群人数不多、才华横溢的历史学家，为清朝满族性（Manchuness）问题的研究注入了新生机，他们关注满族文化、民族身份的演变、清朝边疆的特性、满族统

治者的多元本质及其对清朝运作的贡献、满族重要制度（如最著名的八旗组织）及满族对 20 世纪民族主义的影响，等等。[18]这些学者往往同时使用满语、汉语资料，尖锐质疑了过去满族被"中国世界秩序"大体吸收、同化的论调。他们观点的公约数可以用一位学者的措辞予以总结："满族概念的差异在清朝从始至终都很重要。"[19]确实，几位史学家都用了类似"清朝中心"和"满族中心"的表述凸显这种不同。[20]他们并不否认满族在中国历史上发挥过不可磨灭的作用，但更关注的是借助满族人的视角发现中国帝制时期的最后几百年非常不同。以汉族的角度观察满族在这段历史中的作用，无论是传统的同化还是汉化说，跟用欧洲中心观描绘中国历史一样，会导致一样的扭曲。

102

如果满族概念的差异在清朝从始至终都很重要，那么主要原因之一是清朝是满族建立的朝代，同时期中国乃至中亚最终都受满族统治。[21]非汉族群情况不同，比如学界较常研究的中国穆斯林。中国穆斯林研究也质疑了中国中心观的适用性，但他们几百年间的历史与满族截然不同，因此质疑的问题也不同。穆斯林与满族的不同在于，穆斯林尽管在元朝等时期担任高官，但从未如满族、蒙古族一般统治过中国。还有，穆斯林过去、现在都不同程度、以非常不同的方式与外来世界性宗教伊斯兰教相关。

杜磊（Dru Gladney）和乔纳森·李普曼（Jonathan Lipman）都坚持认为，[22]中国不同地区，甚至有时同一省份的穆斯林彼此也大有不同。比如现在新疆的维吾尔族，在新疆于 18 世纪受到清朝中央政府有效管辖之前，这些穆斯林虽然生活的空间政治上属于中国，文化、宗教上却与中亚地区亦不无密切关系。其他穆斯林遍布中国疆土，祖先世世代代生活在中国，讲各种中国方言，生活许多方面与汉人没有分别。

103   中国穆斯林人口本质多元，至少从理论上可以说，应用中国中心观研究新疆的维吾尔族显然不太合适，[23] 它应该契合更加涵化的中国穆斯林群体。毕竟中国中心观的重要特点是志于应对巨大、复杂、多元的中华世界，将其分解为更小、更好处理的空间单位，从而便于仔细审视当地宗教、民族、社会差异等多重变化。[24] 但即使对于讲汉语的穆斯林来说，以中国为中心的分析也会招致问题。李普曼讨论甘肃 19—20 世纪生活在市州一级的穆斯林时讲到一个十分有趣的例子，足以说明中国中心观此处的不足。这两个世纪中，甘肃政治中心、中式经济生活中心是省会兰州，但兰州夹在两大穆斯林生活圈的核心宁夏和河州（今天甘肃临夏回族自治州首府临夏市）之间，在穆斯林看来，兰州地处边缘。反而是地处兰州西南 100 公里左右的河州，19 世纪时有一半人口是穆斯林，是穆斯林重要的商业、宗教中心，却"在任何中国中心的地图上，都是边缘得不能再边缘的地方"。换句话说，中国中心的地理划分，不能有效反映甘肃穆斯林心目中重要的社会、经济和宗教生活。除此之外，很可能还会带来对该省穆斯林群体一概而论的缺陷，冲散穆斯林之间的多元性。李普曼的分析清晰表明，事实上甘肃不同地区的穆斯林有十分不同的社会、职业分工，扮演政府之外许多其他角色，有时甚至暴力内斗，宗教信仰的本质、程度远非一成不变。[25]

满族、穆斯林研究的新成果，在更广阔的层面也与近年学界对中国整个"民族"问题的兴趣有关。中国边疆的汉族与少数民族矛盾抬头，全球对多文化、多种族问题愈发重视、敏感，这些原因都激发对民族问题的关注，这在对维吾尔族、蒙古族、藏族、彝族等群体的研究中也有展现。[26] 由于这类研究挑战了显而易见的、不成问题的"中国性"（Chineseness）概念，使"中国性"分类更为复杂，迫使我们继续反思其含义，可以想象，这类研究不太适合用中国中心观。

如果中国中心观不太适用于研究中国内部、汉族之外群体的特有角度、经历，那么它对于研究移民中国之外地区的汉族人来说也成问题。中国移民问题近来吸引了学界的广泛关注，这是一个庞大复杂的话题，学界刚开始有新的理论成果。[27] 可以确定的是，中国移民身上的特色源自更广阔、更古老的中国内部迁移模式，只要关注的还是移民过程的"推"力，即为什么决定从中国某个地区内部迁移或移居外国，那么中国中心分析框架对地方特性、变化的关注依然有其潜在价值。但即使在这个阶段都会遇到问题。虽然 19 世纪和 20 世纪初华北华南地方贫困、社会骚动都相当普遍，但海外移民来源地多是福建、广东等南方省市的特定地区。主要原因是这些地区与一些南方条约口岸，尤其是曾受英国殖民统治的香港之间有高度发达的网络。这些被冼玉仪妙语称为"中间地带"（in-between places）的地方，是中转或聚集点，使人口、商品、汇款甚至尸骨，在华南村落和世界各目的地间双向流动。利用这些网络进行移民，成为华南一些地区，甚至有时是整个村子、宗族家庭的经济上策。[28]移民史明显是上文所谈区域、全球体系的组成部分。

移民过程的这一部分，中国中心观作为唯一甚至主要研究方式的价值就要大打折扣。最显而易见的原因是，中国事实上与其他地区有重要关联。华人一旦暂居或定居爪哇岛、加利福尼亚州、利马、比勒陀利亚，即使他们在很大程度上依然植根于中国社会历史叙事框架，但也开始融入印度尼西亚、北美、秘鲁、南非的历史进程。他们对各类因时、因地多变环境的适应过程——孔飞力称之为"历史生态"（historical ecology），几乎不能从单个国家或文化的角度来理解。[29]然而，中国中心观之外加入更复杂的多重地域解读只能解决一部分问题。除此之外，亚当·麦基翁（Adam McKeown）切中肯綮地说，若想更理解中国移民，从以中国、北美、印度尼西亚等为中心的国别角度之外，必须加入强调流动、离散的视角，"重视联系这些当地坐标的国际关系、网络、活动、意识"。[30]换言之，移民不仅是推拉因素、输入输出地的问题，还必须被理解为一个过程——一个不断在业已林立、紧密相关的走廊上持续来回活动的过程。正因如此，移民深刻颠覆了传统国家边界。[31]

一些情形下，中国中心观可能甚至不足以支撑直接、深入中国历史的研究。一个很好的例子是拙著《历史三调：作为事件、经历和神话的义和团》（英文版 1997 年出版，下两章详述）。我曾被公认为美国史学界摆脱 20 世纪 50—60 年代中国帝制晚期研究的西方中心观，转向中国中心观的旗手，但《历史三调》代表了我研究方向的根本转变。当然，我在书中用很大篇幅，不断深入 1900 年春夏义和团和华北平原其他居民的内部世界，就此而言，研究方法或许可被视为中国为中心的。但我也对当时卷入事件中的外国人的思想、感受、行为感兴趣，经常指出中外双方的共通点，研究路径至少在一些节点是以人为中心，而不是具体以中国为中心。

最后也是最重要的，我在《历史三调》中始终明言，我的 106 主要目的是探索一系列关于历史写作的更广泛的话题，"义和团只是这项工作的配角"。[32]这与历史研究的一般步骤相当不同。不仅是中国研究领域，类似著作中作者都会在总结陈词时把研究结论放在更广阔的坐标系中，希望提升著作的价值、意义。在《历史三调》中，我开篇即提出一系列广泛议题并一直紧扣这些议题。虽然用义和团做长篇案例研究，但在结论中，我特别点明义和团与我希望探索的宏大议题之间并没有必然的或独一无二的联系。世界历史上的许多其他事件也能起到一样的作用。[33]《历史三调》的主要目的不是讲中国史，而是历史写作，也并没有以中国为中心。

本章分析的研究主题均在一定程度上挑战了中国中心观，虽然在一些情况下需要完全摒弃这一取向，但更多时候需要把它与许多其他取向细密融合。我也要马上指出，三十多年前首次描述中国中心观时，当时站在我的角度不过是想表达他人已经应用的一套研究方法，且我认为这套研究方法对美国中国历史研究将要发展的方向是合适且有益的，所以才把它与中国近世史研究挂钩。一个例证是《在中国发现历史》我介绍此取向的章节，题目就叫"走向以中国为中心的中国史"。只要历史学家研究的话题，无论中心议题还是内容，或多或少是在中国某个领域内（政治、社会、经济、思想、文化、宗教）——即使近年学界有新动态，大部分中国历史研究依然关注的是这些话题——那么我认为中国中心观依然非常有用。不过深入一些比如我前面提到的研究领域后，问题就来了。这些领域或是剥去中国这一中心，而与跨国进程联系起来（如移民、现代世界经济出现、亚洲某个区域系统的演变），或是一般智识问题（如历史研究的多重方式、比较历史研究），或是把中国从实体空间转化为其他概念（现在时髦的词是非地域化，deterritorialization）[34]，或是以其他方式发现"中国"的含义有问题（如研究国内少数民族、海外华人自我认知）。

这些研究路径虽然指出了狭义的中国中心观的局限性，但为广义的中国历史研究做出了至关重要的贡献。它们的意义在于：清除了数世纪以来一些过去中国人、外国人在"中国"周围创设的种种壁垒；颠覆了中西史学家塑造的对中国历史的狭隘理解；丰富了我们对不同地点、不同时间点对"中国人"含义的理解；确保中外比较能更加公允、开放。这些研究皆能打破"东方""西方"之间随意、偏误的藩篱，削弱西方长期视中国为"他者"的认知，从而使中国——中国人、中国文化——不再被视为印象中的异域，而是有血有肉的同类。

中西对比的问题：过度强调文化

最后一点在我的研究工作中愈发被关注，所以想就此继续阐发。我非常怀疑西方讲中西文化差异时夸大其词的说法，这些说法虽然有时有所变化，但往往植根于西方中心的视角。我几乎在所有著作中都严肃对待文化问题，[35]任何情况下都不否认中西文化传统间的重大差异。但我同时认为，历史研究过度强调此类差异会产生令人遗憾的歪曲，甚至形态各异的夸大。其中一种歪曲叫文化本质主义（cultural essentialization），即将一种文化大刀阔斧地砍成其他文化不具有，或表现出来的相对较少的某套价值观和特性。阿马蒂亚·森（Amartya Sen）对此有切中要害的论述。比如，东方威权、西方自由包容的刻板印象限制了许多可能性：印度或中国的历史可能包含开明、自由的传统，或者威权主义亦可能是西方自身历史中一个重要特点。而且真实的历史记载打了

108

传统思维一记耳光，"自由包容方面，"森表示，更有意义的是关注思想实质，而不是文化或地域，"把亚里士多德和阿育王归为一类，把柏拉图、奥古斯丁、考底利耶①归为另一类。"[36]

文化对比还会使西方历史学家忽视中国变革的能力，滋生中国历史亘古不变的想法。最近几十年，美国历史研究才开始淡化中西文化对比，我刚提出中国中心观时注意到，与该取向相伴相生的重要趋势是学者逐渐脱离文化，朝着历史才是19—20世纪中国近世史结构问题的根源转变。20世纪50—60年代，当冲击-回应、传统-现代性范式占据美国学界主流地位时，无数研究用中国社会、文化"传统"的本质——自然也用这种社会、文化与西方、日本的各种差异来阐释其观点。研究中西冲突的著作，例如费先生的《中国沿海贸易与外交》(*Trade and Diplomacy on the China Coast*)、我的《中国与基督教》，虽然花大量笔墨描述政治、经济、社会、体制等因素，却仍倾向于将文化差异、误解，尤其是态度、价值观领域的误解，视为冲突的根本缘由。[37]同样，类似主题还存在于许多相关知名著作：费维恺讲清末工业化失败的著作；费正清、赖肖尔、克雷格讲中国相对日本对西方回应无能为力的研究；芮玛丽讲儒家社会现代化了无成效的著作；列文森关于中国社会无力自行发展成

---

① 考底利耶（Kautilya），公元前4世纪古印度政治家、哲学家，主张对居民实施严密控制，被称为"印度的马基雅维利"。——译者注

为"有科学取向的社会"的断言。简言之，这些著作全都认为最根本原因是中国社会文化的特性。[38]

　　强调社会、文化因素，自然是基于社会文化对比的研究范式，这种研究范式在解释中国时总在中西社会、文化差距上找原因。我认为，中国中心观之所以能够以历史而非文化来解构中国历史，是因为它比较的主体不是中西等文化差异，而是一种单一文化（中国）在不同时间点之间的差异。比较中西文化差异，侧重文化更稳定、持续存在的特性（所谓文化的"内在本质"），会导致对过去的认识相对静态；而比较中国前后差异，则强调一种文化随时间的流变，催生出对过去更动态的理解，在此作为解释要素退回背景和历史的文化——以对历史进程更加敏感的态度——走上前台。[39]

　　在努力理解另一种文化中的人们时，历史学家如果过度关注文化差异，除了使自己难以理解另一种文化构成中复杂、矛盾的部分，无法理解其经历的演变之外，还会使人们的思想、行为构成从视野之中消失，而这些思想、行为正折射出超越文化、反映人类共性的特点，与世界其他地区人们的思想、行为有所重叠、共鸣。此乃史华慈著作的中心论点。史华慈认为，中国作为研究主体的价值，不在于它可能拥有的任何独特的异域风情，也不在于它是某些绝对意义上西方的"他者"，而在于它是人类经历的另一个载体，是一座庞大的实验室，有自己独特的设施，可以用来探索人类共有的困境。[40]我们若是要更加全面、理性、开放地理解中国历史，必须同时看待人类这层共有的维度和文化差异。[41]我希望在下几章讲述义和团时也说明，关注人类共有维度能有效超越中西历史学家以不同方式、因不同原因强加给中国、中国历史的桎梏。

第六章

多重过去：《历史三调》

历史学家是做什么的，哲学家对此有长篇累牍的理论分析。 拙著《历史三调：作为事件、经历和神话的义和团》（1997） 则从一个真实历史案例——19、20 世纪之交中国的义和团运动入手探索了这个问题。[1] 深入此案例之前，我先讲讲此书的缘起。我对义和团的兴趣始于博士论文即第一本书《中国与基督教》，书中分析了 19 世纪 60 年代外国传教士侵入中国社会所造成的政治问题。我在书的最后一章提到，1900 年的义和团运动给清廷带来与传教士十分类似的政治问题："若支持仇外的义和团，就要冒着与外国列强开战的风险；而若镇压义和团，也一样要冒着朝廷内部排外分子离心的危险。"[2] 20 世纪 80 年代中期完成《在中国发现历史》后，我开始认真研读义和团历史。求索、撰写《历史三调》那十年，我也开始对我称之为"历史认识论"的问题心醉神迷。历史认识论指我们对过去知晓什么、如何知晓，由此衍生了我提出的义和团研究三重框架。[3]

刚开始研究历史时我对历史学家"做什么"的理解，与后来的想法大不相同。我曾以为，某种意义上过去是一堆固定的事

107

111　实材料，历史学家要做的是找到、阐明这些材料。今天，我依然以为历史学家的主要目标是理解、阐释过去，只不过今天的我对这个过程及其中问题的想法不再稚嫩。我现在知晓历史学家的重构总是处在两种"认知"过去方式的矛盾之间——经历与神话。这两种方式对人们生活的影响普遍且重大。

认知过去的三重方式

　　从抽象意义上说，义和团运动是清朝末年历史画卷中的重要篇章。它是 19 世纪中期大起义和 1911 年辛亥革命之间最大规模的武力冲突，反映了清朝岌岌可危的政治地位。19 世纪 90 年代初，华北接连遭受自然灾害，许多农村青年因此一无所有，成为拳民。义和团可被视为一场社会运动，集中反映了中国更普遍的农业秩序崩坏问题。秩序崩坏的表现包括清朝许多地方爆发大规模的民众骚乱，以及义和团宗教信仰中的降神附体、法术仪式。义和团排外性最突出的表现形式是攻击中国基督徒和外国传教士，这对中外关系造成重大危机。外国列强以此为由直接进行军事干涉，中国被迫向列强宣战。1900 年 8 月，使馆之围被解除，清廷逃亡西安，洋人占领北京，列强大获全胜，强迫清朝签订外交条约、赔偿巨款，这成为清廷政策的转折点。20 世纪最初几年间，清朝即使不情不愿，也采取了具有深远意义的改革措施。综合义和团运动的各个不同层面，难怪芮玛丽关于辛亥革命背景

的著名论文开篇振聋发聩："中国历史最具戏剧性的转折点，莫
过于 1900 年。"⁴

112

义和团不仅编织在中国历史这一时期一连串事件中，还催生
了中国及西方大众想象中的一系列神话。20 世纪早期，西方普
遍视义和团为"黄祸的化身……一说起义和团这个词，脑海中
马上浮现危险、排外、非理性、野蛮的形象"。⁵20 世纪 20 年代
之前，鲁迅、胡适等中国知识分子以及早期的陈独秀，都对义和
团有负面评价，说他们"迷信""落后"。及至 20 世纪 20 年代，
民族主义、排外主义高涨，当时许多西方人试图以"义和团主义"
（Boxerism）的复活为说辞来诋毁中国的民族主义，而中国革命者
开始把义和团往积极的神话方向重构，强调爱国主义、反帝国主
义等因素。义和团成为反抗外国侵略的英勇战士，这种评价在
"文化大革命"期间达到顶峰，中国大陆（和一些海外华裔）普
遍接受这种形象。⁶同一时期，在台湾的中国人（和许多西方人）
之间，义和团疯狂、野蛮、排外、哗众取宠的形象死灰复燃。⁷
"文革"期间，在江青大力组织监督下，女子义和团组织"红灯
照"被大加赞扬，其被塑造成旧社会女性附属地位的反抗者。⁸

把义和团作为事件理解是以某种方式解读过去，而作为神话
的义和团则是让过去为现在的某种解读服务。无论如何，现在与
过去之间建立起动态交互，人们根据现在各式各样、不断变化的
目的，有意无意地不断重塑过去。而我们大举重新定义过去，这
对过去意味着什么？或者更准确地说，对人们生活、经历的过去

意味着什么？历史学家为了厘清、阐明过去，按照"事件"的形式整理过去；而神话创造者出于截然不同的动机，从过去汲取某种象征含义，那么过去的创造者经历过的世界怎样了呢？用法国哲学家保罗·维恩（Paul Veyne）的话来解释，事件从来不与参与者、旁观者的认知重叠，历史学家是从证据、文献中雕刻出自己选择阐释的事件。[9]这如果是真的话，会对历史理解有什么影响吗？历史学家最终也是神话创造者吗？最后，阐释一个事件，把它切分为人类经历的更小、更具体的事件单位，如同忽略伟大光荣的战争而去关注战壕里乏味、恶劣的生存环境，那我们还剩下什么？一堆杂乱无章、毫无意义的资料，还是乐观一点，更接近了真实的过去？历史学家试图解释过去，以及神话创造者试图利用过去的象征含义时，"真实的过去"到底发生了什么呢？

这些问题部分地说明了我在《历史三调》中关注的方向。《历史三调》第一部分讲述了历史学家后来叙述的义和团运动"故事"。历史学家已然知晓故事结果，能以广角镜看到整个事件的全景，能辨别过去不同人物经历之间的关系，地理上分布甚广的众多小型事件如何互相联结，从而组成事件更大架构的罗盘。历史学家也已然知晓，自己的目的不仅是解释义和团现象本身，也是如何将义和团嵌入前后历史进程的拼图之中。该书第二部分深入探索义和团不同阶段亲历者的想法、感受和行为，如参与村中拳坛的农村青年，运动如火如荼时散布在干涸华北平原上的焦灼的传教士，1900 年夏初天津之战中被困的中外居民。这些个体在各自的苦难中不知自己能否逃出生天，脑海中没有印着整个"事件"的走向，因此理解自己经历的方式，与事后解读、回溯的历史学家完全不同。第三部分讲在 20 世纪的中国产生的义和团和"义和团主义"神话，这些具有象征意义的形象不是为了厘清义和团的过去，而是为了从中汲取能量。

114

　　我辨明这三重意识的来龙去脉，是为了说明历史研究工作本身的复杂性，阐明人类创造的永恒固定的历史，与历史学家书写的、神话创造者利用的永恒变化的历史之间存在的矛盾。这与广为人知的罗生门效应大不相同。罗生门效应来自黑泽明的著名电影，讲述 11 世纪日本一场强奸谋杀案后，四位目击者对事件过程的不同描述。[10]"Rashomon"（罗生门）一词进入英语后，指对同一件事、同一真相的不同版本，人的视角取决于所处位置与事件之间的距离，这种距离可以是实际的，也可以是想象中的。我感兴趣的认知过去的多重方式当然包含不同视角。但这种多重方式超越了视角，解决的是更有实际意义的不同。过去的经历者无法知晓历史学家知晓的过去，虽然神话创造者和历史学家都有事后诸葛亮的优势，但他们无意于了解历史创造者经历的过去。换言之，认知过去的多重方式间并不总是泾渭分明的（我们都知道，历史学家也制造神话，过去的创造者也完全可以在事情结束后把自己的经历写为历史），然而，它们的分析方法却是截然不同的。

代表性问题：义和团符合标准吗？

我在《历史三调》结论那一章明确提出几个问题，其中之一是代表性。为了更加理解历史学家是做什么的，我检视了19、20世纪之交中国独一无二的历史事件——义和团运动作为事件、经历、神话的特性。我假设义和团特殊性之下掩藏着其他历史事件也适用的共性。这一假设需要条分缕析地说明。

首先，我要澄清的是，在书中我不关心过去的所有层面，只关心直接与历史学家、亲历者、神话创造者意识相关的层面。这就排除了那类研究长期的、没有个人色彩的社会经济进程的历史著作。这些进程当然重要，但太过渐进，人们不易察觉，所以极少左右人们的情绪。涵盖这些进程的著作如同所有历史写作一样，采取叙事形式，[1]表达了历史学家兼叙事者的观念（历史学家从不会丢掉他们的观念）。然而，这类著作中几乎没有空间反映历史主体、创造者、经历者的观念。18世纪中国物价飞涨、北欧封建晚期的农业变革，所以应该没有人就这些话题创作神话。

过去的这些层面变化极为缓慢、不易察觉，无论它们经年累月对人们生活的影响有多大，若我们搁下这些层面，而把注意力全部集中在人类个体有意识的经历，就会有许多事情不受到重视。事实上，人们一般思索过去时，过去是一个"事情发生过"的场域，而我们关注的正是这些。我们面前真正的问题是，义和团既然具有其独特性，是否还可以被看作人们有意识理解的普遍过去？我对这个问题的回答是非常肯定的。

我认为，若将义和团视为历史学家按事实模样重构的事件，那它与过去任何阶段一样，可作为案例说明如何理解、阐明过去发生了什么、为什么发生。所有类似重构侧重的都是历史学家的意识，而不是亲历者、神话创造者的意识，所以甚至对过去没有个人色彩的历史的重构，即使不是"事件""个体"，都可以用来说明历史学家是做什么的。每个历史事件的内容都是独特的。而且，某些历史事件，如义和团运动，非常复杂，时间、地点跨度大，所以相对而言，百老汇戏剧首演、国家政治领袖逝世等事件则更加简单（尽管它们的后果未必简单）。历史学家对这些事件的重塑——我们称之为叙事——却是按照一系列相当独特的原则进行的。而最根本的一项原则是，与神话创造者不同，历史学家必须按照社会规定、实施的一套职业准则来理解、解读过去。虽然我们与常人一样受情绪支配，但作为历史学家，我们有意识地承诺理解过去的工作要遵循准确、真实的准则，即使实际上永远不能完全达到，而且这些准则是历史学家之所以成为历史学家的基石。我们可能还遵循其他准则，例如女性主义历史学家希望为曾遭噤声的女性发声，以帮助当下、未来的女性实现赋权、解放，如果女性主义历史学家认为其他准则为先，理解、说明过去发生的事情这些约定俗成的标准为后，那么是放弃了作为历史学家的责任，走向了塑造神话的方向。[12]另一条原则是与参与者、亲

116

历者相比，历史学家已经提前知晓自己重塑的事件的结果。这条虽然相对不那么容易引起争议，但一样重要。就像亚瑟王传说中的魔法师梅林，我们知道后面会发生什么。美国历史学家 J. H. 赫克斯特（J. H. Hexter）注意到，正因为我们知道，才可以在"根据历史真实的节奏"讲故事时"调整内容的比例"。[13] 第三条原则是历史学家不受空间限制，这也是历史学家和亲历者的不同。不像历史原本的主体，历史学家有如前所述的宽阔的视野。

当历史被视为经历时，义和团便不再那么直接地适用于叙事性的目的了。这里追光不打在历史学家作为重塑者的意识上，而在历史当事人的意识上。虽然我们可以肯定地说历史学家都是相似的，但一开始创造历史、亲身经历的人各有各的不同。打仗、竞选、棒球赛、初恋、期末考试，每一个本质上代表着不同经历。不同的类型无穷无尽，每位个体的经历永远都是独一无二的。那么，义和团运动既然主要经历事件包括旱灾、降神附体、法术、谣言、死亡，这样的事件能说明普遍经历的过去吗？"普遍经历"这一概念难道不是矛盾的吗？

这个问题的答案，如同上面对于义和团作为事件代表性的解答，有多个层次。最具体、最特别的是，在卷入义和团的那个夏天，人们的经历跟过去任何阶段任何亲历者的经历一样，独一无二、不可复制。举个例子，1900 年初夏天津之战时流传着两个表达愿望的谣言，其中一条与法术有关——我也分析了它们对当时中国人的影响。7 月 4 日，据说义和团对天津人说，拳师隐身进了紫竹林租界，来到一座空无一人的高楼前，然后现出原形，进入楼内。楼高四层，一、二层空无一物，三层放满金银珠宝，四层有一对外国老夫妇对坐，二人对拳师叩头，行中国大礼，说两人是夫妻，一百多岁了。这对老夫妇突然泪流满面，说他们知道拳师法术高强，今日必来，所以在此等候。他们说，洋人所赖者枪炮矣，今日洋人必败，天兵下凡，枪炮失灵，洋人只有束手待毙。他们请拳师去三楼，让他金银珠宝随便拿，并宣布今日便是他们的死期，说完便拿起枪向胸部射击，自杀而亡。

　　时人记道："团中人既乐道之，津中人亦颇信其有。忽传大军同团击退洋兵，紫竹林为我军所得……津城各街宣传，久之始知其妄。"同时流传的一个相关谣言，说紫竹林的洋人都已遁逃，官兵和义和团进驻租界，并在租界内发现40柜黄金，每柜有黄金28万两。官兵和拳民都没有私纳，而是转呈总督衙门，做赈济之用。[14]

　　这些谣言里包含许多愿望，都与人们的心头大事有关，其中最明显的自然是义和团和普通百姓都希望天津之战中方大胜、洋人大败。当时的木版画也表现了这一愿望，常见的是遭遇战中洋人被中国击溃，或以某种形式遭到羞辱（见图6.1）。第二个谣言也表达了在久旱的地区，普通百姓希望从外国租界的金银珠宝中获益。这点也暗示义和团和普通民众的利益取向不同。最后，可能也是最不明显的是，第一个谣言里还包含人们对洋人的幻想，比如那对讲实话的老夫妇，他们承认义和团法力无边，相信

118

义和团运动的使命天命难违，因此以最有力的方式证实义和团大业有理有据。

如此具体的经历，虽然对我们理解 1900 年春夏蔓延的心理氛围很有帮助，却于了解其他地区、其他历史时期的事件无益。然而在某种普遍意义上，世界历史进程中充满了类似义和团的大众运动，其中宗教和法术发挥主力作用，排外情绪是推手，谣言、怀疑四起，战争、流血、死亡随处可见。从最普遍（或抽象）的意义上说，无论具体表达形式如何，许多现象似乎存在于所有人类经历之间，我能想到的有不确定性（无法预知结果）、感情参与、多重动机、文化建设，以及与历史意识不同的传记意识等。[15]

当然，可以用于重塑不同经历的历史资料因历史环境的差异有所不同。举例来说，我们只能在最表面的层次探索每个义和团拳民的意识，无法深入，因为他们中识字的非常少，虽然半世纪后收集了许多原拳民的口述历史资料，但到那时已无人详述自己的经历。[16]相比较而言，关于以下方面经历的资料汗牛充栋：持续干旱的社会背景下青少年早夭，惶惶然焦灼情绪高发，中国人、外国人都倾向于用以前认知的文化规律理解自己的经历。[17]虽然我们明显不能重构整个义和团经历，但的确可以了解其中很大一部分，若再以一定程度推而广之，还可以更深入膝理，了解普遍意义上人们经历的过去。

不过作为神话的义和团代表性问题不同，尽管本质上并无二

图 6.1　天津之战

这是一幅大尺寸爱国版画的细节，描绘了怒火中烧的中国军队使用炸药等各式武器，大败洋人。来源：C. P. Fitzgerald，*The Horizon History of China*（New York：American Heritage，1969）。该图的使用已获大英图书馆许可。

致。主要区别是过去的许多部分——在此指人们有意识经历的过去——没有作为神话保留下来。一个历史事件或历史人物如果作为神话传至后世，必须呼应后来某些特定群体、政府关心的特性、主题。对于意大利裔美国人来说，哥伦布的意义在于他发现了北美大陆，他象征着意大利人的祖先对美国生活做出的贡献。从另一个角度来看，对于非裔美国人和美国原住民，哥伦布的意义同样重大，他参与奴隶贸易、虐待加勒比地区的印第安人，因此被塑造成压迫、种族剥削——代表了历史上这些群体在欧洲裔美国人手中的遭遇——的有力象征。[18]

在中国，举个跟义和团截然不同的例子：1851 年到 1864 年反清、受基督教影响的太平天国，被塑造成了各式各样的神话。清末激进报纸《民报》称赞太平天国建立者洪秀全是中国伟大的民族主义革命家之一，能与明朝开国皇帝朱元璋以及孙中山相提并论。[19]20 世纪 20 年代初的国民党和毛泽东时代的中国共产党，都认同太平天国革命传统。[20]太平天国的领袖也被大举塑造为神话，在不同时期发挥重要作用。20 世纪 50 年代前，能征善战的名将李秀成被史学家大加赞扬。由于太平天国失败后他曾在严刑拷打下向曾国藩写了自白书，20 世纪 60 年代被斥为阶级叛徒，"文化大革命"中频繁用他做反面角色，批判修正主义者。[21]

太平天国也是地方最爱的用来造神的素材，尤其是在其发源地珠江三角洲。与洪秀全一样，孙中山也出生于广东南部，从小就仰慕这位太平天国领袖。[22]最近对华南客家人的研究表明，由于太平天国建立者是受基督教影响的客家人，客家人中的基督徒因此在客家传统中融入对太平天国运动的积极看法，这成为客家人制造群体传统、定位自我的一部分。[23]

《历史三调》中讲到后世中国人也为义和团创造了迥然不同的神话，这取决于神话创造者最关注现代中国文化身份的哪

121

一部分——反抗外国侵略,还是效仿外国影响的现代性模式。一个个造神案例的细节之间有天壤之别(比如,与义和团不同,太平天国经历和现代文化身份问题没有什么特殊共鸣),但所有造神基本过程是相似的。无论是义和团、哥伦布、太平天国、法国大革命还是马丁·路德·金,对过去进行神化时,关注的不是到底发生了什么,而是后人如何从自己的目的出发,改造、重写发生的事情。尤其是过去的一些主题总可以被加以简化、放大、拔高,使之成为现在的能量源泉,甚至以极端的方式,使现在与过去互相确认、支撑。这些主题可以是历史事实的一部分,也可以不是,比如,我们也不知道历史上红灯照到底有没有认为自己是在反抗 19 世纪末束缚中国女性的儒家社会传统(即使"文革"时期造神者说有)。但神话若想奏效的话,就必须有一定的可信度,即使不是真的,也一定是可信的。

122

总而言之,关于义和团的代表性问题,我从《历史三调》三种探索过去的方法中得出了大致相同的结论。在最具体的层面,无论被视为事件、经历还是神话,义和团毋庸置疑是独一无二的。然而义和团的独特性蕴含着不断出现的广泛规律,这种规律存在于人类有意经历过去的所有阶段,所以更广义层面,完全可以把义和团或任何历史事件作为案例研究。我们不能通过研究狮子来了解长颈鹿,但可以通过研究狮子或长颈鹿加深对动物王国的理解。

事件、经历、神话三重认知过去
方式的相对效用

另一个值得深入探讨的问题是事件、经历、神话这三重认知过去方式的相对效用。人们经历的过去比史学重构的过去更加真实，所以就要以经历的过去为尊吗？史学重构的过去好于神话的过去，因为史学重构更加真实、准确地反映了事实吗？作为历史学家，在职业生涯中我曾会毫不犹豫对两个问题都说"是"。但我越来越坚信，每一重方式之间虽然明显互相排斥，但在各自范围内都有坚实的合理性。

经历的过去和史学重构的过去之间两极分明，在此我的上述想法可能最难理解。虽然我们知道两者不同，但一方的价值很容易影响另一方的价值，二者不是壁垒分明的。举个例子，在特定情况下，我们初次读到历史学家重构的一部分过去，比如我们自己直接亲历的战争、政治竞选活动、社会运动等，可能会欣于所遇，为其中新的信息、角度惊奇不已。但其他情况下，鉴于之后的历史解读，我们早前亲历者的角色会成为痛苦内疚、情感矛盾的起因，这些情绪可能远大于经历时感受的。换言之，阅读自己当时经历过的历史，不可避免地碰触到这段经历，或多或少会影响自己对当时的行为、想法、感受的记忆。很能说明这点的是本书第一章重构 20 世纪 60 年代初我在台北的经历时，自己对性别不平等、男性享受的特权生发的新感受。[24]

　　分析神话的价值，也很复杂、难解。神话与经历之间的关系，可能比神话与历史之间的要简单一些。经历不是在文化真空中发生的。人们经历"人生"时，通过神话来"处理"。这些神话或者说文化预设，已经是人们社会化过程的重要部分。义和团神灵附体时，会毫不犹豫地说附体的神灵是自己孩童时学到的历史、文学人物；战场法术失灵时，会根据文化中根深蒂固的以女子为秽物的观念，来理解自己的失败。基督教传教士几乎本能地认为，义和团运动是撒旦的恶行，自己的行为（和命运）是上帝的旨意。在经历的世界里，这些神话创作无处不在，是经历不可分割的一部分。经历和神话即使看似融合——可能也真的融合——但经历初次发生（成为当下的过去）时，分析中可以分清经历和神话。我们从更远的时间点审视个体经历的过去时，会不由自主地将其塑造成神话，至少跟其他相比，这里分辨的尺度还更加清晰。不断重塑个人经验的丰富的过去，这个过程我称为塑造自传神话，当然会暴力侵害当初经历的"纯洁性"，更不用提对经历的准确记忆。"回忆时无论如何诚实，"罗伯逊·戴维斯（Robertson Davies）小说《奇迹的世界》（*World of Wonders*）里一个角色告诫道，"我们一定会根据后来的知识进行歪曲。"[25]许多作家着力强调，自传造神有鲜明的价值，能保存心理上的始终连贯和个体的前后一致。[26]

　　考虑到神话和历史的关系，神话的价值显得愈加复杂。大多

124

数职业历史学家认为自己职责的一部分是将重构过去与一般民众相对粗糙、充满神话的理解区别开来。比如我们避免接受亚伯拉罕·林肯作为"伟大解放者"的单一、理想化形象，而且感到有责任指出，虽然林肯认为蓄奴在道德上是错的，但他首先考虑的不是解放奴隶，而是拯救联邦。[27]同样的道理，虽然过去的史学家可能有异议，但当代历史学家质疑美国参与第二次世界大战是"正义之战"的简单说法，并坚持提出，虽然许多美国人相信参战至少是为了战胜以种族差异为基础的意识形态，但美国政府投入战场的军队不仅依然实行种族隔离，而且还以战时紧急状态为由有计划地把十万余人监禁起来，仅仅因为他们的祖先是日本人。[28]然而，尽管我们竭力正本清源，林肯和二战的神话力量依然岿然不动，这些力量代表对特定个体、事件的本质的理解时投入的感情，而我们理解这些时只是从复杂的诠释中找出一簇，强调这一簇而忽略其他所有。历史学家没有遵守这些历史准则时也会相信神话。我们中最自律的纯粹主义者可能会不惜一切代价，用有根有据的事实代替存在已久的神话，但总体上说，历史学家围攻别人的理解其实是神话时最开心，被别人围攻时不开心。

确实，过去的真相这个概念是历史学家志在追求的，[29]也的确总是比人们希望看到的真相更有价值，但过去的真相本身可能就是一个神话。加夫列尔·加西亚·马尔克斯（Gabriel García Márquez）把西蒙·玻利瓦尔（Simón Bolívar）塑造成出言不逊、高傲自负、生性多疑的人，"仅仅为了和一个女人同床共枕，能赤脚裸体，毫无防备，穿越安第斯山"，有夺走拉丁美洲少有的大英雄之虞。虽然马尔克斯坚称《迷宫中的将军》（*The General in His Labyrinth*）描写的是"真实的玻利瓦尔"，但哥伦比亚前总统贝利萨里奥·贝坦库尔（Belisario Betancur）说，读完这本书他感到"巨大的孤独"，"愤怒和无尽的哀伤留在脑海"，读者不禁"在涟涟泪水中重新审视这个世界"。[30]总体来看，马尔克斯的叙述和贝坦库尔的反应表明，价值有道德、学术、情感、政治、审美等很多种，而且对过去的一种论断相比其他的而言可能价值很高，但按照所有价值判断，则不一定高于其他。

《历史三调》三部分中我作为作者的角色

最后一个值得检视的问题与前面几个相关，但性质不同。这是我作为作者在《历史三调》不同部分的角色。每个部分探讨了不同的意识领域：第一部分是历史学家的意识，第二部分是经历参与者即历史创造者的意识，第三部分是神话创造者的意识。然而在所有这些部分中，我作为历史学家、叙事者的意识也在发挥作用。这在第一部分不成问题，作者的意识和义和团事件史家、重构者的意识是一回事。但第二、三部分，这些意识就不是一回事了，怎么办呢？

第二部分讲经历时，我作为史家、作者，选择展现了一些特定的主题，如旱灾、降神附体、法术等。我还探索了义和团拳民自己不会提出的问题：1900 年春夏青年人、饥荒（以及对饥荒的焦虑）如何影响了义和团拜坛仪式的迅速蔓延；红灯照少女（一般12—13 岁）青春期未到的年纪如何影响了对她们特殊法力的集体幻想。同样，第三部分讲神话时，我除了论述不同时期如何塑造义和团神话外，还以神话制造者可能不愿接受的方式，分析了塑造神话的过程和张力。这两部分我不仅扮演了历史学家常见的历史重塑者角色，重构了过去的经历和神话，还引入了自己的意识。我的意识当然与研究对象的意识大不相同，甚至背道而驰。

如果认为这不是问题，那将是愚蠢的。关键是：这个问题有多严重？答案取决于两点：历史学家能做什么和希望做什么。当然，即使经历的过去所谓本真原貌曾经存在，史学家明显不可能恢复其本真原貌，但对于人们经历和神化的过去，历史学家的确可以重现过去人们当时的声音（即使那些声音并不是我们理想条件下希望重现的），也足可以顺藤摸瓜，发掘亲历者、神话创造者等研究对象的想法和感受。这是我在《历史三调》第二、第三部分频繁使用的研究方法，不过这些只实现了我当初研究目的的一部分。着手之初我希望的是不仅展示事件、经历、神话的事例，而且明辨慎思它们作为认知过去方式的独特之处，所以在审视过程中引入我作为史学家的智慧很重要。如此一来，我很可能一手炮制了审视者、被审视者不同意识互相对立的情况。但是这不可避免，而且我认为对于更深刻理解历史来说，这种对立大有好处。

历史学家的局外人身份

追根溯源，我在这里研究的是历史学家的"局外人"身份。"局外人"有许多具体表现形式：无论是欧洲人、美国人、日本人、东南亚人书写中国历史，还是男性历史学家重构女性的经历，抑或白人历史学家探寻黑人的历史。这当中也一定包含更普遍的现象：当代人试图阐释过去，甚至距今甚远的经历。所有形式中，历史学家以局外人的身份——正因为身在局外——可能导致误解、歪曲史料，解读得风马牛不相及。这样的局外人视角有明显弊病。[31]

然而，历史学家的局外人身份也可以是优势。局外人身份正是我们与历史亲历者、神话创造者的最大差别，使我们作为史学家能以亲历者无法触及的角度，理解历史、书写历史的意义。除了冒着风险再现历史亲历者或神话创造者的意识之外，我们还努力架起他们与我们当代人世界的桥梁，为二者实现一定程度上有益的沟通。历史学家就像翻译，翻译要忠实、有效地把文章从一种语言译成另一种语言，历史学家也是过去和现在之间的翻译。在调解二者复杂关系的过程中，我们试图理解历史研究对象的意识时，必须抑制自己的局外人倾向；而向当代读者解释这些意识时，我们不能抑制而要利用这一倾向。总而言之，历史学家就像翻译，必须通晓两种语言——过去和未来的语言——带着敏感和最大程度的诚实，在两个大相径庭的领域辗转游走，这种要求，是我们治学面临的最大矛盾。

第七章
《历史三调》：研究、写作、出版过程

本章有三个部分，各呈现《历史三调》的一个侧面。第一 128
部分讲中国向美国学者开放的过程。第二部分最长，追溯第六章
讲到的一些历史学主题，也揭开了历史著作一个鲜有人知的盖
子：作者的暗中策略。第三部分关注此书的出版前传和幕后
故事。

中国向美国学者开放

某些事情受政治局势决定：谁能去中国做研究，能进什么档
案馆、允许查阅多少资料；外国学者希望与中国学者接触，互通
有无、合作互助能达到怎样的程度；外国学者能否受邀参与学术
会议；等等。我在本书第一章讲过，1961 年我获得博士学位时，
美国人可以去台湾做研究，但完全无法前往中国大陆，也可以去
藏有中国资料的档案馆，如珍藏了传教士资料的哈佛霍顿图书馆
（Houghton Library）、耶鲁神学院图书馆、东京的东洋文库，或 129
去查看巴黎、伦敦、罗马等地的政府、教堂档案等。

　　至少对于美国学者来说，20 世纪 70 年代末中国"闭关锁国"的政策才开始转变。例如 20 世纪 60 年代初，山东大学历史系师生对义和团原拳民进行了口述历史调查，而周锡瑞自 1979 年秋天起在中国待了一年，详尽查阅了这些未出版的调查资料，得以写就义和团运动的扛鼎之作。[1] 我第一次去中国是 1977 年，由美中关系全国委员会（National Committee on United States-China Relations）资助，作为中国问题研究专家陪同美国青年政治领袖代表团。[2] 此时离我开始研究中国这个国家已有二十多年。接到委员会邀请函时的兴奋心情，我今天仍难以描述，就好像突然有人告诉一位中世纪史学者可以时光倒转，回 13 世纪参观一次。真正身处中国的感官享受，那些景象、气味、声音，都令我欣喜若狂。

　　第二次去中国是 1979 到 1980 年那个冬天，作为美国学界中国研究各领域派遣的代表团的十三位成员之一，代表美国学术团体协会（American Council of Learned Societies）、美国社会科学研究理事会（Social Science Research Council）下属的当代中国联合委员会（Joint Committee on Contemporary China），及美国学术团体协会中国文明研究委员会（Committee on Studies of Chinese Civilization），主要与北京、成都、南京、上海、广州五座城市的中国学者交流。返美后我们的交流成果发表，作为代表团现代中国史领域的成员、当代中国联合委员会成员，戈德曼和我写了本领域的报告。[3] 虽然交谈中明显发现中国大陆学者还没有完全脱离"文化大革命"的影响，但他们对现代史领域发展的兴奋之情溢于言表。我在上海见到复旦大学经济史专家汪熙，他读过《在传统与现代性之间：王韬与晚清改革》一书的英文版，在会上当着其他中国学者的面条分缕析地批判了这本书，意识形态鲜明。代表团离沪前，我与汪熙深谈，被其折服。

130

回美国后，时任哈佛燕京学社社长阿尔伯特·克雷格在一次午餐时告诉我，燕京学社当时正在接收1981—1982学年哈佛燕京学者项目申请，他说这是首次邀请中国大陆学者，问我中国之旅有没有遇到希望来哈佛一年的学者。我告诉他有一位学者我尤为欣赏，可以写信问他是否有意。克雷格提到除了英语好之外，申请还有年龄限制，一般不能超过40岁，但由于大陆情况特殊，不超过45岁也可以。我致信汪熙讲了这个项目大致的情况，告诉他如果感兴趣可以详问复旦校长，复旦是当时几所校长可以推荐学校合适人选的大陆大学之一。汪熙回信说理论上自己当然感兴趣，他20世纪40年代末曾留学美国，对美国有美好回忆，但深为遗憾的是，他已年近花甲。

燕京学者项目虽错失机会，但汪熙与我一见如故（图7.1）。几年后，他知道我当时单身（我与安德烈娅1968年离婚，第二段婚姻也在八年多后结束），甚至试图撮合我和一位他戏称的"善良犹太女孩"。最后当月老失败，他有些不高兴——他坚称这位女孩与我应是天赐姻缘，用了中文"落花有意，流水无情"[4]的说法。即便如此，我们仍频繁见面。2003年，我去上海做学术讲座（图7.2），既不是犹太人又不"流水无情"的冼玉仪陪着我。上海之行后，汪熙用电子邮件发给我此行的照片，说他"深深被玉仪的学识、优雅和坦诚折服"。[5] 上海之行前，我在2001年3月初写信给汪熙介绍玉仪，也无意间澄清了犹太人的问题：

> 她研究香港历史，是香港大学亚洲研究中心副主任。虽然母语是广东话，但其英语宛如天成，所以我还不用学广东话。我偶尔会教她几句意第绪语的词语表达，去年10月跟她一起去过香港的犹太会堂，参加赎罪日（Yom Kippur）仪式。但我应该不能说服她入教。其实我也不是事事遵守信仰的犹太人，所以也没想过说服她。生活总之还不错。[6]

最近一次是2014年10月，我在复旦讲自己的新书，讲座后汪熙邀请我到他家共进晚餐，他当时95岁，不时与我用上好红酒干杯。那是我最后一次见到这位老友。2016年12月，一生著述丰硕的汪熙与世长辞，享寿97岁。

我个人与中国学术界真正打交道是在1981年8月，参加复旦大学主办的"清末民初中国社会"学术会议。1980年11月末，汪熙私下写信告诉我举办会议的计划，希望我能参加。此次会议规模很大，但获邀的外国学者极少。最终美国人中只有我和费维恺。这是我第一次参加中国的学术会议，1981年中美学者

133

图 7.1 与汪熙在上海，2003 年 11 月

图 7.2 在上海发表演讲，2003 年 11 月

都参与的会议刚刚出现，这里我想讲一下自己的经历。[7]

离开美国前，我真不知道该期待什么。我不知道与会学者有谁，对于会发生什么，一无所知。我一如往常，担心自己的中文关键时刻掉链子。我花了许多时间准备这次会议：论文删到可以讲完的长度、翻译成中文、修改译文、打印、影印论文，练习朗读中文译稿。（最后一版论文全文有 81 页，假使主办方要求我读完，恐怕得三个小时。）我越努力准备，越觉得自己是不是一开始就不该接受邀请。

134　　幸运的是，这些担心都没有必要，会议非常成功，我提前几天抵达上海，有时间过一遍会议论文（没有提前邮寄），——天赐佳音，只用细读自己小组讨论的论文，我所在的小组大约有 12 份。而且自己的论文不用整篇都讲，只需做一个 20 分钟的主要观点总结——为万无一失，我提前用中文写好。最关键的是，我所在的思想史小组气氛极为热烈，讨论得很深入，使我受益匪浅。费维恺说他所在的经济史小组也是如此。我所在的小组有几位观点犀利的同人，每篇论文都讨论得详尽深刻。另外，我担心的是有外国学者在场，中国同事可能怯懦沉默，事实证明我的担心是多余的。有几篇论文被批得体无完肤，但硝烟散去，论文作者依然身板直挺。对我们西方人来说，这是自我—客体关系上很有教育意义的一课。一个例子是时年 74 岁的复旦大学副校长、著名思想史学家蔡尚思。8 月酷暑，蔡尚思仅着内衫，论文被比他年轻三十多岁的同人批得一无是处。无论在我这个自我卷入的外人来看场面有多难堪，批评大体是中肯的，而且蔡尚思自始至终不失风度。

总体来看，会议论文千差万别。有的是多年前的著作老调重弹，毫无新意；有的是剖析深刻、富有争议的话题（如20世纪初梁启超的革命决心问题）；也有建立在翔实档案研究基础上的大作（如汪熙写郑观应的论文，基于他主持编纂、出版的上海"盛宣怀档案"）。还有两篇研究著名翻译家严复、朱执信社会主义思想的论文，或是不了解西方相关研究，如史华慈关于严复、英国学者马丁·贝尔纳（Martin Bernal）关于中国早期社会主义思想的论析，或是不愿参引西方著作。（归因哪条我无从知晓，因为两篇论文作者均没有参会。）出现这种情况时我总是直言不讳，提请中国学者注意，因为如果他们真心希望与外国同行交流 ¹³⁵ 意见，应该多了解国外多年来的研究。

至于我自己的贡献，我认为有几个方面。首先有两位美国历史学家参会，这本身就意义非凡，促使与会人员重新审视以前忽视的问题和视角。前文已经说到，中国同事并不会因此束手束脚，我所在的小组对我与其他成员一视同仁，而且有几篇文章的研究领域是我的专长所在，如顾长声研究广学会（前身为同文书会）在1898年戊戌变法期间宣传活动的论文，以及汪熙关于郑观应的论文，我都有深入点评，论文作者可能也颇为感激。其他论文我也进行了一般性的回应，一些情况下会指出国外或中国台湾地区已有的相关研究，可能论文作者并不知晓。

我自己的论文来自日后出版的《在中国发现历史》的第三、第四章，总结、诠释了美国清末民初历史研究的新趋势，点明学界对旧西方中心冲击－回应范式、传统－现代性范式愈发不满，尤其是 1970 年以后，更加关注 19—20 世纪中国历史的内生决定性因素。总结时我指出了这些新取向的影响，尤其是 1840 年作为中国近世史分水岭的意义逐渐淡化这一点。

小组深入探讨了我的论文。与会者对不同部分或支持或反对，中国同人提出了许多非常有价值的评价，我还与其中一位同人争得不可开交。这位是中国社会科学院近代史研究所的丁守和。丁守和坚称，说 1840 年并非分水岭是痴人说梦，正是鸦片战争导致中国失去独立自主地位，沦为半殖民地半封建社会。我反驳道，从某种意义上说，中国可能早在 1644 年满族执掌江山时就已经失去独立地位，若问清初黄宗羲、王夫之、顾炎武等思想家，乃至离我们更近的太平天国运动领袖，清朝时中国是不是独立国家，他们的答案很可能与丁守和截然不同。丁守和反击道，满族并非异族，而是居住在中华更广阔疆域上的民族之一。我说这种想法很高尚，但最近才出现，历史上并非如此。重构过去时，应最大限度自我解放，不应受现在论（presentist）先入为主的干扰，而是要去理解过去本身的构成。[8] 会议闭幕当天邀请与会人员上台发言，丁守和的发言明明白白表示我并没能动摇他的立场，我们的交流告一段落。

丁守和坚持马列主义视角，他做闭幕发言时，批判了费维恺和我，力劝中国学者认真研习马列主义。我明显感到一些与会学者认同我的观点，认为中国历史学家的确过度强调外部因素了，尤有复旦大学沈渭滨公开表示，他认为与 1840 年相比，1911 年是中国近世史意义更大的分水岭。

会议最后一天我做闭幕发言时赞扬了与会学者的热情讨论、大胆批评和高超学识。同时我也提到中国历史学研究的几个特点令我有些不安。一是没有充分厘清两种对马列主义的认识：一种视马列主义为学说，需要用历史资料检视、验证、修订，甚至推翻；另一种视马列主义为绝对真理、不容置疑，无论过去的实际是否适用这套理论，都必须把它强加其上。二是中国历史学家——当时脑海中是丁守和，当然还有别人——重构过去时往往过度重视现在。当然，所有历史学家或多或少都会受现在干扰，但关键是屈从现在还是努力战胜现在。而我认为许多中国同人都太轻易屈服于现在。三是近期美国学术界强调清末民初历史内部因素可能做得过头，而中国学界则在一个时期过度强调外界因素。一开始我想哀叹中国学者对外国研究的无知，但这点应该由中国学者自己提出来更合适，于我也更通情达理。让我高兴的是不少演讲者确实提到了这点，尤其是复旦大学姜义华表示，中国人若想深刻理解 1911 年辛亥革命以及孙中山同盟会的历史，对日本学界的研究和明治时期历史的无知不可原谅。

我觉得最有意思的是，我讲的时候看到会场不少人频频点头。当然有些与会者认为我的批评难以下咽。但一样可以看出，其他人至少温和地接受我的部分观点。最能印证这个感受的是，《复旦学报》主编邀请我把会议论文删减版发表在 12 月那期。[9]

这让我受宠若惊。但目前最重要的是，如果我信号解读得准确，一些中国学者希望把他们不方便公开发表的观点如此引入公共领域，从而展开论辩。

第一次真正在中国做研究是 1987 年秋天，当时为了研究义和团，我在济南的山东大学度过了卓有成效的几天，阅读了义和团运动相关的口述历史资料。那次还去了天津的南开大学，复印了关于天津、河北义和团的未发表的口述历史文献，数量可观。在济南时，我有一次几乎跟路遥聊了一整天（图 7.3），他是中国研究义和团的最重要的学者之一、山东义和团口述历史调查的主要推动者。我之前与他有信件往来，还寄给他一本《在华方济各会会志》（*Hierarchia Franciscana in Sinis*，1929），因为他研究所需，但在中国找不到。我们谈话间他坦陈，之前山大历史系学生做口述历史调查时受限颇多。

离开中国前，我乘火车从济南到上海，9 月中经汪熙安排，在上海社会科学院做了一次讲座。1987 年中国之旅表明，美国学者可以与中国学者保持定期、有益的交流了。20 世纪 90 年代情况愈发改善。1992 年，中国社会科学院美国研究所所长资中筠在费正清中心采访我，当时她在探究中国知识界与美国中国研究学者之间的互动。她对双方互建"跨文化桥梁"很感兴趣，视自己为"桥梁建筑师之一"。几年后资中筠寄给我她写的几篇文章，请我点评，其中一篇讲她对中国民族主义的看法。我回复长信，分享己见，提到 1998 年 3 月将去台北参加学术会议，探

图 7.3　与路遥在济南，2011 年 10 月

讨民族主义和中国国家认同问题。我当时也打算到访大陆，于是她邀请我到北京她与丈夫（欧洲史专家陈乐民）的家中做客。她还写道，读了我的新书《历史三调》（1997）深感佩服，正在为我和周锡瑞这两本义和团的书撰写书评。书评关注两种美国视角，以及中国对义和团的传统评价，题为《老问题新视角》，1998 年发表在著名杂志《读书》上。[10]

　　20 世纪最后几年，美中学者个人交往快速发展，美国中国研究学者也能查阅更多中国的资料了。除北京第一历史档案馆、南京第二历史档案馆外，我们一般还可以利用各地省、县档案馆资料。中国也开始出版档案馆藏的大量文件，身在中国之外的人也能轻易获取。公开资料的井喷——当然是我 20 世纪 50 年代开始研究中国历史时无法想象的——要归功于互联网快速发展这一巨大助力。

140　　　当然问题依然存在。外国人、海外华裔有时会因自身原因无法入境，入境之后可能因为触犯相关规定而产生纠纷，在查阅档案方面也会有一些限制。但整体来说，几十年间与学者交流、获取文献方面的情况改善了。采访中国近世史重要人物也更加容易，平民层面也是如此，可以了解毛泽东时代各时间点中国社会各阶层的生活状况。当然仍存在一些不畅，但总体随时间推移，情况有所改善。下一节会讲到，我对义和团的研究也从中受益良多。

历史书写的无声之处

　　书籍是奇怪之物，奇而又奇的是，读者打开书的方式其实会暴露和隐藏一样多的信息。[11]作者的书写流程尤为遵循这一道理。这些流程反映作者脑海中一系列有意、无意的力量，进进出出，左右作者的决定，而作者有时会与读者分享，有时则不然。例如，书呈现给读者的往往是线性叙事：拿起书、开始读，尽管可能不用从最开始处一直读到最后，但按页码、章节来读也是作者希望读者遵循的顺序。其实出于实际材料情况，书的写作完全不是线性的。《历史三调》这本书，我先写的是最后的"神话"部分。

141　因为我明确知道自己对神话的定义、希望提出的问题，也因为义和团被神话化的资料比较容易找到、整理。而第一部分是最后写的，大致从头到尾讲了一连串义和团的事件。坦率地说，我对第一部分最不感兴趣，令我沮丧的是，一位评审也看出了这点。

《历史三调》书写的非线性过程读者是看不到的。他们也都不同程度看不到我作为历史学家，多年不断求索、努力克服的问题。我在书中的几处提到历史学家的目标。"历史学家的目标，"我写道，"最重要的是理解过去发生的事情，然后向读者解释。"我也写道，历史学家对过去的描述，"务必尽可能准确、真实"。但是，虽然"求真可能是绝对目标"，我也认识到，"历史学家提出的问题，以及用来整理历史资料的理论，都受性别、阶层、国籍、种族、事件等因素的深刻影响，求真的行为因此十分相对"。[12]

一连串影响因素中缺席的明显有个人因素——作者的个人日程表。历史学家即使自己没有意识到，也都有个人日程。我写作《历史三调》时当然有。这些日程或隐而不露，或点到为止，但不必也期望不会影响尽可能求真、解史、释史的最终目标。然而毋庸置疑，这些日程会左右历史学家的工作。此处我想谈谈《历史三调》构思、书写过程中两种顾虑的影响。

一种顾虑是我做研究时相对孤立的感受。作为美国研究历史的学者，尤其是做中国历史研究的学者，我常感到无法融入大众讨论。对医生、律师、心理学家、小说作家来说，融入大众讨论可能轻而易举，然而对于很多人来说，我所在学科的教学、著述的历史与他们的日常生活没有紧密联系。至少对于大多数美国人，中国历史尤为神秘遥远。职业生涯早期这个问题使我深为痛苦，我当时一心想证明自己作为历史学家的能力，期望得到同辈学人 142

的肯定、尊重。因此倾向于专攻自己擅长的领域，但这样问题会愈发严重。随着自己越来越自信从容，我开始正视孤立问题，一部分是通过提出关注面更广的问题，另一部分是在写作、着手研究、构建问题时采取策略，使成品不那么神秘遥远，更加平易近人。

《历史三调》中，我用多种方式解决了这个问题。首先我强调历史是"日常生活"，即便义和团也是如此。我用了文学、体育、戏剧，甚至《纽约时报》每日新闻来说明这一点。我引述1990年末经济衰退初现时加利福尼亚州新近失业人口恐慌情绪蔓延的例子，凸显1900年春夏华北农民面对旱灾越发焦灼的情绪。为了以更戏剧化的手法说明人们以大相径庭的方式将过去塑造为神话这一论点，我讲述了20世纪90年代初纪念哥伦布登陆北美洲500周年时，美国民众爆发的情感冲突。[13]历史学家的重构工作是简单收集、再现过去发生的事物，还是在很大程度上做新的构建？为了说明这个问题，我援引1989年托尼奖（Tony Awards）委员会就音乐剧《杰罗姆·罗宾斯的百老汇》（*Jerome Robbins' Broadway*）的裁决，委员会认为，该剧虽然几乎所有元素都曾在百老汇上演，但作为完整剧目从未登台，所以应被判为"新剧初演"，而非"老戏重演"。[14]

再举一个例子，我为了阐释过去的含义受尚未定义的未来限制这一点，讲了一个任何波士顿红袜队、纽约大都会队棒球迷都难以忘怀的故事：1986年世界大赛总决赛第六场第十球，大都会队穆奇·威尔森（Mookie Wilson）打出滚地球，穿过红袜队一垒手比尔·巴克纳（Bill Buckner）双腿，巴克纳没有接住，大都会队完成制胜一球。当时巴克纳或任何人都不会知道，他的失误是会成为棒球史上无足轻重的边角料，迅速被球员、球迷遗忘，还是成为他的代名词，一失足成千古恨？一切取决于决赛第七场，对于巴克纳历史地位来说不幸的是，红袜队黯然落败。[15]

143

为了缩小研究与想象中更广大读者群体之间的距离感，我采取的另一策略是进行跨文化比较。书中几处应用这一策略。1900年上半年，义和团各地张贴揭帖，说当时华北旱灾肆虐是因为洋人，尤其洋教基督教势力的扩大震怒了神灵。揭帖明示，只有杀尽洋人、扫平外国势力，才会下雨疏解旱灾。将旱灾与人类行为——义和团例子里是外国宗教入侵，威胁本土宗教——不当挂钩，建立超自然联系，反映了中国几千年根深蒂固的文化行为、思维模式。对我来说尤为有趣的是，我在许多其他历史时期、文化（尤其是农耕文化）中发现这种规律。

这种规律背后的逻辑，一个经典案例是《希伯来圣经》。上帝对犹太人说，如果犹太人留意他的诫命，爱耶和华，尽心尽性事奉他，他必在犹太人土地上"按时降秋雨春雨"，保证五谷丰登，牲畜口粮充足。但如果他们"心中受迷惑，就偏离正路，去事奉敬拜别神"，他的怒气会向犹太人发作，"使天闭塞不下雨"。[16]其他例子不胜枚举。1973年，尼日利亚的穆斯林将旱灾视为"真主安拉的愤怒向人类发作"。16世纪90年代，伊丽莎白一世统治末年，英格兰的基督徒认为当时的旱灾"说明上帝迁怒人类"。[17] 19 世纪的博茨瓦纳，人们普遍认为一场旷日持久的旱灾乃基督教入侵导致，尤其是一位著名祈雨法师接受基督教洗礼后，放弃了祈雨活动。[18]

144　　　如今学界的共识是，随着义和团活动 1900 年在华北铺开，降神附体成为他们的核心宗教仪式。降神附体指神灵下凡进入一个人体内，人随之成为神的工具，这种改变意识的宗教经历，中外人类学记载众多。通过读这些记录，我更加理解了义和团的降神附体，得以阐明这种仪式对义和团运动的意义、作用。例如，人类学家埃里卡·布吉尼翁（Erika Bourguignon）分析了全球范围内降神附体魂游（trance）仪式，将其分为两种：一种是西太平洋帕劳等社会，降神附体魂游仪式主要起服务公众作用，满足群体需求；另一种是西印度群岛圣文森特岛的基督教震颤派，或是中美洲尤卡坦半岛的玛雅人使徒教会，这些群体中魂游的作用主要是私人的，对于个体来说，"这种经历能'拯救'自己……从中获得快感和力量"。布吉尼翁认为魂游的这些理想、典型作用介于个体与公众之间，处在统一体的两端，而且她认为在一些社会，降神附体同时承担两种职责。[19] 这当然适用于义和团，拳民认为降神附体后，他们能刀枪不入，在战场上有神灵护佑。实际上，19 世纪末，降神附体迅速成为群体、公众现象，主要因为义和团运动中降神附体满足了一大批个体的私人需求，这么说亦不为过。战场个体自保和国家抽象层面保国相互促进。

　　　1900 年春夏，华北民众如同惊弓之鸟，这种环境滋生许多谣言。流传最广的是洋人和教民往井中投毒，污染水源。时人说投毒的谣言"几近无处不在"，平民针对教民的"暴力……多因此而起"。[20]这里一个有趣的问题是恐慌的内容，为什么是大规模投毒，尤其为什么是在公共水源投毒？如果谣言带有某种含义，谣言的蔓延更能传递重要的象征意义，说明社会危机中大众在担心什么。要想回答上述两个问题，就要找到谣言引起的恐慌与当时环境之间的联系。在中外许多社会，拐卖小孩长期引发人们恐慌，大众关心的是小孩的安全，英语 kidnap（拐卖）一词包含 kid（小孩），这正说明被拐卖的以小孩居多。对于战争、自然灾害、瘟疫等威胁社会普罗大众的危机，造谣大规模投毒则是象征意义上最合适不过的回应。

实际上，我们可以找到非常准确的案例。在罗马，人们指责早期基督徒犯下井中投毒等类似罪行；1348 年中世纪黑死病流行时期，犹太人也遭到同样的指控。1832 年巴黎霍乱大暴发，广为流传的谣言说面包、蔬菜、牛奶、水中被人撒入毒粉。第一次世界大战早期，所有参战国都指责敌军间谍大举往水源投毒。1937 年中国全面抗战爆发后，新闻报道痛斥汉奸往上海饮用水中投毒。[21]1923 年 9 月 1 日关东大地震引发冲天大火，几小时后谣言四起，说朝鲜人和社会主义分子不仅纵火，还趁机谋划叛乱，往井中投毒。[22]20 世纪 60 年代末尼日利亚内战期间，东南部比亚法拉地区也盛传大规模投毒谣言。[23]

许多案例中，谣言针对外来人（或其内部奸细），人们指责他们在象征意义或实质上试图全盘摧毁那个谣言流传的社会。义和团运动时期中国的形势与此并无二致。谣言不仅把 1900 年初的大旱归罪于洋人、教民，还把投毒华北水源归罪于他们，把外人描绘成象征意义上剥夺中国人生命之源的罪魁祸首。大规模井中投毒的谣言，直接映射了当时百姓心头普遍对死亡的恐惧。

为了让内容更加平易近人，我在《历史三调》中采取的第三个策略是人类学家保罗·拉比诺（Paul Rabinow）所说的"用人类学视角解构西方"（anthropologization of the West）。[24] 如此解构的最终目标是以最关注人类的方式，实现西方探索家和西方之外被探索对象之间平等的地位。拉比诺呼吁，要达到这一点，人类学家需要表明西方自身对现实的理解就植根于自身文化，且充满异域风情。我完全赞同拉比诺提出的目标，但在《历史三调》中我将其调转方向，强调理解义和团没有什么异域视角，义和团甚至普遍存在于人类之间。描画义和团经历的多个层面时，我特地尽可能消除他们的特别之处，一部分是通过审视 1900 年华北非同寻常的情感环境，当时中外所有阶层都神经高度紧张，愤怒、恐惧、焦虑情绪高涨；另一部分是我着力提出，义和团的回应方式跟欧美等其他文化人群面临相似困境时，大体并无二致。

前文已经讲到，世界各地都有人把旱灾视为超自然的产物。可以想见，持这种观点的人都会祈祷，举行祈雨仪式，以求神灵息怒。我们会下意识地把这种反应跟"落后"社会、受教育程度低的人群联系起来，比方说在现代世俗美国，就不会想到碰到这种事情。美国大众普遍相信解释物质世界的科学理论，相信科技水平高超。令人惊讶的是，1988 年夏天美国中西部遭遇严重旱灾，当时竞选民主党总统候选人提名的杰西·杰克逊（Jesse Jackson），竟在艾奥瓦州玉米地里祈雨；一个俄亥俄州的花农，用飞机从南（北）达科他州印第安人苏族部落接来一位医师，举行祈雨仪式，上千人观看。[25]

另外一个例子是法术，以及法术不灵时不同文化背景的人们的反应。无论是当时的亲历者还是后世学者，写过义和团的中外人士一致嘲笑义和团自吹自擂的法术，尤其是拳民对外国子弹刀枪不入这点。《历史三调》中我就此做了几点分析。第一，拳民的对头教民在教法护体方面的观点其实与拳民大致类似，这点有铁证。1899 年 12 月至 1900 年 7 月，义和团数次攻打直隶省东南部，生还的中国天主教教民认为圣母玛利亚在教堂上方显灵，保佑了他们。火灾发生（见图 7.4）后，逃生的外国新教、天主教传教士，往往把风向的变化归功于上帝的力量。[26]

第二，任何批评义和团法术信仰的人都抱有以实证验证功效的想法，一般都会得出法术无用的结论。我认为这种想法谬以千里。中世纪天主教徒的仪式没有带来奇迹，可人们依然举行如故。1900 年新教徒祈祷活命没有灵验，活下来的教徒对基督信仰反而更加坚定。祷告、祈雨等仪式有时"奏效"，有时无效，但旱灾一旦经久不散，祈雨法师必然更受欢迎，这条规律世界各

147

图 7.4　拳民火烧教堂

来源:《拳匪纪略》（上海：上阳书局，1903）。

地颠扑不破。所有人都用实证效果检验别人教法的灵验程度，从而说明他人信仰是谬误，但即使自视文化发达国家的民众依然信仰如故。目光冷静、头脑清醒的心理学家研究迷信时会说，这些人一直"错误地在某种行为和某个结果之间建立因果关系"。[27]这是为什么呢？

这个问题非常棘手，不同宗教有不同答案。一种答案直接挑战了上述质疑的根本前提——教法仪式一定要马上明显见效。人类学家玛丽·道格拉斯（Mary Douglas）研究南苏丹游牧民族丁卡人时指出，"丁卡人当然希望仪式能遏止自然现象，当然希望祈雨仪式能带来雨，巫医仪式能击退死亡，丰年祭拜能让五谷丰登。但这些象征行为并不是只有有用这一种效力，还有其他效力，如行为本身就是一种效力，行为带来信念，造就经历"。她补充道："原始法术远非毫无意义，而是给予了存在意义。"[28]

19、20世纪之交基督教传教士在这个问题上有不同看法。对于基督徒来说，祷告可能确实给予存在主观意义，但事物的内部逻辑客观来说只有上帝知道。只有上帝能"带来最大的善"，人们可以肯定的是，无论发生什么，这些事务最终一定会对上帝的王国有益。但在人类生活每天的运作中，他的计划往往无法被人们理解，因为基督徒要做的就是即使祷告无效，也要绝对信任上帝的计划。[29]

义和团对仪式失灵的解释更与上述两种不同，但依然不影响仪式背后的信仰体系。有时仪式没有奏效，拳民说是心不诚、性灵不纯、道行不深。更多时候义和团指出是外界因素污秽了法术（最主要是女性，尤其是女性不洁的影响），反作用消弭了法术的效力。[30]

149

丁卡人、基督徒、义和团处理仪式效力问题的方式各有不同，但紧密联系他们以及所有宗教教众的共性有一点：面对凶险混沌的未来时，宗教法术的首要目的是给予保护和安全感。他们希望通过仪式对未来获得一定的掌控——我在《历史三调》中将之称为无法预知结果（outcome-blindness）——这是人类经历的特点之一。

上述三种策略是为了缩小《历史三调》的内容与读者之间的距离，自然也有风险。为了把义和团塑造成有血有肉的人类，说明他们的仪式、信仰、情感、对世界做出的反应，跟其他地点、时间的人们并无差别，我其实冒着没有足够重视义和团特性的风险。另一重风险是我行文间充斥了自己正好读过的文学作品，自己所在时间、空间发生的事件，棒球等个人爱好，这样的内容可能过于个性化，读者反而不易接受。一位评审坦言自己"更了解义和团，不了解棒球"，觉得我不时提起棒球史显得"突兀"。2000 年《历史三调》中译版问世，[31]中国读者不熟悉我的事例及做的比较，对他们来说这些有多突兀呢？如何回答这个问题，我一无所知，只能说风险是存在的。人都会尽其所能不让自己的观点受到攻击，措辞尽量臻于清晰可信，让内容趣味横生，但最终实现历史书写的一些目标一定会有风险，如果这些目标对于我们个人来说很重要，则一定要做好承担风险的准备。

前面我探讨的第一种顾虑主要是社会、心理，是我作为历史学家与所处社会以及读者所处社会之间的关系。第二种顾虑本质上是认识论的，与历史真相的模糊本质有关。这种顾虑弥漫在《历史三调》这本书中。其实，整本书都在探索历史知识的认识论，人们如何知晓自认为知晓的过去。这里我想简要谈谈这种顾虑在我脑海中的演进过程，以及我在书写《历史三调》作为经历的过去这部分时遇到的困难，经历部分占全书最长篇幅。

我对过去的理解曾经相对简单、持实证态度，现在更加复杂，这种演变从我本科对科学的新认识上有迹可循。刚上大学时，我以为科学知识集合了物质世界的事实，而科学家的工作则是汇聚这些事实。我一点儿都不知道理论在科学理解上的作用，也不知道科学知识不仅在单纯累积，还在本质上不断移变。刚了解理论的作用、科学知识移变这些观点时，说实话我深感不安。曾以为牢不可破、少有变化的东西，突然变得难以信任、易攻难守。我在被推进的科学新世界里，难以找到支点和牵引力。 **151**

数年后，我在历史研究中发现自己不得不直面类似问题。前一章讲到，刚开始研究历史时我以为，过去在某种意义上是一堆固定的事实材料，历史学家要做的是找到、阐明这些材料。事过境迁，我对这个过程及其中问题的想法不再稚嫩，我认识到历史学家的重构，总与其他两种"认知"过去的方式——经历与神话——存在矛盾。二者对人们生活有深刻影响。

就此我只讲重构和经历之间的矛盾。我认为影响历史学家的有两种绝对因素。一是现在能找到的经历的过去其实非常少；二是"探索者的文化"，即历史学家生活的世界，及这个世界如何塑造、重塑了那非常少的部分。这些问题不可避免会导致实际经历的过去和历史重构的过去之间发生矛盾。这种矛盾会影响历史真相问题，此乃《在中国发现历史》的重要主题之一。《在中国发现历史》更关注的是历史学家的主观动机，即历史学家脑海中的观点如何成为研究问题的基础，以及这些问题纳入宽广的理论路径后，如何塑造了我们书写的历史。

《历史三调》中这种矛盾愈发占据中心地位，但我解决问题的框架与其截然相反。1985 年写第一份基金申请时，我已经知道自己要用义和团运动来探索事件、经历、神话三重认识过去的方式。但如何着手我一无所知。神话部分怎么写我非常清楚，也知道该怎样梳理历史学家对过去一连串相关事件的重构。而经历部分则令人头疼。在经历部分的绪论中，我概述了经历过去的几个主要特点：经历来源于感官感受；它所包含的全方位情感；融入已然遗忘和未曾遗忘的遭遇；无法预知结果或不确定性；与文化、社会、空间紧密关联；本质复杂、动机纷繁。我也区分了传记意识和历史意识，传记意识是个体亲历者、历史主体的意识，历史意识是历史学家的意识。

原先的计划是在绪论后的每章分别分析人们经历的过去的一个特点。比如一章讲无法预知结果，收集个体经历不确定性的事例，即人们不知道未来去向何处、结果如何，及这种不确定性对我们意识的巨大影响。这种设计我其实不太喜欢，太过思辨、抽象，用来讲述人类的真实经历显得干枯无力。如果研究对象是

152

"文化大革命"中的红卫兵，或是第一次世界大战战壕里的英国士兵，我肯定知道怎样设计，因为这些亲历者留下了日记、回忆录、信件、诗文等一手记录，历史学家可以直接了解他们最私人的经历。不幸的是，义和团事件完全没有这样的资料，中国所有的直接参与方几乎都不识字。外国亲历者的材料虽丰富，我也热切想要使用，但我主要关注的是中方、义和团拳民和1900年亲历事件的其他中国人，所以外国文献并不是主要来源。

读者如果面临过严重写不下去的情况，一定能马上体会我当时多么如临深渊。面前的问题越如登天一般，我越钦羡同事、朋友出版过的每一本书，每一次做成一件事的完结感。我当时整个人都比较消沉。之后有一年夏天，我开始翻阅中国亲历义和团事件的精英人士的数十本年谱、日记，越读越兴奋，一本又一本史料提供了最翔实、有趣的细节，讲述1900年初旱灾的影响，义和团的宗教、妇女秽物败法，华北满天飞的谣言，无处不在的暴力、死亡恐怖景象。我当即意识到，自己挖的坑可以用这些资料填补。我不再围绕人们经历的过去的一般特性来组织《历史三调》这一部分，而是关注义和团那年夏天的旱灾、谣言、死亡，中外亲历者的宗教信仰、仪式，以具体、有形的经历为中心。

这种方式也有风险。我如今打算使用的史料，多来当时外国、中国精英阶层的叙述，他们公开对义和团抱有敌意。那么能在多大程度上从这些材料，尤其是关于义和团信仰、仪式的材料中获得不失准确、未经歪曲的信息呢？我能调整其中的偏见吗？

153

可以从充斥鄙夷、嘲笑的行文中，求取一些可靠的真相吗？我自己感觉应该可以——文献中一些中文年谱行文极为谨慎；中外双方资料虽互相独立，但中文资料中的许多细节外国文献可以佐证——然而我依然心存忐忑，如果有类似证据的话，我会更加释然。

证据出现在研究中稍晚的节点，当时我读到20世纪50—60年代根据原义和团拳民口述历史采访整理的材料。虽然这些证言由持共产主义意识形态的历史学家提取，信息完全与这种思维方式一致，如总是绘声绘色地描述外国传教士、中国基督教教民的暴行，价值可能存疑，但证言中讲义和团教法的部分与共产主义价值观完全相左，这部分应该更加可信。比如，一位天津地区的老拳民，1900年初夏曾是义和团首领刘呈祥（人称刘十九）麾下快枪队的队长，他说上战场前刘十九向大家喊话："打仗要往前顶，到了战场，神一附体就上天了，鬼子是打不着的。"[32]据说，天津义和团首领之一曹福田（见图7.5）带领拳民向天津火车站进发攻打俄军时说："凡是空手没有武器的，每人令拿一根秫秸，继续前进，秫秸到前线就会变成真枪。"[33]诸如此类的例子，对我来说印证了虽然中国精英阶层、外国人记述义和团时有夸大歪曲的印象，但如果仔细使用，基本故事还是适度可信的。

如何分解手中的义和团史料，阐明人们经历的过去的一般特性，当然不是《历史三调》这部分我面临的所有问题。还有一个大问题是史学界广为探讨的，即历史学家带有历史学家的意

图 7.5　天津之战中的义和团首领曹福田

来源：《京津拳匪纪略》（香港：香港书局，1901）。

识，在书写任何人们经历的过去时能否不大规模扭曲历史，也就是说，人们经历的过去甚至是否可知。书中多处直面了这个问题。我这里不再赘述，只是直言，我坚信纯粹实证主义者认为的可知过去，和极端后现代主义者认为的不可知过去之间存在中间地带。这个中间地带允许真实、一定程度上存在可知的过去，也能敏锐感知重构过去的问题所在。这个中间地带是我自己最游刃有余的地方。

我再提出一个问题，是历史重构的"无声之处"。在这种无声之处中，一些是历史学家没有明言的顾虑、政治议题；另外一些是研究中必然的心路迂回，尝试、放弃的路径，在最终成品中被隐藏了起来。一般来说，第二种"无声之处"是历史学家工作步骤的一部分，不会放在台面让读者看到。作者要和读者分享书写过程更杂乱、痛苦的步骤，就像木匠坚持要展示成品前的所有废品，毕竟只是个手艺问题。我觉得分享这种信息有时有益，但大多数时候只会干扰读者。

第一种"无声之处"则是实实在在的，不能等闲视之。如果所有影响、塑造我们研究的个人顾虑都是良性的话，这种"无声之处"不成问题。但问题是，这些顾虑不总是良性的。这时研究的透明度——我们认为的研究对象和他人认为我们研究的对象之间的一致程度——可能会打折扣。因此最大限度地披露自己的无声意图明显值得提倡。但问题是行胜于言，有时历史学家明知道自己的顾虑，却不愿明言，有时甚至自己都意识不到。无论如何，这些顾虑对研究的影响的性质、本质如何，我们不一定是最好的裁判。所以最终同辈学人和读者最能尽力找出研究中蕴含的无声之处，评估其影响。无论我们是否喜欢，每部历史研究著作，都成为读者和作者为此书多重含义角力的舞台。我想用一句略含讽刺意味的话结尾。这种角力最匪夷所思的是，角力双方的对手往往不是另一方：研究成果出版之后，作者一般就失去了决定他/她的研究含义的能力，之后往往读者才是决定研究真正含义的人。

156

《历史三调》的命运

虽然写作《历史三调》时冒的风险在出版前引发了一些争议（下文就这点有详谈），但结果是这本书大获全胜。该书出版后大体反响非常积极，我甚为满意。确实，《历史三调》是我最引以为豪的著作。这本书在 1997 年荣获两项大奖：美国历史学会费正清东亚历史学奖和新英格兰历史学会最佳图书奖。著名图书俱乐部历史读书会（History Book Club）选中它作为寄给会员的第二选择。截至 2017 年底，《历史三调》售出近 11000 本，销量甚佳，评价也相当正面。一位评审将其与史景迁（Jonathan Spence）的名著《太平天国》（*God's Chinese Son*）相提并论，说二者"可能是迄今为止出版的有关中国现代史的最具冒险性的著作"。[34] 能与《太平天国》相提并论对我来说有两重特殊含义。一是我非常喜欢《太平天国》，读毕写了一张便条寄给史景迁，告诉他自己的心情。二是史景迁在研究中国历史方面范围之广、才学之敏、著述之多，美国史学家中独一无二，可能除了费正清，他是一般读者最为熟知的美国中国史学家。

《历史三调》主题涉及更宽广的历史本身，因此吸引了许多中国研究之外历史学家的注意。其中一位是澳大利亚历史学家格雷格·丹宁（Greg Dening），他评论道："（作者）希望找寻历史学家穿越不同领域的路径，而且谆谆告诫，历史学家可以也应是通晓多种语言的人，做亚洲研究的要熟悉中世纪史的语言，做美国研究的要了解欧洲研究的。书中的事例丰富，说明任何历史学家理解、阐释过去时不应受到时间、文化限制。"[35]1999 年春季学期，著名美国研究学者迈克尔·卡门（Michael Kammen）在康奈尔大学的研究生美国历史课上，指定《历史三调》为必读书。之前我与他素未谋面，他为人周到，在课程大纲上手写了一张便条寄给我，说："你的书我非常钦佩，激起了课堂热烈讨论。我儿子在新西兰基督城教中国政治，也特别喜欢你的书，正把它作为荣誉学士的必读书。祝好，MK。"

《历史三调》在中国也颇具影响力。2000 年，江苏人民出版社发行了第一版中文译本。即便本书在翻译上有一定不足之处[36]，但也脍炙人口，引人注目；中文期刊广有书评，被许多大学指定为历史系必读书。复旦大学一位博士生告诉我，课上老师让学生自选历史事件，应用《历史三调》的三重结构进行分析，作为期末论文。译本大受欢迎，2005 年江苏人民出版社推出第二版，但翻译问题依然没能解决。因此 2014 年，中国社会科学院社会科学文献出版社重新发行了中译本的修订版，我做了再版序言，著名中国思想史学家雷颐写了序。[37]

《历史三调》出版的幕后故事

《历史三调》的幕后故事——正式出版前的故事——与《在

中国发现历史》截然不同（见本书第四章）。《在中国发现历史》

初版 1984 年问世，其成功令人惊喜，说明我不再只是名下只有　158

两本专著的青年历史学家，而是"颇负盛名"了。具体而言，

我证明了自己能超越学术专著标准，写出受众更广、读者面更大

的著作。甫一开始，出版《在中国发现历史》的哥伦比亚大学

出版社就对《历史三调》很感兴趣。但加州大学出版社也很感

兴趣，一部分原因是他们出版了周锡瑞屡获大奖的《义和团运

动的起源》（*The Origins of the Boxer Uprising*, 1987），我在《历

史三调》中对此书也深为推许；另一部分原因是我和加州大学

出版社主编希拉·莱文（Sheila Levine）是好友。因此书稿完成

前几个月内，我与希拉和哥大出版社编辑处的凯特·威滕伯格

（Kate Wittenberg）保持定期联系，双方都知道我会同时把此书

交给两家出版社。书稿自然还要经历例行评审，但我不再像出版

《在中国发现历史》时那样处于干渴求人的位置了。

　　1995 年 8 月底，我将《历史三调》手稿同时寄给哥大和加

州大学出版社。当时的我有些坐立不安，这本书花了近十年时

间，整本书稿还没有人读过，而且它的结构很特别，我不确定反

响会如何。两周后，我收到凯特的信，她的评价说实话让我又惊

又喜："这是我读过的最优秀的学术著作之一。无论从内容还是

结构上，它的独创性和价值都令人惊叹。而且行文极为优美，这

些年在我读过的书中，您的研究、论证最有力。一言以蔽之，能

与您一起出版这本我认为将成为史学界最重要的著作之一的作

品，是我莫大的荣幸。"

9 月 17 日，我很快写了一张便条给凯特，感谢她的热情回应，她知道我期望这本书"虽然用中国历史的语言表达，但能激起更多聪颖、有文化、好奇心强的读者的兴趣"，即那些愿意"勇敢走进中国世界"，想要对历史进行深入理解的人。我告诉凯特，她的回应于我意义非凡，我原本的期许就是她能完美代表更广的受众。

哥大出版社请了三位评审，其中一位是我 40 年前在哈佛的博士同学易社强，第二位不知身份，第三位是曾小萍。易社强在评审报告中写道：

> 他的首要目的是扩展视野，说明历史书写三重方式的本质、正当之处。义和团是这项工作的辅助工具。同时，他的研究也开阔了人们对义和团运动的理解。柯文的天才之处是他同时完成了这两项任务，论述散文与哲学沉思交织，成就了一本艺术之作……既然这是一本多维度的著作……读者不仅限于汉学家。可用作本科高年级、硕博研究生现代中国课程系列主题专著书目之一，也一样可以用作历史学、历史哲学课程指定书目。

哥大其他两位评审的报告也是正面的。寄给外审的书稿长达 798 页，出版社希望评审给出删减意见，而三位的建议均大有裨益，凯特的意见对我也很有帮助。我原本就知道书稿太长这个问题，乐于接受删减字数这一挑战。

10 月底我接到希拉·莱文的电话，11 月 1 日收到加州大学出版社的接收函，内含两项条件：西方对义和团神话化的章节增加篇幅，而中国对义和团的神话化无须修改；以及大幅减少字数。希拉在信中表示非常希望出版此书。她当时已经拿到两位外审的报告，一封是华志坚的，其强烈推荐出版。希拉还说加州大学出版社社长吉姆·克拉克（Jim Clark）等人也"对（此书）评价正面"。然而第二封评审意见极为负面，认为此书的三重结构"根基非常不牢，随意，水平低下"，结论中对历史、历史写作的论点"平淡无奇，无甚了了"。这位评审认为我对义和团的看法"浮皮潦草，没有新知"。由于两位外审评价不一，出版社要求编辑委员会一位成员审阅书稿。此人的评价大致强化了第二位外审的负面意见，认为书中对历史的思索"浮于表面、老套，行文语调似拉家常，更显内容肤浅"，征引的文献资料大多"自吹自擂，无法佐证观点"。[38]

就第二位外审和评审委员会成员的批评，我写了一封翔实的回应，寄给希拉。然而最终整体而言，加州大学出版社对书稿反应冷淡，如果真如其所言，很想出版此书，这种反应是自欺欺人。手稿被出版社接受之后，还需要无数工作才能把它变成畅销书。相比之下，除了外审意见、凯特·威滕伯格的热情赞扬之外，哥大出版社氛围友善，使人乐于融入。加州大学出版社虽然早早接收，却没有提供这样的环境。最后使我一锤定音的是，我南下纽约，与凯特、市场发行部的两位工作人员深谈了两个小时，他们为我细致讲述了签约后哥大出版社打算如何开展工作。他们承诺把此书作为商品，而不是文本、图书，会不遗余力地不仅在学界推广，还会在象牙塔外推广。他们也把此书主要定位为"一般性"著作，而不是"中国研究"著作。我本意即如此。哥大出版社还支付了一大笔定金（之前我完全没有这种想法），承诺一年内发行纸质版，护封和封面设计由我全盘掌控［这意味着我可以自由使用一幅版权归大英图书馆所有、亮眼的 1900 年全彩爱国木刻画（见本书图 6.1）］，并书面保证，精装版定价不超过 35 美元。

12 月我与哥大出版社签约，1996 年 2 月初收到凯特的信，说读完了我的修改稿，觉得"很完美"："您修订后，如今整本书稿更紧实、干脆、明晰，您做得真好。"

出版社（或更准确地说，出版社工作人员）对书稿采取某种评价有一千零一种理由，一些作者可能永远不会知晓。因此在这里我要提到的是 2009 年，加州大学出版社对《历史三调》做出迷惑反应仅十几年后，我的下一本书《与历史对话：二十世纪中国对越王勾践的叙述》[39]的出版方正是加州大学出版社，而且他们的工作做得非常好。当然《与历史对话》也有前传，下一章讲前传和其他几个故事。

161

第七章 《历史三调》：研究、写作、出版过程

　　走向第八章前我想短暂停留一下，就出版《在中国发现历史》（见第四章）、获得加州大学出版社明确支持《历史三调》时自己遭遇的艰难险阻再多说几句。两件事中我最困扰的是，这两本可能是我最有名的著作，然而每一本在评审过程中都碰上了大力支持和大力贬低的两极意见。贬低与建设性批评不同。对我来说，这说明学术书稿评审的标准流程大有问题，这种问题说实话令人非常不安。对于即将把第一本书稿交给出版社的年轻学者，这里我要分享下教训。为了鼓励后辈，我一般分享自己的经历，尤其是《在中国发现历史》，以防他们以为出版社拒绝、反应冷淡，一定是因为自己稿子质量不够好，仍需加强。当然这样想也有合理之处，有时确实如此。出书是年轻学者人生的艰难时刻，我要告诫的是，最关键的是要扪心自问，对自己尽可能诚实，自己觉得写出的东西是否真有价值，自己是否深深相信自己。如果答案是肯定的，那么无从选择，必须坚持到底，不要丧失希望，谨记出版社也是人开的，决定也是人做的，而人在做决定时很可能千奇百怪、令人费解。

第八章

从义和团到越王勾践：意料之外

1997 年《历史三调》出版后，我非常希望深挖一个在中国

与义和团现象一脉相承的主题：国耻。这方面最初的探索是写在

一篇会议论文里，我 1998 年 6 月在德国埃森的一次学术会议上

进行了宣读。该会议的主题为"大众身份、危机经历与集体创

伤"。我参加的那场会议是系列三场会议的第一场，此次大会的

总主题为"新比较视野下的中国历史学和历史文化"。

众多国耻日

我的论文题目为《耻辱过去的人质：20 世纪中国的众多国

耻日》（主标题后来被改为"纪念耻辱的过去"，会议论文集没

有出版，所以改动的意义不大）。[1] 这个主题我第一次碰到是多年

前，当时是读到麻省理工学院著名政治学家白鲁恂（Lucian

Pye）的著作，他注意到国民党政府为了激发爱国情感，搞了

"国耻日"这种有意思的仪式。白鲁恂尤其提出，20 世纪中国的

政治领袖，"还没有像大多数转型社会一样，自发利用个人魅

力、英雄史诗去鼓动民族主义，而是主要依靠详细描绘中国真实和想象中受辱的方式"。²

当时读白鲁恂的书时我不记得自己特别注意过这一点。其实很多年后研究 20 世纪中国对义和团运动的记忆方式时，我才开始熟悉"国耻"方面浩如烟海的资料。一脉相承的线索是 1900 年义和团战事外国列强大胜，强迫中国签订了极为苛刻的《辛丑条约》。1924 年国民党改组后与中国共产党亲密合作，处于军事反帝国主义阶段，规定 1901 年《辛丑条约》签署日 9 月 7 日为"国耻日"。接下来几年，中共创办的《向导》周报每年 9 月推出特别刊，纪念"九七国耻"。20 世纪 30 年代，国民党"清党"已过去多年，依然继续认定《辛丑条约》签署日为"国耻纪念日"，其地位仅次于"国耻日"。³

国耻日还有很多（图 8.1）。国民党推广"国耻日"事无巨细，发布了学校、工厂、办公场所、军营、党支部等组织纪念国耻日的具体操作文件。⁴1931 年有新书印发了国民政府的表格，内含 26 个国耻纪念日，详细记录了日期、缘由、对中国造成的影响、相关外国列强。⁵20 世纪 30—40 年代，中国受日本欺辱，新添国耻，国耻日数量大增。不同人在政治倾向、意识形态上站队不同，心目中国耻日数量也就不同。因此，1995 年中国青年出版社出版的一本书上列出了 100 个国耻纪念日，包含国民党作家不会认定为国耻日的 20 世纪 20 年代劳工运动、40 年代末内战等事件发生的日期。⁶

图 8.1 杨嘉昌，《五月的忙人》

至 20 世纪 20 年代，5 月的国耻日最多。在国耻日当天，
国民党一般加强警戒。来源：《申报》，1922 年 5 月 9 日。

164   20 世纪的中国绝不仅有国耻日等国家纪念日，还有辛亥革命周年等节庆及孙中山逝世等国家悼念日，[7] 不一而足。然而在

165 几乎整个民国时期，国耻日是国家记忆的主要形式之一，是浩如烟海的国耻文学或明或暗的主题。[8] 20 世纪 90 年代，国耻类著作复兴，聚焦 1989 年春夏之交政治风波，1989—1991 年苏联解体后的爱国主义教育，以及 1997 年中国对香港恢复行使主权，被中国媒体广泛称为"一雪国耻"。

20世纪，尤其是1949年以前，关于国耻的著作的影响可以从多个角度衡量。第一，前文已提到这类著作不计其数。第二，许多国耻类著作多次重印，说明受众广泛。[9]第三，这类出版物总有官方的正式批准，如由省教育厅官员作序，[10]书的封面上有"教育部审定"字样等。[11]第四，国耻主题被纳入教科书[12]并融入大众、通俗教育材料。吕思勉的《国耻小史》（1917）由中华书局作为"通俗教育"丛书中的一部出版，并多次重印。中华平民教育促进会总会1927年编制的《市民千字课》，经国民党教育部审定，其中有一课的标题为"国耻"。[13]1922年，中华基督教青年会全国协会的《平民千字课》中也有一课叫"国耻日"。[14]

国耻类著作主题不一。一些泛泛而谈，一些则一般从鸦片战争讲起，细数作品出版前中国在帝国主义魔掌下的悲惨遭遇。中共的国耻类著作一般从鸦片战争讲到20世纪40年代末。其他更加详细，我自己分析过的有一本是讲不平等条约体系的演变[15]，一本分析鸦片战争的因果[16]，还有一本讲清末民初的日本侵略。[17]我还看到两本著作，一本着眼于1915年的"二十一条"（其签署日是5月9日——有时也会加上5月7日——是第一个，也是一段时期内唯一的国耻日），另一本讲1931年9月18日奉天事变（即"九一八事变"）。[18]

国耻类著作中，受外部环境转变、政府意识形态取向、大众心态的影响，中国悲惨遭遇的罪魁祸首也发生历时变化。民国时期，至少截至20世纪30年代初，外国帝国主义在中国社会充斥

166

各处、影响力日增，作者明显将责任推给中华民族的无能。例如梁心在被频繁重印的《国耻史要》中，明确把鸦片战争以来中国屡遭耻辱归咎于国民性中缺少爱国情感。在《国耻史要》1931 年版的自序中，梁心写道：

> 试执途人而问之曰：汝有国家观念乎？汝有民族思想乎？吾恐瞠目结舌，莫知所从对者！固十而九也。呜呼！所谓亡国之民也，其如是夫！穴空风至，物腐虫生，八十年来，国将不国；论之者斯当为荏弱政府膺其咎，而不知政府由人民产出，政府之不良，乃先由人民之不良使然也……则欲一洒从前之耻，苟不先将恶劣之国民性行其根本革命。[19]

20 世纪 20—30 年代，这种自责的精神有时用图片加以展现，常见的是春秋末年越王勾践（前 496—前 465 年在位）的形象。越国大败于敌国吴国，勾践因此床前悬挂苦胆，饮食必先尝胆，以不忘所受耻辱，不消磨雪恨的斗志。[20]（越王勾践故事及对 20 世纪中国的影响，详见本书第九章。）《市民千字课》"国耻"一课有两幅插图，一是困顿萎靡的勾践半卧柴草中，凝视头上的苦胆；二是一名中国人坐于中国地图之上，上半身被剥光，脚踝被绑，双手缚于身后柱上。[21]《国耻痛史》讲清末民初中日关系，封面是一位泪流满面的中国男士，斧子把他的头劈成两半，斧子上写着五月九日——中国接受"二十一条"要求的日子（图 8.2）。[22]

167

图 8.2 国耻之痛

这张图选自佚名编《国耻痛史》。斧面写着"五月九日"，
即中国接受"二十一条"的日期。来源：《国耻痛史》（1920?）。

20 世纪 20—30 年代这些讲述国耻的图片材料、著作的特点是，一般都将中国描绘成屈服、无能、无助的形象，而不是挣扎、英勇抵抗的姿态。而 1949 年后的国耻类著作与此截然不同。一是这些著作中国耻没有再往后延续，而只存在于过去。因此，这些著作强调的不是中国现状的原因或出路，而是"勿忘"中

国历史上帝国主义侵略阶段经受的悲惨耻辱。[23]

　　1949 年后国耻类著作的另一特点是包含宏大叙事。1949 年前后，这些著作都大力分析帝国主义侵略的细节。1949 年后更关注的不是中国招致侵略的原因，而是中国人民的英勇抗争。"中国近代史，"梁义群写道，"既是一部蒙受耻辱的历史，又是一部抗争、雪耻的历史。"1949 年前，

> 　　近代中国人民的反帝斗争未能取得实质性的胜利，没能改变半封建半殖民地的地位，因而也就没有达到雪洗国耻的目的。只有在中国共产党领导全国人民推翻了压在中国人民头上的三座大山（即帝国主义、封建主义、官僚资本主义），建立起中华人民共和国之后，伟大的中华民族才重获新生，从而永远结束了任人宰割、受尽欺凌屈辱的历史，百年国耻才得以彻底雪洗。[24]

168

169　　1949 年前后两个时期国耻类著作的区别十分明显，但即使在 1949 年后（尤其是 20 世纪 90 年代），激发大众的民族主义热情的努力，相较于强调中国伟大、光辉的历史，中国丰富的民间文化，甚至 20 世纪八九十年代中国经济的突飞猛进，更加强调鸦片战争以来的那个世纪中国在帝国主义手中惨遭耻辱、压迫的经历。[25]我在埃森那篇会议论文中，对这个话题的探索尚显粗浅，对这个谜题并没有给出令人信服的解释。论文结论也只是指出希

望未来继续探究国耻现象的一些方面。其中一个方面——勾践叙事中最重要的对遗忘的恐惧，这一主题在中国 20 世纪历史中不断涌现——最终成为我在 2002 年发表的一篇文章的主题。[26]

20世纪中国的国耻记忆与遗忘

20 世纪中国对国耻的敏感性众所周知，是国家记忆的主要形式之一。但少有人知的是，许多知识分子认为中国惯于对国耻漠不关心，因此常感忧虑。不同时期忧虑的形式不同。清末，多闻于耳的是中国人跟其他民族相比对国耻有些无动于衷（图 8.3）。担忧受辱经历的记忆没有时时警醒为此复仇，反而会被逐渐遗忘，这是春秋时期越王勾践为不忘耻辱，采取极端行为这一故事的核心思想。然后民国时期，在许多评论人士眼中，问题从无动于衷变成了抛诸脑后。他们说中国人历经多次国耻，短时间愤怒爆发，之后很快就忘记了国耻的根源，退回漠不关心的初始阶段。社会定期举行周年仪式，约定俗成的记忆印记广为流传，但民国时期爱国知识分子频繁发声，担忧中国人遗忘周年纪念背后的惨痛历史，他们认为这是中国人的本性。"民族主义，"杜赞奇认为，"需要不断被灌输且应该是激烈的，但其表征却植根于关系、语境之中。"杜赞奇为说明这一点，称 1999 年 5 月美国轰炸贝尔格莱德中国大使馆后一些中国人的反应可以总结为："第一天，吃麦当劳；第二天，扔石头砸麦当劳；第三天，吃麦当劳。"[27]

图8.3 国耻图

1900年7月，洋兵破天津，许多"无耻"的中国人"贪生怕死"，拿"顺民"旗迎接洋人。洋人最嫌顺民，"登时杀了"。来源：《安徽俗话报》，甲辰十月初一（1904年11月7日），第15期。

171　　20世纪最后十年，铭记国耻又披上另一层外衣。对大多数中国人来说，历史上的耻辱不再是直接、个人的经历。中国共产党执政合法性的重要来源是20世纪40年代参与打败帝国主义，终结了"百年国耻"。20世纪90年代民族主义重新抬头、某些人的信仰一度动摇，爱国主义教育的特点变成让年轻人"勿忘"历史上帝国主义导致中国人受苦、受辱的过往。确实，这十年"勿忘"是国耻类著作中循环往复的主题。

　　怎样理解一方面痴迷国耻，另一方面不断担忧国耻没有得到严肃对待，恐将从国民意识消失这两方面的矛盾呢？国耻的感受若如此强大，为何会很快销声匿迹，并被人遗忘呢？

这个问题没有简单现成的答案。前文讲到的晚清、民国、共和国三个时期截然不同，在复杂的中国，每个时期里每个群体、个体都大有差异。解答这一问题必须考虑这些差异。因此，区分每个时期政权和社会的作用可能有所裨益。清末，国耻问题首先出现在公众讨论中，清政府相对沉默旁观。虽然许多学者已经表明，1900 年后清朝中央政府外交政策愈发受民族主义影响，明确指向保护、恢复中国主权，[28]但在 20 世纪前十年，革命此起彼伏，民族主义被定义为推翻满族统治，其他形式的民族主义也纷纷涌现，均与大众要求获得权利、政治权力分摊相关，[29]清廷无意豢养中国民族主义情绪。也就是说，民族主义外交政策与大众民族主义之间有重要差异，前者政权有少许掌控，后者很容易失控、结果反击朝廷。19 世纪末 20 世纪初，国耻问题可能直接滋生大众民族主义，因此几乎只存在于社会层面，由少数但数量快速增长的中国知识分子提出。

在袁世凯接受"二十一条"要求的二十多年后，国耻问题的情况愈加复杂。起初此事引发了各个地区，至少中心城市各个社会阶级的极大愤怒。至 1915 年夏，日本提出"二十一条"仅几个月后，社会各层面政治热情明显衰退，观察家开始直言忧心中国人"'忘却'这一件祖传的宝贝"——借用著名作家鲁迅的名言。[30]之后"二十一条"的记忆被冲淡，吊诡的是，冲淡它的正是为保持这份纪念而不断设置的各式令人麻木的周年纪念、标

172

语。冲淡它的还有这份记忆被迫服务的经济、政治用途。商业公司在一定程度上出自爱国情感，但明显也为了增加销量、获取利润，把公众购买他们商品的行为与雪耻挂钩。"二十一条"纪念日时，学生把"二十一条"引发的愤怒转嫁到当时最令他们不满的政治事件上。国民党在 20 世纪 20 年代末夺取中央政权后，为了确立和加强自己拥有中国后反帝时代历史解读权的地位，也为防止周年纪念尤其是"二十一条"等国耻日造成政治动荡，削弱自身相对于共产党、侵略野心见长的日本人的地位，开始扩大对整个纪念过程的控制。国民党不是为了消灭中国历史中所有耻辱的记忆，而是为了确认自身政权裁决记忆内容、方式的特权。大众民族主义被转化为官方民族主义，按照本尼迪克特·安德森的说法，官方民族主义作为民族主义的一种形式，"经久不衰的特点"，"就是它是官方的——由政权衍生，首先为政权利益服务"。[31]

173

　　大众民族主义与官方民族主义之间模糊的边界，20 世纪 90 年代也在发挥作用，某种程度上二者相互促进。但与国民党时期类似，二者虽有重要语境区别，但也有重大矛盾。[32]中国领导人欢迎大众民族主义的前提是它是说明政权合法的另一形式，也真诚希望提醒中国人民以前在西方、日本手中遭受的耻辱，欢迎所有"雪耻"事件的庆祝活动，如香港回归、1945 年战胜日本等。但他们担心，如果对大众爱国主义完全不加限制，它又有可能影响政权稳定，不利于中国现代化，干扰政府外交政策，尤其是永远敏感的中美、中日关系。[33]政府因此不鼓励与国耻直接、间接相关的大型集会，或其他形式的公众情感表达。不过有的时候，也会让公众宣泄情感，但会保持在可控范围。[34]

那结论是什么呢？20世纪国耻的经历、记忆、操纵、遗忘有许许多多形式，如前所述，那是不是说国家痴迷国耻和忽视、遗忘国耻之间有简单矛盾即可？我对此持反对意见，而且二者的实际情况更加复杂。第一，虽然毋庸置疑，整个20世纪国耻都是中国重要敏感的话题，但不是每个时期都一样重要、显著。而且任何一个时间点上，国耻的主题也不是一样普遍存在于所有群体，甚至某一群体内部也不是都有一样积极的反应。用"痴迷"这个词一言蔽之可能太过粗糙，有失准确。

第二，与第一点紧密相连的是，每个历史时刻，奋力疾呼、扛起大旗指责同胞惯于忘却、忽视的都是知识分子，尤其是对中国屡次受辱感受颇深的知识分子。虽然20世纪中国知识分子遵从自视国家记忆正当守护者的优秀传统，有时暗中与政权冲突，但不能假想其他大众，甚至所有知识分子都有同样的世界观。20世纪90年代的许多中国人，包括不少知识分子，乐意去发家致富，把国耻忘得一干二净。还有其他很多人，尤其是工人和内陆省份的农民，没有在国家日益增长的物质财富中分一杯羹，感到不是外国帝国主义欺负了他们，而是政策。

第三，还有代际经历的不同。前文20世纪90年代处已谈到此点。民国初期也是如此。记忆、遗忘方面，亲历过"二十一条"、当时有意识的人，和没有亲历而是后来从长辈、学校、媒体处了解到的人之间非常不同。1915 年 5 月还是无邪小儿，或是尚未出生的人，无法同亲历者一样以相同感受回望当时的事件。一手、二手记忆都会淡化，但同一件事二者的感受有关键分别。[35]

第四，前文讲到每个时期记忆和遗忘之间都有明显的矛盾，但记忆学学者已经指出（历史学家也一向知晓），所有记忆都发生在现在，包含许多现在的成分。[36]记忆只与过去相关是个神话。因此可以说，随着 20 世纪中国政治、社会、知识、国际环境的变化，"记忆"和"遗忘"的含义与二者矛盾的本质也经历了深刻变化。无视自身时代屡次发生的耻辱，遗忘前些时候某次耻辱发生时的愤怒（或是把愤怒的记忆与无关甚至联系非常微弱的事物挂钩），需要从书本了解未曾亲历的耻辱，这些大相径庭的现象反映的是前述三个时期非常不同的"现在"。

最后，我想强调在此问题上清末、民初时期与 20 世纪末之间的巨大差异。清末、民初时期倾向于认为无动于衷、抛诸脑后是中国特有问题，是中国国民性，在中国文化中根深蒂固；20 世纪末则认为遗忘在本质上就是可变的现象，由于历史原因较晚出现在中国，但本质上绝不是中国独有的问题。文化和历史也会导致遗忘，不同时期有不同的作用形式，故产生的影响也不同。

研究意外中断

2001 年 11 月初，我在对上一节概述的文章做最后修缮时，突然收到英国劳特里奇（Routledge）出版社的信，邀请我为一个新书系"亚洲研究批判"贡献一本书。该书系旨在"展示亚洲研究领域最突出的个人贡献"。[37]我受宠若惊，也有些犹豫：受宠若惊是因为初期受邀者很少，除我之外，还有两位大名鼎鼎的学者伊佩霞（Patricia Ebrey）和乔治·卡欣（George Kahin）；[38]有些犹豫是因为我当时正在全身心投入 20 世纪中国国耻问题的研究，准备书稿需要中断这项工作。我开始思索这本书应包含哪些内容，如何在序言中条分缕析地解决过去学术研究中尚待厘清的问题。思考愈深入，不安愈消散，对这本书带来的多重挑战我愈加摩拳擦掌。

　　成书过程中两个人的襄助尤为可贵，他们是马克·塞尔登（Mark Selden）与冼玉仪。我的博导是费正清，他孕育优秀手稿的天赋无人能及（见本书第一章），因此我是在把"亚洲研究批判"书系编辑塞尔登与一座不可逾越的高峰比较。马克知其不可为而为之，每一步都符合我要求的高度。他编辑经验极为丰富，帮我选定书中篇章内容时判断力卓绝。12 月末，即得到劳特里奇邀请仅两月后，马克与我已定下大纲。他对选文评点细致；更值得注意的是，他的历史研究志趣、角度与我相去甚远，能提出如此鞭辟入里的建议，值得击节。马克的评点事无巨细，涵盖风格、选词及论辩薄弱、不通之处，乃至参考书目中的漏洞。他对序言要求尤其高，认为序言是此书成功的关键——他所言不虚。最终成文（本书第五章部分内容即取材自该序言）得

176

益于他的许多细致建议、机敏论点与不吝鼓励。

我的伴侣冼玉仪对劳特里奇这个项目比我兴奋得多，帮我化解了当初的许多忧虑。除此之外，她还审读了多个版本的许多章节，指出写作中含糊其词、词不达意的地方，以及文献中的缺失和分析中明显需要加强的部分。玉仪知我懂我，知道我对自己的观点总是严防死守，她以从经验中总结的智慧，巧妙地平衡批评与鼓励之间的危险地带，我对她感激不尽。

把出书生涯近半个世纪的所有著作整理成一本书，是件非常有意思的事情。有意思的点在于：其一，需要重读一些我几十年都没看过的东西，无论乐意与否，都可以提醒自己作为历史学家在各个节点的立场和学术路径的演变；其二，我得以做自己的历史学家，挖掘史华慈老师称之为"持续深层关注点"（underlying persistent preoccupations）[39]的主题，这些主题有些源自写作生涯伊始（尽管不同时期形式不一），而有些是在后来某个节点出现的。写这本书我得以更加明了自己思路的发展，当然恒定不变的想法也一样重要。我在此书序言中点明了二者之间的区别。

书名最终定为《了解中国历史的挑战：演变视角》（*China Unbound: Evolving Perspectives on the Chinese Past*），囊括众多主题：王韬、美国中国史研究、一般史学书写、义和团、民族主义、改革、大众宗教、历史边界之间的延续等。各章主题有所变化，但整本书一以贯之的是我寻找、探索中国历史的新路径，诘问西方史家、中国史家、历史本身。我的最终意图，当然大多数西方中国研究者也赞同，是使中国历史走下神坛，防止狭隘视角在这个领域划地为王，这样对西方读者来说中国历史才能更加清晰易懂，甚至举足轻重。

未曾料到的学术转向

结果，劳特里奇出版社出版这本书耗时比我想象的要短。2002年末，我得以回归20世纪国耻研究。说这本书前，我想讲几句自己的生活，毕竟研究不是我高坐云端做的。1997年4月，我和冼玉仪在苏格兰阿伯丁大学的一场会议上邂逅，之后关系逐渐升温，我开始每年去香港她家待两三个月，同样她来我住的波士顿待几个月，大约每年有半年时间在一起。在香港的时候，我一开始成为香港大学亚洲研究中心的一员（玉仪数年中担任亚洲研究中心副主任），后来是香港大学香港人文社会研究所一员。这两处工作环境都极为理想，同事聪颖博学，图书馆文献馆藏世界一流。不在波士顿用哈佛研究资源的时候，港大很好地满足了我的需求（图8.4）。

178

完成劳特里奇出版社那本书后，我全身心投入国耻研究，但又发生了让我完全意想不到的事。《历史三调》后我开始写的这本书的大部分内容发生转变。探索国耻主题时，我不断碰到越王勾践的故事，这个故事的意义超出国耻之外。1998年在埃森开会时，我写邮件给华志坚讲自己对勾践故事的着迷。[40]如果按原计划，我明显需要删掉卧薪尝胆对中国近世史的意义这一关键部

图 8.4　在香港一家餐馆，与多年老友、哈佛教授、现居香港的李欧梵扮作黑帮老大。冼玉仪摄

分，而我愈加不愿如此。这个棘手问题在我写劳特里奇那本书时被搁置，但 2002 年底回归国耻一书时则必须予以解决。我跟玉仪不断深聊，她非常明智地提出这本书可以不主讲国耻，而讲勾践故事的全方位影响，这帮我走出了困境。她的建议看似简单，却 180 度调转了整本书的主要方向，广阔议题的核心变成了故事与历史的关系。虽然当时我对这条建议带来的奇遇还似懂非懂，但积极回应了她的提议。我逐渐意识到故事与历史之间的互动对勾践这本书意义如此重大，甚至是我写作的另一主线，这条主线可以说发端于《历史三调》，从写作《历史三调》时就在脑海中若隐若现。

　　我的老友、学术知己华志坚也看出我当时的兴奋心情。20 世纪 80 年代中期，他在哈佛读研究生，当时我对义和团的研究刚刚起步，我们从那时起就开始互相写信、互赠书文、分享观点。还没决定从"国耻"转向"勾践"的前几年，我已经告诉他自己对勾践故事日益生发的兴趣。他"喜欢那个卧薪尝胆的故事"，感到我研究的新方向可以"写成小书（给其和可泰的加州系列!）"。这句话摘自 1998 年 8 月 21 日他对我邮件的回复。他提到的可泰是谭可泰，志坚、谭可泰及卡伦·魏根（Kären Wigen）共同编辑的系列是"亚洲：地区研究/全球主题"，由加州大学出版社新推出。

　　当然在 1998 年，写一本关于勾践的书尚未浮现在我脑海中。但我跟志坚一直就工作进展定期联系，2001 年 8 月中旬我给他写邮件，说自己在专心研读《申报》纪念"二十一条"国耻日的评论文章（"各种史料特别丰富，但蝇头小字，模糊不清，我怕是要早早失明了"）。随后我告诉他新打算是写勾践，也讲了勾践故事能直接说明局外人、局内人的有趣对立（本书第九章的核心主题）。志坚也觉得局内、局外的对立很有意思，于是邀请我去他当时执教的印第安纳大学做了讲座。[41]

　　几年后，志坚得知我即将完成《与历史对话》，再次提议将此书纳入他在加州大学出版社的系列丛书。他知道我已把书稿交给哈佛大学亚洲中心，我曾担任亚洲中心出版委员会委员，十分敬重负责出版事务的总编辑约翰·齐默（John Ziemer）。但志坚认为，这本书尤为适合他编辑的加州大学出版社新系列，希望我能考虑一下。他联系了希拉·莱文，希拉当时正在阿根廷休公休

180

假，依然时而处理出版事务。希拉从布宜诺斯艾利斯给我发邮件，让我不要担心，如果同意的话，该书的出版过程她会亲自跟进。我决定把书稿交给加州大学出版社，不仅因为希拉如此真诚、热情，更因为能与志坚和哈佛费正清中国研究中心的同事谭可泰共事。加州大学出版社请了两位外审——卜正民（Timothy Brook）和萧邦奇（Keith Schoppa），两位都对书稿大加肯定。2007 年 6 月 8 日，我收到希拉助理兰迪·海曼（Randy Heyman）的邮件："我谨代表希拉欣然电告，您的书稿编辑委员会给予热情赞扬，直接接收，无须修改。负责递交该选题的编辑委员会的审稿人的意见极为正面，故该选题通过动议，无人反对。"[42]

2007年美国亚洲研究协会圆桌论坛：
柯文中国历史研究贡献回顾

2006 年 6 月 17 日，出人意料，我收到华志坚一封非比寻常的邀请函，几段内容摘引如下：

2007 年美国亚洲研究协会在您家所在的波士顿举办，我猜您一定会参加。如果您参加的话，我要做一个不寻常的邀请，希望您会高兴。我在组织一个向您的研究致敬的圆桌会议……希望您踊跃参与，回应学者的讲话。计划是由每位相关领域学者回顾您的著作……

181

　　这个计划的灵感部分来自，我意识到……至少伟林（柯伟林，William Kirby）、我、可思（毕可思，Robert Bickers）这几届和前几届、后几届的学生，一定都深受您著作影响，与您交流时也受益良多，包括您的课、讲座，对我们论文的点评，甚至是闲聊。我们中一些人并不是您带的学生，但对您的指导我们依然亏欠良多，如同感恩自己的正式导师一般。所以这次算是您的"学生"为您举办的祝寿聚会或迟到的退休庆祝（我2000年从卫斯理学院卸下教职），虽然我们中大多数都从没上过的课……

　　顺便说一句，最近我为了准备7月底西迁到加州而翻阅旧文件，才意识到亏欠您的时间有多长。我找到一些20年前的信件（原来是手写的信，您还记得吗？），信中您说我研究生写义和团的几篇文章，您欣赏其中一些观点，但一些不敢苟同，还初步描述了您希望出书从三个角度分析义和团的想法，雄辩有力……

　　会议最终细节一旦敲定我马上告知您，目前只是先告诉您我们在酝酿这个想法，大部分细节会提前做好。此举还需要您同意（希望您会），希望您能到场回应。

我对志坚邀请的回应是："哇！真是又惊又喜。真是封好信！（我知道这是一封电子邮件，但一些邮件值得分类珍藏。）我一定会去 AAS，非常乐意回应圆桌嘉宾。谢谢你，志坚，惊讶之外，我感动至深。"

这场圆桌论坛的正式题目为"柯文中国研究贡献回顾"（见图 8.5），由中国留美历史学会（Chinese Historians in the United States）赞助，会议纪要随后在其期刊《中国历史评论》（*Chinese Historical Review*，2007 年秋）发表。老中青学者济济一堂。志坚后来邮件告诉我，一位洛杉矶加州大学（UCLA）二年级的博士生提前通过邮件向他确认圆桌会议的主题是 Paul A. Cohen，还是别的什么 Paul Cohen。她说自己"是《历史三调》等著作的狂热粉丝，不想到时候失望地发现是学界另一位没那么有趣的 Paul Cohen"。圆桌论坛的主持人是柯伟林，组织者中只有他真正做过我的学生。几十年前的 20 世纪 70 年代初，柯伟林还就读达特茅斯学院（Dartmouth College），本科时在卫斯理交换过一个学期，上过我的中国现代历史课。伟林的开幕致辞大方幽默，令人捧腹。其他与会嘉宾中，唐日安评点了《中国与基督教》，卢汉超分析了《在中国发现历史》，毕可思剖析了《历史三调》，鲁道夫·瓦格纳（Rudolf Wagner）解读了《在传统与现代性之间》，王栋预评了当时尚未出版的《与历史对话》，志坚点评了其他文章。每位嘉宾发言时间十分钟。他们观点精到，从每位身上，我都学到了看待自己著作的不同视角。

志坚一开始提到希望举办致敬我的研究圆桌论坛时，他注意到论坛日期恰好与我第一篇论文发表的时间重合。那篇文章1957 年收录于哈佛《中国研究论文集》。时光荏苒，读到这里

图 8.5　与华志坚，记者、学者张彦（Ian Johnson，站立者）在香港一家酒店共进早餐，2017 年 11 月。冼玉仪摄

时，我的记忆回到几年前在港大的一件小事。我和玉仪等电梯时碰到一位牧师，他在港大获得中国基督教历史研究博士学位，玉仪认识他，介绍我们认识。她之后告诉我，自己不久前跟这位牧师提到我很快会来香港，牧师大惊失色，他原以为柯文早已离开人世，升入天堂。

圆桌会议结束后，我的心情用"升入天堂"来形容虽有些夸张，但在地球我这小小一隅，那场会议确实是我学术生涯特别的一刻。会议结束后很久，每次想到它，我脸上都会浮现灿烂的笑容。

第九章
局内人与局外人问题：《与历史对话》

　　第五章结尾，我谈到过度强调文化对比带来的一些问题。2001 年夏，我在一次关于义和团的讲座中再次提及这一问题。讲座的题目有意出人意料，叫"把义和团当作人"，听众多为西方人，对他们来说这个题目具有挑衅的意味。我当时的观点是，文化不仅可以塑造共同体（communities）表达自我思想、行为的方式，还可能造成不同共同体之间的距离，因此极易导致刻板印象以及丑化、神话化对方的现象。在 20 世纪的中国和西方，义和团均经历了这些过程，因此我在讲座中特别侧重历史上面临类似挑战时义和团与其他文化中人们的共同点。我不希望否认义和团的文化特性，更不想把他们美化成天使，而是想为把他们从剥离人性的例外主义中挣脱出来出一份力，因为几乎从义和团历史开端，他们就被误解、歪曲。[1]

　　文化差异与局内人、局外人之间的对立关系息息相关，也与这些视角的众多表现形式有关。在整个职业生涯中我都试图解决这一问题。《在中国发现历史》纸质版第二版的前言中，我重新探究了历史书写中"局外人视角"的问题，尽管此书最后一章已然探

讨局外人问题，认为局外人的一些表现形式问题重重，一些则并无
大碍，但我总是称之为"问题，是历史研究的负担，而非财富"。[2]一
些学者与此意见相左，提出一些情况下历史学家的局外人身份可能
带来优势，我最终接受了这一观点（见《与历史对话》第六章"结
语"那节）。

勾践故事在中国的地位

　　本章讲述的《与历史对话：二十世纪中国对越王勾践的叙述》
这本书中涉及的这个中国故事，可能是局内人、局外人对立的终极
范例。但我想先简要谈谈此书的另一核心主题：故事与历史之间的
强大联结。美国剧作家阿瑟·米勒（Arthur Miller）曾就其 1953 年
的戏剧《萨勒姆的女巫》（*The Crucible*）做如此观察："如果这部剧
在某国突然大热，我几乎可以马上猜到该国当时的政治局势：要么
是警告人们暴政即将到来，要么是提醒人们不要忘却刚刚经历的暴
政。"[3]《萨勒姆的女巫》取材于 17 世纪末马萨诸塞湾萨勒姆镇的审
巫迫害案，但也明显映射了米勒对自己生活年代的审巫行动，即麦
卡锡主义的愤怒。《萨勒姆的女巫》由此象征各个地方、各种形式
的政治迫害。《与历史对话》的主题即故事与时局之间的共鸣，也
就是叙事与当时历史条件下生活其中的人们为叙事赋予的特殊含义。
　　理论上此类叙事可古可今，可虚可实，可内生可进口，但力
量最强大的往往是该文化历史上的叙事。中国当然也非例外，从

古至今中国人都热爱披着历史外衣的故事。越王勾践的故事就是这样一个有趣事例，跨越整个 20 世纪，在形形色色的环境下，这个故事以强大的力量在中国人中产生共鸣。我初遇这个故事是浏览 20 世纪上半叶国耻史料时，很快发现这个叙事也与人们忧心的许多其他事情有关。清末之前，历史传播的主要方式除古代文献之外，还有戏曲、演义等其他口头、书面文学创作形式。20世纪到来后，故事传播途径增多，有报刊、启蒙课本、大众教育材料、话剧，及后来出现的广播、电影、电视。

从古代诞生到现代，越王勾践故事的核心结构坚固不变，但与其他中国古代叙事一样，这个故事历经演变，一些元素已经过修改、删减，还有增添。[4]原故事没有但戏迷津津乐道的次要情节之一，是勾践重臣范蠡与美女西施之间所谓的爱情故事。勾践故事的文本，不像契诃夫戏剧、奥斯汀小说一般稳固不变。其实甚至说勾践传奇包含"文本"都可能有些误导，这个故事一开始出现时口头传诵在中国依然普遍，后世发展轨迹与其他众多历史人物无异，如圣女贞德，信史记载少之又少，叙事应不同听众、不同历史时刻需求以及作者喜好不断被循环利用。[5]过去一个多世纪对中国人来说，重述勾践人生故事的意义明显不在于其中包含的历史真相，而在于这个故事的多重吸引力。下文会详述此点。

从鸦片战争到 1949 年共产党在解放战争中获胜，许许多多的中国人，从林则徐、曾国藩等清朝高官，到 20 世纪重要政治领袖蒋介石，再到旧金山湾天使岛（Angel Island）移民站拘禁的底层移民，或是菲律宾艰难度日的下等移民，都感到勾践故事有非比寻常的魔力，面对看似束手无策的个人或政治难题时，总以这个故事激励自己。[6]甚至1949年国民党败退台湾之后，截然不同的形势下这个故事依然被广泛传播。比如，勾践故事频繁出现在中国大陆创作的戏剧中，意在传播各种政治讯息；1949年后的台湾，这个故事为国民党"反攻大陆"的目标提供心理慰藉和政治支持。

最后一点可以说明，勾践故事等叙事是中国人共有的文化资源，深刻超越了政治分歧。这点值得强调，且于我意义非凡。我曾翻阅由国民党政府审定、台湾出版的1974年版中小学语文课本，当时正值大陆"文化大革命"，国共意识形态冲突达到顶峰，两本课本中都有《愚公移山》一文，这篇古代寓言说的是无论面前困难如何巨大，只要意志坚定，就一定能实现目标。小学启蒙课本上另一课用"愚公移山"的故事讲述建设台南曾文溪水库时克服的工程困难。[7]直击我心的是，"文革"中这则寓言因为毛泽东的宣传名声大噪，是要求所有人背诵的"老三篇"之一，鼓励中国人民群众挖掉封建主义、帝国主义两座"大山"。[8]历史语境不同，含义不同，但这个作为中国文化基石的故事是相同的。

勾践的故事，中国小学生耳熟能详——不亚于美国小朋友熟悉《圣经》里的亚当和夏娃、大卫和歌利亚——这个故事"刻在我们骨子里"，几年前一位中国学者对我如此说道。虽然勾践故事在中华文化圈影响深远，[9]但《与历史对话》出版前，即使研究中国近世史的美国学者（除华裔外）都知者寥寥。研究中国古代史、古代文学的美国学者，熟稔勾践故事的一般不知道这个故事在 20 世纪中国人心目中的地位。很明显，越王勾践故事是文化知识的人工遗产之一，每个社会都有，是生于斯、受教育于斯的"局内人"获取的知识，经过文化培养成为他们的一部分，但通过书籍、成年后短居于斯的那些了解文化的"局外人"几乎不可能碰到这些故事，或者碰到也不会在意。如此奇妙的局势，说明文化学习存在两种截然不同的途径，结果是过去一百年间，勾践故事在中国历史上的地位美国历史研究者几乎无人关注，或少有人关注，就我所知，在更广阔的西方史学家圈子也是如此。

玄而又玄的是，一定程度上中国史学家似乎也对其避而不谈。我这里不绕弯子，不像美国史学家，做 20 世纪研究的中国史学家对勾践故事了然于胸，勾践故事叙述、参引的普遍程度，尤其在特定历史节点，[10]他们非常了解。但我很少看到有人明言，说故事与时局关系可以作为严肃历史研究合适的对象。这可能是因为特定时期此种深究的举动过于敏感（下节细讲）。但追根溯源，我怀疑大多数中国人对历史－时局之间的关系只是简单接受为既定事实。也就是说，他们自我意识中对此关注度不高。遥远过去能以如此意义深重的方式与现在对话，这种概念早在牙牙学语时已深入他们骨子里。他们关注这些故事可能包含的指导、励志含义，但不太可能向前一步审问故事－时局之间特殊关系的重要性，无论故事发生在中国，还是其他文化语境。

历史学家没有研究勾践故事还有一层原因，那就是这个故事虽然其他方面十分重要，但对 20 世纪中国历史作用甚小。20 世纪中国史被塑造为一连串事件的叙事，其中勾践的故事几乎可以完全删掉（亦曾被删掉），不会对整体层面产生什么重大影响。当然知识文化史的许多其他方面也是如此。但如果转向勾践故事对中国人自身经历认知的影响，情况就大不相同了。心理学家杰罗姆·布鲁纳（Jerome Bruner）写道，我们"依赖现实的叙事模型，以此塑造每天的经历。提到日常生活中认识的人，我们会说他是密考伯（Micawber）那样的乐天派，或是托马斯·沃尔夫（Thomas Wolfe）小说里跳出来的悲观者"，这些故事成为"经历的模板"。他还说，这些模板令人惊讶的点在于，"它们如此特殊、本土、独一无二——却有如此大的影响。它们是大写的隐喻"，他在另一处还说道，"是人类境况的根基隐喻（root metaphors）"。[11]

若将勾践故事理解为布鲁纳所说的根基或类似隐喻，其历史地位及对 20 世纪中国的影响就远大于 20 世纪中国史的一般叙述。我在《与历史对话》中希望阐明的正是勾践故事的地位。在《与历史对话》中我强调，自己主要关注的并非勾践故事的演化进程，这部分最适宜由中国文学学者研究，而我关心的是中国人有时有意、有时无意间，以多重方式修改故事内容，以适应不同历史时局的要求，以及故事和历史的融合为何如此关键。

古时的勾践

分析 20 世纪中国人心目中勾践形象的意义之前，我先大概讲讲这个故事本身。[12]还原勾践故事时，我没有过度纠缠一些事件、细节本身的历史价值。20 世纪这个故事的影响不在于史实的准确程度，而在于叙事的力量。我在书中首先建立了所知的勾践叙事在公元 1 世纪的基本面貌，当时我们知晓的完整版本首次出现。为此我追溯了早期文献如《左传》、《国语》、司马迁的《史记》以及《吕氏春秋》。[13]我主要参考时间相对靠后的《吴越春秋》后四卷，原为东汉赵晔于公元 58—75 年撰写。[14]选择《吴越春秋》原因有二。一是与其他早期文献相比，这本书如姜士彬（David Johnson）所言，"更为翔实、连贯"，而且"主题要素多有创新"。[15]二是这本书深刻影响了帝制时代后续的勾践故事叙事，也直接或间接地成为 20 世纪许多流传版本叙事的主要来源。[16]

勾践故事的背景是春秋末年，吴（在今江苏省）、越（在今浙江省）两邻国争霸，发生在当代中国版图的东南沿海地区。公元前 494 年，越国国王勾践继位不久，正是 20 多岁，血气方刚，不听大夫范蠡谏言，发兵攻打吴国。越国兵马很快被吴王夫差率军围困，越国必败，大夫们因此力劝勾践尽其所能求和，卑辞恳求并重金收买，希望夫差平息怒气，甚至让勾践表示愿与妻子做夫差阶下囚，前往吴国。勾践吞下自尊，默许求和策略。吴国太宰伯嚭贪财好色，大夫和勾践商定私下以美女、珍宝贿赂伯嚭，争取吴国朝廷内部支持越国。

勾践与妻子从公元前 492 年开始服侍吴王夫差，这是勾践继位的第五年，范蠡随行；另一位辅臣文种留守越国，代替勾践管理政事。勾践等人入吴，吴国相国伍子胥老谋深算，头脑清晰，力谏夫差立刻杀掉勾践，对越国斩草除根。夫差听从伯嚭进言，未诛勾践。接下来三年，勾践为夫差驾车、养马，勾践夫妇与范蠡住在吴王宫室附近的破烂石室，过着贫苦下等人的生活，咽下一次又一次耻辱，面无恨色。第三年，夫差生病。范蠡占卜告知勾践，吴王死期未到，至某日疾当痊愈。范蠡与勾践定下一计，使夫差相信勾践的确忠心耿耿。勾践自称可以尝粪判断疾病吉凶，勾践尝过夫差溲恶后，说吴王会于某日病愈（图 9.1）。夫差果然痊愈，心中感念，遂不顾伍子胥强烈反对，赦免勾践，允许勾践归国。

归国后，勾践在范蠡、文种等大夫襄助下，采取大量措施，休养生息、发展经济、厉兵秣马，条条政策均指向削弱吴国，设计利用夫差弱点，尤其是淫而好色、好起宫室两点。勾践矢志复仇，苦身劳心，衣不敢奢，食不敢侈，与百姓同甘共苦。虽然成语"卧薪尝胆"首次出现是在宋朝，在帝制晚期与勾践挂钩，但古时已有记载，勾践悬胆于户，出入尝之，戒骄戒躁，以不忘耻辱（图 9.2）。

如此二十年，越国民富国强，人丁兴旺，众志成城，皆愿复

191

仇。范蠡表示吴国可伐之后，勾践多次率兵征吴，夫差自杀，吴国灭亡，旧耻得雪。

　　20 世纪的勾践故事大部分到此戛然而止。但古代典籍中，吴国灭亡后勾践的黑暗面浮现。此点 20 世纪故事若有体现，一般会根据历史语境，暗含作者间接批评当时统治之意。典籍中写道，吴国灭亡之后，勾践马上采取措施，巩固越国在当时各诸侯国中逐渐上升的地位。范蠡深知越王为人野心勃勃、褊狭善妒，身边重臣凡功高的，必有不虞之嫌。范蠡决定去越，遗信文种，劝其效仿。文种不听，其后悔之已晚，越国朝廷谗言四起，说文种谋逆，勾践遂赐剑文种，忠臣文种伏剑而死。[17]

图 9.1　在吴国为奴时勾践几番受辱

图中他尝夫差粪便诊断病情，夫差在病床上看着他。

来源：陈恩惠编著《西施》（台南：大方书局，1953），插图 6。

图 9.2　"卧薪尝胆"图

来源：赵隆治著《勾践》（台北：华国出版社，1953）。

勾践故事有几个关键主题。一是耻辱，有外界造成的，也有自身强加的，勾践为实现目标，居吴期间甘愿忍受各种耻辱。二是追求复仇，不仅是勾践，完整故事中还有夫差、伍子胥等人复仇的情节。三是忍受，核心可以用成语"忍辱负重"概括，意指一个出色的个体能以更高层次的勇气，心甘情愿忍受难以复加的屈辱，以求提高实现某种目标的概率。四是勾践归国后，在经济、军事上系统地重建越国，通过贤明、爱民的政策，建立了君民之间积极的关系。最后是范蠡、文种的命运，也揭露了勾践与谋臣之间复杂的关系。

194

勾践故事的改编

民国时期

清末至抗日战争之间，勾践受辱、复仇的故事是中国主要爱国叙事之一。清末民国时期，鸦片战争以来中国在外国帝国主义手中经历的国耻，被中国人反复提起。上一章讲到，民国时甚至设立了国耻日，以纪念令人痛苦的事件。国耻日反映出的对国耻的敏感，成为集体记忆的重要形式以及大批国耻文学直接、间接的主题。创伤依然持久，映照了无法去除、不断闪回的愤懑情绪，因此这些年间，勾践故事在中国人脑海中占据重要位置并不奇怪。

民国时期的教育材料、大众文学中，勾践故事的广泛传
195 播——成为集体文化知识的一部分——意味着报纸、杂志、海报甚至广告上都运用了勾践的典故，虽然外人可能不理解，但中国所有读书人几乎能立即理解。很能说明这一点的是 1925 年 5 月和 1926 年 5 月，上海几家日报上出现金龙香烟广告，该品牌的香烟由南洋兄弟烟草公司生产。这则广告连续登上每家日报数期内容，均在 5 月 9 日即 1915 年中国被迫签署日本"二十一条"的日子前后，广告不仅呼吁勿忘 5 月 9 日，还明言吸金龙烟是爱国行为。广告最左的小图里，一群人站在树下，树枝上挂满写

着"国耻"字样的纸条；广告中央偏左的位置是一位现代勾践，坐在并不舒服的柴堆上，手中拿着苦胆，凝神远望树上的纸条。有意思的是，这则广告除了卖烟，还在勾践故事和告诫勿忘国耻之间建立了明确联系，但广告创作者觉得无须说明坐着的人是谁，手里拿的是什么（图 9.3）。[18]

图 9.3　金龙香烟广告

来源：《申报》，1925 年 5 月 7—11 日及 1926 年 5 月 9 日；亦见《时报》，1925 年 5 月 7—12 日；《时事新报》，1925 年 5 月 8—10 日及 1926 年 5 月 9 日。

这些年间，勾践故事服务的另一个对象是国民党意识形态，尤其是蒋介石的思维模式。蒋介石担任校长的黄埔军校大门左右分别是中华民国国旗和国民党党旗，正中央拱顶上方悬挂的是浅底黑色大字"卧薪尝胆"。1931 年 9 月 18 日九一八事变后，日本借机侵占中国东北，上海商务印书馆出版了一卷《国耻图》，此出版物与国民党上台后大量出版物一样，明显反映执政党的视角。《国耻图》包含十幅全彩挂图，以图表、地

196 图等插画形式，说明中国在帝国主义手中受害的经历。其中一张挂图叫"国耻种类表"，在"卧薪尝胆"四个大字之上叠印了一系列中国由于不平等条约遭受的不公。挂图两边分别是一把剑穿过荆棘王冠，有意思的是，荆棘王冠这个意象源自基督教，罗马士兵把荆棘王冠戴在耶稣头上，以示嘲讽。每个荆棘王冠上吊着一个苦胆，流下胆汁，滴进一位仅着短裤、半卧柴薪之上的勾践式人物张开的嘴中。这幅挂图与报刊上众多的勾践典故一样，认为中国读者作为不可避免的局内人，理所当然知道卧薪尝胆指勾践，以及他承受的悲惨耻辱和嘲笑，并会对挂图做出相应的诠释（图 9.4）。[19]

国民党这一时期对勾践故事的强大认同，映射了蒋介石对勾践的深刻认同，这一点虽无法确定，但实有可信之处。蒋介

198 石深深钦佩勾践能够承受不忍卒读的谩骂、羞辱。"勾践入臣"，1934 年蒋介石在日记中写道，"不惟卧薪尝胆，而且饮溲尝粪，较之今日之我，其忍苦耐辱，不知过我几倍矣！"[20] 蒋介石在浙江与下属非正式谈话时更明确表示了对勾践的崇拜："吾人须效法越王勾践，人人为越王勾践……一切行动，一切方法，均应效法越王勾践……浙江有越王勾践，有这样的模范，如不能救国家救民族，实对不起祖宗。"[21] 一位大陆学者依据蒋介石的未公开出版日记研究了抗日战争爆发前蒋的对日谋略，他在文章中总结道，蒋介石当时少有的忍耐力"不能不和勾践的影响有关"。[22]

图 9.4　国耻种类表

来源：《国耻图》（上海：商务印书馆，1931 或 1932），第二幅挂图。

国民党在台湾

1949 年后，蒋介石领导国民党统治台湾，勾践故事的受辱、复仇主题依然广为传播。通过大中小学教育、戏曲、电影、小说、戏剧、报纸、杂志、漫画、电视、广播层层灌输，蕴含的深意却有所不同。一是为符合"中华民国"自视中国传统文化最后卫道士的形象，勾践故事人物被按照儒家思想大幅修改。二是更强调故事的一部分情节，即弱小的越国（代表"中华民国"）经过艰苦卓绝的斗争，成功实现打败强大的吴国（代表中华人民共和国）、收复失地的目标。一个例子是 1976 年，一本勾践故事漫画书在台湾呼风唤雨的"国立编译馆"授权支持下出版了，针对年轻读者，漫画正文最后有一个框，点明作者关于勾践故事对台湾时局现实意义的观点。框内写的是："这是我国历史上以寡击众，忍辱雪耻，'反攻复国'的例子，我们要记取历史的教训，消灭毛泽东！"[23]"反攻复国"很关键，1950 年后，这个标语（本书第一章已经提到）在台湾无处不见，是国民党政府当时的基本政策。能说明勾践故事和"反攻复国"之间共鸣的——抑或实际上是勾践与蒋介石之间共鸣的——还有台湾戏曲、话剧、电影讲述勾践故事时，不断以"勾践复国"为题目。

毛泽东领导下的中华人民共和国

20 世纪 60 年代初以来的中国大陆实处危机年代，"大跃进"导致严重饥荒，中苏关系愈发紧张，戏曲、话剧广泛利用勾践故事，散文、论文亦有提及，以传递符合时宜的政治讯息。这远非偶然。历史剧反映当下现实，此乃公理。1961 年，一位作家观察道：

全国解放初期，《闯王入京》就警惕人们不要被胜利冲

199

昏头脑，有更大的现实教育意义；在抗美援朝期间，《将相和》揭示我们在大敌当前的时候更好地团结起来；今天，当党号召我们艰苦奋斗、发奋图强的时候，越王勾践的卧薪尝胆就吸引了更多的观众。[24]

20 世纪 60 年代初，时任文化部部长茅盾说自己读过 50 多本以"卧薪尝胆"为题材的戏曲脚本，猜测全国应有百部以上。勾践故事如此受重视，茅盾大受鼓舞，1962 年就此出版了一本书。他认为这些剧本的核心思想是强调"自力更生"使越国由弱变强，使之成功洗雪在吴国手中的耻辱。自然这里映射的是当时中苏渐渐离心的时局，作者希望提出合适的应对策略。[25]

茅盾认为，60 年代初最成功的"卧薪尝胆"剧——且唯一一部不是戏曲的——是著名剧作家曹禺的五幕剧《胆剑篇》，该剧 1961 年在北京首演，当时正值曹禺声名巅峰。有人认为这部剧其中一幕讲越国饥荒，以及文种、勾践之间的矛盾，隐含批评之意。1959 年 7 月庐山会议上，毛泽东"大跃进"时期的政策被国防部部长彭德怀公开批评，导致 9 月彭德怀被罢免。

这种观点有几重问题。首先，曹禺剧中面对文种直言批评，勾践一开始感到恼怒，但最终接受了批评。还有一点是，饥荒那一幕，勾践作为统治者被刻画为直接、亲身参与民生疾苦的形象。其次，我感到曹禺写作《胆剑篇》时是真真切切为农村的景象感到痛心，因此特意强调饥荒不是为了触怒领导人，而是为了强调整部戏剧的现代意义。勾践与大夫之间的关系起伏更为复杂。曹禺在政治上谨慎，且对共产党信仰坚定不移，所以即使是最隐晦地批评党的最高领袖，在他身上也极不可能。但我们必须厘清作者意图和作者语言在读者、观众心目中广阔含义之间的关系。观众、读者的社会性的自身经历不同，自有其忧心、关心之事。20 世纪 60 年代初的环境下，大众普遍同情彭德怀，《胆剑篇》的读者、观众大部分熟知勾践故事更广义、全面的情节，即使曹禺的剧以越国灭吴结局，没有提及文种后来的悲惨命运，读者、观众将文种与被罢免的彭德怀画等号也完全可能。总之，他们结合自己关于勾践故事更广泛的经历，可能在想象中填补了曹禺无意着墨的空白。[26]

毛泽东时代之后

20 世纪 80 年代初，萧军、白桦两位大作家重塑了越国占领吴国后浮现的暴君勾践形象。20 世纪早期讲述的勾践故事，往往删掉这一情节，部分原因是越国最终战胜吴国是最自然、适当不过的结局（尤其在 20 世纪上半叶，当时中国屡遭日本侵略威胁）。另外一部分原因是纳入这一情节，很容易被视为暗中批评当政者。因此在对待历史方面，萧军、白桦跨过了一条重要的隐形红线。[27]

20 世纪 90 年代至今，勾践故事的处理方式更有不同，再次映照中国的时局。[28]故事的民族主义解读在民国时期是主流，此时继续得到利用，尤其是在 1989 年政治风波后，这个故事主要新添了爱国主义教育层面的含义。更普遍且我认为更有意思的是，临近 20、21 世纪之交，这个故事的其他用途愈加广泛：批评政府官员腐败，尤其是夫差被翻出来作为负面案例，说明某些官员忘记国家忧患、人民疾苦，只重视个人利益会带来怎样的影响；鼓励效益不佳的工厂厂长仿效勾践，艰苦奋斗，不要放弃希望；建议找工作的人不要固执于一下子找到称心如意的工作。一篇文章中写道，"短期的艰苦并非坏事，当一回 21 世纪的'勾践'，你会更自信、更具竞争力"，调换工作更容易。[29]勾践故事还常被担忧"小皇帝"症状的老师拿来激励小孩，由于计划生育政策，独生子女备受宠爱，人们忧心忡忡，如果不加入挫折教育，这些独生子女面对实际生活不可避免的挫折时会无力应对。

把勾践作为励志故事，教育人们不要被挫折吓倒，只要坚持努力就能改善人生，这绝不是近些年的新事。但 20 世纪 90 年代以来，这则故事的励志意义被使用频率之繁、范围之广，前所未有，象征了毛泽东时代之后的一个巨大转变，即从国家、集体参与到一个以个人理解、目标为中心的，新的开放领域。

这一变化在一起骇人听闻的刑事案件中表现得淋漓尽致。2004 年 1 月 22 日，大年初一，四川省都江堰市一个村庄，习武多年的村民胡小龙大开杀戒，劈死一家三口，为二十年前一起私人恩怨复仇。屠杀发生三天后，记者赶到胡小龙家，院门口正对面的墙上是歪歪斜斜用木炭写的几行字，似乎是案发前夜胡小龙写的。有几行是"越王勾践/卧薪尝胆/三千越兵/终灭吴国"，其他几行也间接提到勾践故事。这些典故完全用于表达个人情感，甚至到了杀人犯认同勾践，将勾践故事作为自身行为原型的地步。此起谋杀从极为凶残的角度，说明了在中国钟摆从公共问题到个人问题摇动的幅度。[30]

20 世纪 90 年代初开始，勾践故事所适合的情况也经受了另一重考验，这种考验衍生自与中国社会近来的演变截然不同的时局。我指的是随着国内旅游业、电视行业发展，更不用说毛时代之后，中国高等教育急遽扩张，印刷出版业相应也如雨后春笋般增长，当然得益于搜索技术的出现，这些印刷制品可以广泛获取，勾践故事市场营销由此得以发展。拿我举例，在准备《与历史对话》最后一章资料时，我深入使用了《中国学术期刊》数据库，可以全文搜索 7200 多种期刊、内部通讯等学术定期媒介，包含 1994 年至 2007 年（此书研究截止年份）全方位专业研究领域。[31]可以说明这种数据库力量的是截至 2007 年 1 月 13 日，搜索"勾践"一词能得到 5549 篇文章，搜索"卧薪尝胆"有 7292 篇文章。没有这样一个搜索引擎以及背后的数字化，那一章大部分内容所依据的文献明显是无法找到的。

勾践故事同中国众多事物一样，历经商品化，成为绍兴市（越国古都）、长江中下游旅行社、电视行业重要收入来源。仅在 2006—2007 年，三部以上长篇历史电视连续剧以勾践故事为主题，每部均有明星扮演勾践角色。这种电视剧大片的吸金潜力可以由其中一部《越王勾践》说明。该片由中国中央电视台、绍兴电视台，以及杭州、北京的媒体公司联合制片，长达41集，2007年在全国播出。除广告收入不菲之外，播出权、电影改编权还以创纪录的高价卖给日本。基于剧本改编的小说于2006年出版，而且与其他历史剧一样，光盘很快跟进销售。

　　勾践故事被此等大幅改编成戏剧予以推广与中国旅游业的增长共生呼应。20世纪90年代已有先例，大众对范蠡所谓情人西施极感兴趣，以这位大美人为主题的戏曲在浙江、上海、江苏、安徽、山西乃至台湾等众多地区令万人空巷；1995年，两本关于西施的大部头小说出版。西施家乡诸暨市（现隶属绍兴市）政府修缮西施庙后，向公众开放，开始以这位诸暨最著名女儿（西施的历史真伪其实多遭现代中国学者质疑）为主题，推广旅游经济。"仿佛一夜之间，各个方面突然关心起这位两千多年前的美人儿来了。"[32]

　　电视剧《越王勾践》不仅向全国观众传递勾践精神，还预示着将给绍兴市带来巨大的经济利益。电视剧中的部分场景在绍兴吼山风景区拍摄，促成绍兴成为全国著名旅游景点。央视斥巨资在吼山搭建场景，重建了勾践的宫室、宗庙、钟离泉铸剑处[33]、马厩等，2005年底拍摄完成后场景原封不动，用于吸引更多游客。吼山风景区在入口悬挂大红横幅，宣告"《越王勾践》场景使吼山风光更为迷人"（图9.5）。无数旅行社由此不得不与当地迅速签署旅游合作协议，更加促进了风景区发展，当然也给绍兴财政增添了新的收入。[34]

图 9.5　绍兴吼山风景区入口横幅，称电视电影"《越王勾践》场景使吼山风光更为迷人"。作者摄，2007 年 1 月 5 日

　　作为正在写书研究勾践故事对 20 世纪中国影响的历史学家，我自然打定主意去绍兴看看，尤其鉴于上文描述的情况。2007 年 1 月初，我和玉仪从香港飞到杭州，雇一天车把我们带到一小时外的绍兴参观，我们在绍兴去的比较有意思的地方是越王殿，它坐落在府山公园山坡高处，离文种墓仅数十米之遥。战时被日军炸毁的越王殿，1982 年被按原样重建。进殿后，殿的左右墙上是两幅勾践巨幅壁画，其中一幅仅有勾践盘腿坐于薪垫之上，左肩上悬苦胆，双腿上置剑；另一幅勾践两侧分别是范蠡、文种，他发誓"复国雪耻"。一看到这两幅画，尤其是勾践独像，我就知道它们一定要出现在我的书的封面、封底上。我拍了这些画的照片，回到波士顿后发给加州大学出版社的设计师，她也表示这些画像用作书封特别合适，但不巧的是我的照片分辨率不

高，完全无法达到做书封的要求。我告诉她没问题，并马上咨询
了我女儿莉萨，她是位职业摄影师。莉萨和我达成交易，她一直
想去中国旅行，因此我为她提供了去中国香港和内地旅行两周的
机会，她则帮我专业拍摄越王殿画像。她大喜过望，我如释重
负，秋天我回香港，莉萨同行。我们回到绍兴拍摄了画像照片
（为避免因画像过高导致扭曲而用了一架折梯），回到美国后，　206
我把照片寄给出版社的设计师，她说再合适不过了（图9.6）。

图 9.6　绍兴越王殿勾践壁画

照片由莉萨·柯恩拍摄，用于《与历史对话：二十世纪中国
对越王勾践的叙述》（伯克利：加州大学出版社，2009）封面。

207

《与历史对话》深入的故事，镌刻在中国文化中，在东亚家喻户晓，外人却大都一无所知，所以说这本书完全以中国为中心一点不为过，因为它对中国中心观的表现可谓登峰造极。同时，对于像我这样不是出生在中国文化环境中的外国人而言，一旦熟悉勾践故事及其对中国动荡不安的 20 世纪的巨大影响，自然而然下一步就是提出更广阔、完全不以中国为中心的问题，即为什么一个民族会透过经历之前诞生的故事的棱镜，看待当下的历史经历？

故事与历史对话的方式及其发挥的作用可能在中国尤为普遍，但在许多其他社会一样有强有力的展现。映入脑海的有公元 73 年马萨达（Masada）之战的故事，象征一个民族宁愿集体殉国也不愿投降。数百年间，这个故事在饱经威胁的犹太人间产生深切共鸣，直至 1948 年以色列国建立。抑或 20 世纪末塞尔维亚族人，从先祖六百多年前的 1389 年科索沃战役战败的惨痛经历中得到启示。再或是贝拉克·奥巴马将自己嵌入美国民权运动以《圣经》结构叙述的故事中。奥巴马 2007 年 3 月在阿拉巴马州塞尔玛市（Selma）的演讲中说道，小马丁·路德·金等人代表"摩西一代"——"参与该运动的男男女女，游行抗争，遭受了苦难，但在很多情况下，他们并没有'穿越尼罗河看到应许之地'"——而奥巴马这一代，是摩西接班人"约书亚一代"。[35]

《与历史对话》生发的勾践故事与中国近世史之间的千面联系，明显可以作为切口，深入更广阔的学术讨论空间。为更全面理解相关议题，需要结合中国历史、犹太历史、塞尔维亚历史、美国历史等。最终结果是一个悖论：即使是深刻植入中国中心观视角审视 20 世纪中国史的研究，局外人视角可能依然可以帮助分析故事——历史在人类广泛经历中的普遍意义，而一旦至此，文化特殊性便不再那么重要，旧的局内人、局外人视角区别愈发不明显。此主题在本书第十章、第十一章详细探寻。

第十章
故事的力量：《历史与大众记忆》

　　我最近出版的书《历史与大众记忆：故事在危机时刻的力量》（*History and Popular Memory：The Power of Story in Moments of Crisis*，哥伦比亚大学出版社，2014）旨在扩大中国历史研究的视野，不是以井底之蛙的一孔之见看待中国，而是将中国史置于更宽广的语境，以崭新视角看待。近些年，不少研究中国的西方历史学家皆以不同方式践行该理念。于我而言，自20世纪末出版《历史三调》以来，这成为我著作的主线。不同于以往的是，《历史三调》蕴含着我对故事新生发的兴趣——关于义和团的信仰、活动的谣言故事，义和团拳民自己讲述的信仰故事，（女子义和团）红灯照的法术故事，义和团被写进历史后中西滋生的神话叙事等。我逐渐对讲故事层面的历史心醉神迷，该主题成为《与历史对话》的核心，上一章已经论述。

　　《与历史对话》中，我阐发了公元前5世纪在位的越王勾践的传奇故事对中国过去一百多年的影响。虽然在20世纪中国人将勾践故事的不同层面与不同历史局势勾连起来，但勾践故事所产生的最重大的影响是在旷日持久的危难时刻。因此，在20世纪20—

30 年代日本的军事威胁之下，蒋介石及国民党在著作、训谕中着重强调勾践故事中受辱、复仇的核心主题。1949 年国民党败退台湾之后，其存亡的主要威胁不再是外敌，而是人口众多、疆域广袤、资源丰富的大陆，故勾践故事吸引国民党注意的方面变成尽管越国人口、财富、国力远不及吴，但十年生聚、十年教训之后，却能灭掉吴国。两种局势下，勾践故事均成为蒋介石面前挑战的隐喻。在这种情形下，对的故事——呈现的是一种看待世界的模型，这种模型内含危机后有利的结果——指向一个更光明的未来。

　　故事与历史之间的强大共鸣远非中国特有，在世界其他社会也普遍存在。哥伦比亚大学英国籍历史学家西蒙·沙玛（Simon Schama）甚至认为，莎士比亚的历史剧不仅塑造了莎翁，更塑造了英国国民。这里我引用他对劳伦斯·奥利弗（Laurence Olivier）主演的电影版《亨利五世》（Henry Ⅴ）的评价，这部电影在 1944 年诺曼底登陆（6 月 6 日）仅几个月后上映：

　　　　莎士比亚唤醒了我心中的历史学家。我生长的 20 世纪 50 年代似乎到处都是饮茶和板球，而他笔下的英格兰则颇具一种气质。1955 年，二战结束仅十年，似乎却是莎翁为丘吉尔创作了剧本①；当年"幸运的几个人"似乎正是驾驶喷火式

---

①　指 1945 年 7 月丘吉尔在英国大选中意外落败，被二战期间领导的英国人民"抛弃"，命运类似莎翁笔下的李尔王。——译者注

战斗机的年轻空军战士的原型。奥利弗 1944 年自导自演的电影版，如今看来满是肆无忌惮的沙文主义，但在当时却为登陆日鼓舞士气，即使战争已经结束，我们依然全盘接受其价值。这些我们不都经历过吗？亨利五世的叔叔埃克塞特（Exeter）、亨利五世、二战时英王乔治六世、温斯顿·丘吉尔、敦刻尔克战役、伦敦大轰炸、诺曼底登陆？"我们这一群弟兄，因为凡是今天和我在一起流血的就是我的弟兄！"① 我们需要阿金库尔（Agincourt）战役的尖旗，圣克里斯宾（Crispin）、英格兰守护者圣乔治（St. George）等所有守护神，只要伦敦仍然灰烬未散、浓烟滚滚，只要伦敦市、东区被炸毁的建筑物的断壁残垣如烟民牙齿一般灰黑却依然屹立。[1]

故事与历史之间的互动，具体主题不同，可能性也就无穷无尽。书写《与历史对话》时，我逐渐意识到这种互动模式运作的规律，觉得如果围绕一系列议题收集案例进行分析应该会有意思。于是我开始筹备《历史与大众记忆》。就此书做的讲座中每次定有听众问，历史案例这么多，为何选择书中这些。这个问题合情合理。甫一开始我就知道会有一章讲勾践故事，《历史与大

---

① 译注：与上文"幸运的几个人"（happy few）同出自莎翁《亨利五世》剧本第 4 幕第 3 场。

众记忆》发源于此。在《与历史对话》结论部分,我以比较视
角分析了勾践故事,择取自己恰好熟悉的马萨达之战、科索沃战
役,这两个案例也能说明几百、几千年后,历史事件的记忆仍能
强力塑造人们的意识。同样,我也熟稔圣女贞德的故事,认为它
能纳入《历史与大众记忆》写作大纲之中。有次在香港吃晚饭,
我向朋友、同为历史学家的文基贤(图 10.1)讲了新书主题,
他两眼放光,说一定要加入劳伦斯·奥利弗的《亨利五世》。在那
几个月后旧景重现,在哈佛费正清中国研究中心吃午饭时,史密
斯学院中国政治教授戈迪温(Steven Goldstein)听说我要写《亨
利五世》,建议也考虑苏联导演谢尔盖·爱森斯坦(Sergei
Eisenstein)的史诗片《亚历山大·涅夫斯基》(*Alexander Nevsky*)。
决定书内容的方式稍显随意,但有时实际情况即是如此。

**图 10.1　与香港历史学家文基贤在香港大学
教职员工餐厅,2017 年 11 月。冼玉仪摄**

《历史与大众记忆》关注的塞尔维亚、巴勒斯坦/以色列、苏联、英国、中国、法国在 20 世纪都曾面临严峻危机。我聚焦的危机涉及战争或战争的威胁，为了应对危机，受到影响的国家和民众都在利用那些与现实发生之事有类似主题的古老的历史叙事，而创作出来的戏剧、诗歌、电影、戏曲往往在这些叙事的重生、复兴方面扮演重要角色，而且正如我们在 20 世纪看到的，每个案例中这些叙事对民族主义的崛起也至关重要。

古代故事与当代历史之间的共振，是具有相当大的历史意义的一个现象，但这一现象极为复杂，深刻映射个体领袖、民族整体、社会某群体在历史记忆空间中的自我定位。案例不同，定位方式也大不相同。然而贯穿其中的始终有一条主线：当代人们从甚至上至远古的故事中汲取神秘力量，来频繁重述史实依据极为薄弱的事件。关于讲故事的现象，心理学家杰罗姆·布鲁纳虽未直指历史，但他提出的问题极为关键。"为什么，"布鲁纳问道，"我们用故事作为讲述种种经历、自身生活的形式？为何不用亲友宿敌的形象、一串串日期、地点、姓名、性格品质呢？为何会有这种貌似天生对故事的痴迷？"[2]

故事的力量如此普遍却少有人知，亟须史家做更翔实的研究。[3]解答自己的发问时布鲁纳警醒道："要小心简单的答案！"[4]我希望我在《历史与大众记忆》中建构的不同文化场景、历史局势下故事与历史的多重关联，可以在一定程度上阐明他提出的这个问题。

211

212

第十章 故事的力量：《历史与大众记忆》

　　老故事跟当下历史总是无法完全匹配，因此常被进行一定的修改使之更为契合。此时大众记忆发挥了重要作用。大众记忆即人们一般认为过去发生的事情，与严肃史家皓首穷经依据现存文献判定的史实往往相去甚远。记忆与历史之间的这个区别对历史学家来说极为关键，但在普通民众的头脑中常是模糊不清的。一般人情感上会更受符合自身先入为主观念的历史吸引，对这种过去更感舒适、有共鸣，而非某种客观"真相"。由于史料匮乏或现存史料不可信，甚至职业历史学家也没有绝对把握确定历史事实，记忆与历史的边界因此更加模糊。我在《历史与大众记忆》中探讨的案例即为如此。但我再三强调，即使过去的事实能最低程度确定——如1431年，圣女贞德的确被处以火刑；公元73年，在朱迪亚沙漠（Judean Desert）东部边缘，马萨达眺望死海的山顶堡垒，的确有一小群犹太战士正面遭遇罗马大军；1242年，史载名为亚历山大·涅夫斯基（1220—1263）的年轻基辅罗斯（历史上俄国前身）王子率领俄国西北部重要贸易城市诺夫哥罗德（Novgorod）居民，大败前来进犯的德意志骑士——历史学家的真相往往在力量上也无法与一个对的故事抗衡，尽管（有人会说）对的故事一直以来都被神话或政治的操控严重扭曲。《历史与大众记忆》的主要目标就是更深层次理解为何讲对的故事有如此大的魔力。

　　但我认为此书还有更大的意义。作为一个毕生研究中国的历史学家，我的工作是围绕一个国家、一种文化展开的。《历史与大众记忆》不同。虽然有一章来源于中国历史，但只是一个案

例，与讲其他国家的章节旗鼓相当。此书关注的焦点不是某个特

213 定的国家或文化，而是一种超越文化的现象——故事在大众记忆中的作用——这种现象很可能是普遍的，即使不普遍存在，也在世界众多地域广泛存在，无论这些地方的居民在语言、宗教、社会、文化等方面有何差异。简言之，我认为我们面对的是另一种世界史，它并非传统的基于交汇、比较、影响的历史方法，而是着眼于另一类反复出现的规律，如同有血脉关系一般，虽独自生长，却很可能植根于一些人类的特性，归根结底，是人类自身经历中讲故事的共通性，超越了文化和地域的特性。

故事与历史：契合与改编

我在《历史与大众记忆》一书中探讨的故事改编现象，每个案例细节各异。本书上一章已讲述勾践故事（第三章也有分析《历史与大众记忆》），我再举几个例子。塞尔维亚人普遍视 1389 年科索沃之战为塞族历史上的关键事件，并最终成为塞族民族意识的基石。[5] 科索沃之战发生在黑鸟坪（塞尔维亚语 **Kosovo Polje** 的直译名），距今天科索沃首府普里什蒂纳（Pristina）几公里，战斗双方分别为拉扎尔（Lazar）王子率领的塞族人和奥斯曼帝国苏丹穆拉德一世（Murad Ⅰ）率领的侵略军。关于此战的神话传说与历史事实之间出入甚大。就早期塞尔维亚国家命运而言，科索沃之战在军事上的影响远不及更

早的 1371 年马里查（Maritsa）河谷之战，此役发生在现在的保加利亚境内，奥斯曼帝国大胜；抑或是科索沃之战 70 年后，即 1459 年塞族最终臣服于奥斯曼土耳其人的事件。虽然塞族记忆中科索沃之战伤亡惨重，但由于双方领袖及大部分作战军民均战死沙场，这场战役的军事后果远无定论。战役结束后，围绕科索沃之战的神话、传奇很快诞生，多采用史诗、民谣的形式，并被塞尔维亚东正教赋予强烈基督教色彩（其中最明显的是拉扎尔王子被塑造为基督般的人物，称其宁愿舍弃现实世界而选择天国，宁愿英勇战死也不愿苟且偷生）。科索沃战役神话的核心主题是忠诚与背叛的对立，最具代表性的是米洛斯·奥比利奇（Miloš Obili）和武克·布朗克维奇（Vuk Brankovi）两个人物。这种对立映射的是历史现实：1371 年惨败后，许多塞族战士转投奥斯曼一方，很可能与传说截然相反的是，他们其实在科索沃之战中与奥斯曼土耳其人并肩作战。神话颠覆的还有，当代学者质疑，塞族大众记忆中邪恶的化身布朗克维奇，历史上是否真的在战场上背叛了塞族一方，而体现塞族忠义形象的奥比利奇是否真实存在。

奥斯曼帝国统治（1455—1912 年）的 450 多年间，科索沃历经许多重大转变。一是当地塞族逐渐成为少数，阿尔巴尼亚人成为主体。起初科索沃塞族占绝大多数，但到了 19 世纪末，科索沃略多于 70% 的人口是阿尔巴尼亚人。二是越来越多人成为穆斯林，主要是本为天主教教徒的阿尔巴尼亚人后来皈依了伊斯兰教。奥斯曼帝国治下的科索沃的民族、宗教变化，大体与犹太人和巴勒斯坦情况类似，然而这些转变依然无法动摇大多数塞族人长久持有的信仰——科索沃乃"圣地"。

及至 19 世纪，塞族民族主义情绪初现，已然十分偏离如今史实定论的科索沃之战传奇，仍持之以恒地发挥作用。然而神话角色继续演变，塞族两位著名文学家武克·卡拉季奇（Vuk Karadžć，1787—1864）和彼得罗维奇·涅戈什（Petar Petrović Njegoš，1813—1851，见图 10.2）根据新一股民族主义浪潮改编了这则传奇故事。卡拉季奇出版了编纂的塞族史诗歌谣，将拉扎尔王子、科索沃之战的口头故事整理为连贯文字叙事，为塞族民族意识形态提供神话基础。19 世纪中期涅戈什统治黑山塞族地区期间，通过极具影响力的诗剧《山地花环》（*Gorski vijenac*）为塞族民族主义引入充满暴力不妥协的修辞话语，这部诗剧与黑山穆斯林较为和平的史实相较，不仅偏离程度令人瞠目结舌，还吸纳了基督教中没有比报复敌人更为神圣的观念。

著名塞族文学学者瓦沙·米哈伊洛维奇（Vasa Mihailovich）认为，塞族面临任何历史节点时都不可避免地会转向科索沃之战故事，将其作为力量与灵感的来源。因此第一次世界大战结束后，奥斯曼帝国解体，所有塞族疆土（包括科索沃）脱离土耳其人统治，一段时间内塞族文学中以科索沃之战为主题的著作急遽减少，这点十分关键。但另一方面，一旦塞族再次感到本民族

ПЕТАР ПЕТРОВИЋ ЊЕГОШ
(1813—1851)

图 10.2　彼得罗维奇·涅戈什（1813—1851）的素描画像，画家身份不详

来源：P. P. Njegoš, *The Mountain Wreath*, trans. and ed. Vasa D. Mihailovich (Irvine, CA: Schlacks, 1986)。经此书译者、编者瓦沙·米哈伊洛维奇准许使用。

受辱、受害、受压迫，科索沃之战的传统、故事的吸引力马上回潮。20 世纪后半叶正是如此，科索沃之战再次成为塞族文化、政治意识中的主流话题。

　　精神病学家沃米克·沃尔肯（Vamik Volkan）认为科索沃之战代表"选择性创伤"（chosen trauma），这一洞见尤具启迪意义，他也以此分析了其他许多著名战役。[6]选择性创伤指"群体对祖先被敌人迫害造成的集体创伤形成共同心智表征（mental representation），以及与此心智表征相关的英雄或受难者形象及英雄加受难者形象。当然"，沃尔肯阐发道，"群体不是主动受害的，而是'选择'将事件心智表征变为神话、心理感受"。因此，"对塞族子孙来说，（科索沃之战的）'史实'如何不重要，重要的是……这场战役作为选择性创伤，其心智表征的演变"。[7]

　　第二次世界大战中，法国对圣女贞德故事的改编也可以说明按照当下历史局势改编古代故事的过程。[8]该案例在一定程度上比科索沃之战更为复杂，因为战时两位法国政治元帅夏尔·戴高乐（Charles de Gaulle）和菲利普·贝当（Philippe Pétain）虽然势同水火，却均强烈认同圣女贞德。

217　　　圣女贞德（图10.3）是法国爱国英雄，后来被天主教封圣，她的故事在全世界广为流传。1412年，贞德出生在法国东北部村庄栋雷米（Domremy）一个农户家庭，当时正值英法百年战争，法国北方大部分地区被英国占领。1425年，少女贞德第一次听到上帝的声音，指示她前往法兰西腹地。1429年多次听到上帝声音后，贞德与六位随从离家前往西部城市希农（Chinon）——法国王太子查理城堡所在地。短暂戎马生涯中，贞德有时称其使命为把英国人赶出法兰西，不过在到达希农后，她宣称自己有两个具体目标：解围几月前遭英军围困的奥尔良；护送"海豚"王太子（法国王位继承人称号为"海豚"，

图 10.3　全身铠甲、高骑骏马的圣女贞德，莱昂纳尔·
戈尔捷（Léonard Gaultier）所作雕版画，1612 年

来源：Jean Hordal, *The History of the Most Noble Heroine Joan of Arc,
Virgin of Lorrain, Maid of Orléans* (in Latin) (Ponti-Mussi, France: Apud M.
Bernardum, 1612), reprintecl in Joseph Édouard Choussy, *Vie de Jeanne Darc*
(Moulins, France: Imprimerie Bourbonnaise, 1900)。

le Dauphin）前往东北部的兰斯（Rheims）受膏、加冕。她不辱使命，多次战胜英军。最终贞德被英军同盟、法国勃艮第人（Burgundians）俘虏，以几项罪名受审，审判由英国人操纵，因此贞德被判处死刑，烧死在火刑柱上。25 年后，查理王太子成为法王查理七世，将英国人赶出法兰西，结束了百年战争。

　　在戴高乐这样的领袖的掌控中，贞德故事的意义相当明确：15 世纪，圣女贞德将短暂一生奉献给终结法国遭外国占领的事业，二战期间，戴高乐亦领导了法国抵抗德国占领的运动。贝当也认同贞德故事的核心主题，但他的认同更关注字面意思：作为维希政府的元首，他是德国占领者的同盟者，针对的是英国人，因贞德仇恨的对象也是英国人，所以贝当向德国人求和是拯救了濒临灭亡的法兰西，他可以把自己塑造为 20 世纪 40 年代法国的贞德救世主。贝当的认同我们今天看来可能有些牵强，但在 1940 年春德国闪击法国，在这场突如其来的灾难之后，许多法国人十分理解贝当的想法。维希政府还在其他方面，根据当时法西斯价值观横行的环境把贞德重新包装成女性传统家庭美德的榜样，赞赏贞德的缝纫技术而非军事才能，鼓励法国年轻人学习贞德，对此 20 世纪贞德的同胞一定无动于衷。然而，虽然维希政府把圣女贞德故事与政府价值观、目的扯上关系未免太过牵强，但贝当政府给此等附会赋予价值这一事实十分重要，说明当时许多法国人一致认为在国家面临严峻考验之际，都希望有贞德支持、傍身，无论领袖说贞德代表什么。

219

危机时刻故事的作用

在我的讨论中，故事的力量虽与历史有特殊联系，但几乎普遍存在于所有人类活动之中。的确，《历史与大众记忆》中我的论点是使用、创作、讲述、铭记故事是人类的本性之一。由此生发的下一个论断是，杰罗姆·布鲁纳关于人类"貌似天生对故事痴迷"的问题可以有如下解释。我们依赖故事，如同双腿直立行走、拇指可与其他四指相对、觉得宝宝可爱一样，[9]是生物进化直接造成的，如果没有用叙事组织几乎所有思考、做梦、欲望、行为、经历的能力，我们就无法运转——或者至少无法以今天所知的方式运转。简而言之，大脑把生活中发生的一切架构为叙事的能力，能使极为混沌不明的生活变得明晰，包括帮助我们理解因果。在遥远过去的某个节点，这种能力给予人类无法比拟的生存优势，使人类战胜没有这种能力或叙事能力较差的物种。[10]

故事随处可见，用一位知名学者的话说，"在各种文化中都有相同的基本形式"[11]，这不是说所有故事都一样，或是在所有人身上、社会中都发挥同等作用。《历史与大众记忆》一书虽然有些案例分析个体，有些分析重要战役，有些二者兼有，但都有一套具体的相同点。几个世纪以来，这些故事虽然都经过大幅改编、神化、歪曲、误解，但没有一个故事是完全虚构的，都存在于史实中，可被称为"历史"故事。虽然口头传播对一些故事 220

维持生命力发挥重要作用，但最终这些故事都以书面形式被记载，数百年间广为流传，所在国度人人皆知。所有故事，部分除去马萨达之战，[12]人物角色都有名有姓，而且故事往往包含认知模型，人们——无论个体还是集体——可以马上感同身受，以此衡量自己的想法、行为。最后需要注意的是，在面临20世纪社会危机（主要是战争或战争威胁）时，我书中的每一个故事都被复活、为大众所知，迟早会得到政权的强力支持。

《历史与大众记忆》中讲述的故事的力量大多源自它们作为隐喻的能力，能象征当下、刚刚过去或迫在眉睫的局势，与当下人们对话、产生共鸣。故事与历史局势之间的平行象征关系，是每个故事具有普遍吸引力的根本原因。这种情况下，对的故事清晰、有力、不断点明某个或多个主题，迫使人们拨开混沌的日常生活，认清某个历史时刻对自己最重要的事情。这些故事绝非个人故事。本质上，它们都是集体叙事，由群体成员共有，而且几乎都是他们从小就熟知的。

以色列哲学家阿维夏伊·玛格丽特（Avishai Margalit）在探讨他提出的概念"记忆群体"（community of memory）时强调："人类的集体生活……以概括共同记忆的象征为基础。"[13]这些共同记忆——法国思想家厄内斯特·勒南（Ernest Renan）提醒道，并非过去本身，而是我们互相讲述的关于过去的故事——黏合了当下的国家共同体，成为共同体共有的"丰富记忆遗产"的一部分。[14]也就是说，我探讨的这些故事的力量虽然在很大程度上发轫于对当下局势的象征力，但也源自这些故事是共有（或大众）记忆储备的重要组成部分这一事实，这共有的记忆储备也可以称为民间知识的形式之一，有助于形成集体，使集体成员得以自认为归属该群体，采取群体行为。关于"共有故事"（common stories）与共有故事流传的人类团体、群体之间的关系，布鲁纳也有类似洞见。他说：分享这些故事，"形成诠释群体"对"促进文化凝聚"至关重要。[15]美国学者乔纳森·哥德夏（Jonathan Gottschall）一语中的："故事是人类生活的胶水——定义、凝聚群体。"[16]这些学者的论点似乎一致说明，故事、记忆等象征性分享形式是打开文化客观存在和个体主观文化归属感的关键钥匙。

221

客观地说，正如研究中国的历史学家伊懋可所言，"共有的故事……决定空间"，即特定人类团体运作的空间，也是这一团体"脑海中的实体图景"。[17]主观地说，共有故事、记忆正是本尼迪克特·安德森所描述的想象的共同体（imagined communities）形成的材料。安德森提出的想象的共同体概念虽适用于多个领域，如宗教、文化等，但他主要以此描述国家这种特定的政治共同体。安德森说，国家是"想象出来的"，"因为即使最小国家的成员，也不可能认识大多数同胞，与他们相遇，甚至听说过这些同胞。然而团体的意象却存在于每一位心中"。国家是想象的"共同体"，因为即使内部千差万别，国家"在人们心中，总是代表深刻、平等的同志之情（horizontal comradeship）"。[18]我想就此补充的是，在如此共同体成员中流传的故事，总成为讨论当下人们所关心问题的特殊文化语言，在危机时刻，个体因正在发生、即将发生的事情担忧、恐惧时，这些故事说明共同体的其他成员也在经历如此的忧惧，从而使他们安心。

除了安德森提到的平等的同志之情，传播并在某种程度上定义国家共同体的故事还具有垂直维度。这层维度在共同体成员与共有或部分共有的过去之间建立联系，教育成员从哪里来、到哪里去，从而使成员身份感形象化。

行文至此，我们应该已经清楚，为什么在共同体生死存亡之际，国家共同体成员本能地转向一些故事。故事是个体处理经历、理解世界过程的根本组成部分，因此个体故事虽是许多作家在叙述上的主要关注点，但在危难之秋无法发挥作用。与之相比，集体故事——在共同体内部家喻户晓，作为共同体遗产之一——大有作为。然而不是任何古老的集体故事都可以，需要的是在内容、结构上与共同体当下身陷的困境紧密相关的故事。玛格丽特提出如下问题时，言下之意即如此：

> 为什么操纵高手斯大林在与纳粹侵略军生死相持不下时，选择的国家记忆不是自己意识形态上代表的工人阶级，而是沙皇俄国的伟大爱国者？斯大林没有提及卡尔·马克思的记忆，而是选择13世纪打败德意志条顿骑士团的亚历山大·涅夫斯基；不是弗里德里希·恩格斯，而是16世纪在

喀山（俄罗斯联邦鞑靼自治共和国首府、最大城市）大胜
鞑靼人的伊凡雷帝（沙皇伊凡四世）。[19]

我前文已经说到，共同体成员不仅深受象征意义与当下危机
类似的集体叙事吸引，还都喜爱能指明危机出路，给予所亟须的
希望、鼓舞的故事。很能说明这点的是《历史与大众记忆》最
后一章探讨的两部电影——爱森斯坦的《亚历山大·涅夫斯基》
和奥利弗的《亨利五世》，这两部电影的主人公最后都背水一
战，战胜强大对手。

大众记忆与批判历史：结语

在《历史与大众记忆》一书结尾，我转向批判历史与大众
记忆对立这一关键问题。[20]法国历史学家罗杰·夏蒂埃（Roger
Chartier）评论道，历史虽然是"众多叙事形式的一种……但依
然独一无二，这是因为历史与真相之间保持着特殊关系。更准确
地说，构建历史叙事旨在重构过去的真相"。[21]写历史从来不易。 223
但另一位知名历史学家格奥尔格·伊格尔斯（Georg Iggers）论
道："一种是一些后现代理论完全否认历史叙述中包含任何真实
成分，而另一种历史研究则完全清醒地认识到历史知识的复杂
性，但仍然认为真实的人们有真实的思想和感情，这些思想和感
情导致了真实的行为，而这些真实的行为在一定的范围内可以被

知晓、重构。"[22] 我在《历史与大众记忆》中（以科索沃之战、圣女贞德神话为例）亦说明了这一观点，历史的目标有时与其他目标伴生，受其影响甚至遭完全取代，但历史众多目标的共性是组织过去，服务当下的追求、事业。探寻真相可能是过程的一部分，也可能不是。但无论如何，描绘过去真实的图景不是主要目标，最关键的是诠释、塑造过去，使当下——希望看到的当下——至少以可信的方式看似直接发源于过去；换句话说，历史是建构一种叙事，虽然明言融合古今，但其实反其道而行之，是在重新定义过去，适应希望看到的现在。

虽然对马萨达之战、科索沃战役（更不用说维希政府对圣女贞德故事）的重写程度尤其令人咋舌，但事实上，《历史与大众记忆》里所有故事以及其他许许多多"历史"故事，也历经了类似的重写过程。即使肯定有人怀疑过这些故事在历史上曾遭改编，大多数人也觉得这不重要。英国历史学家罗温索写道：

在威斯敏斯特诗人角（Poets' Corner）胡言乱语，把谎话、传说说成事实的"披基督教黑衣的乞丐"（ecclesiastical beggars）可能会使爱尔兰作家奥利弗·哥德史密斯（Oliver Goldsmith）大为震惊，但大多数游客并不追求客观准确，也不介意谎话连篇。类似的还有美国小说家华盛顿·欧文（Washington Irving）。1815 年游览斯特拉德福小镇（莎士比亚出生地）时，欧文也不吝把玩莎翁的假遗迹，这种游客

"总是愿意听悦耳又不用花钱的假话。……只要我们自己愿意相信，这些故事是真是假又有什么区别？"[23]

人们为什么对真相如此漠不关心？我前文已经暗示，这里扩展开来。[24]另一位英国历史学家 J. H. 普勒姆（J. H. Plumb）在其 1969 年的著作《过去之死》（*The Death of the Past*）中认为，"过去"——普勒姆所言的过去，我称之为大众的、民间的或集体的记忆——绝不能与批判性的历史相混淆。他写道："真正的历史"根基是"摧枯拉朽的"，它的作用是"清洗人类故事，洗掉有意建构的过去中满是谎言的看法"。法国历史学家皮埃尔·诺拉（Pierre Nora）在享誉盛名的七卷本大作《记忆之场》（*Les lieux de mémoire*，1984—1992 年出版）中阐述了相当接近的观点，他写道："历史眼中，记忆永远是嫌疑犯。历史的真实使命是摧毁记忆、压抑记忆。"然而诺拉认为历史这样的使命远非益事，于是他与合作者协力以最大程度重构激起法国集体记忆的场景。罗温索虽然在其 1996 年的著作《着迷过去》（*Possessed by the Past*）中用"遗产"形容集体记忆，但他完全赞同诺拉的观点，断言"就认识、行为而言，遗产与历史同样重要"。罗温索认为"透过遗产，我们可以告诉自己现处何方，从何而来，归属何处"。美国小说家乔纳森·萨福兰·弗尔（Jonathan Safran Foer）与 6 岁儿子的故事，动人地演绎了罗温索在遗产与身份之间建立的联系。弗尔常给儿子读儿

224

童版的《旧约》故事，儿子听了无数遍摩西之死后——"他远望着应许之地，便咽下了最后一口气，永远无缘进入应许之地"——问父亲是不是真的有摩西这个人。"我不知道，"弗尔说，"但他是我们的亲戚。"[25]

在 1998 年一场关于大西洋奴隶贸易的学术会议上，美国历史学家伯纳德·贝林（Bernard Bailyn）也雄辩地分析了历史与记忆之间的棘手关系。当时的一些学术发言淡漠冰冷、满是资料，在座许多黑人及其他学者极为不满，会议几近解散。贝林直接描绘批判性的、细致严谨的历史研究与记忆之间的对比关系：研究有脑无心，与旨在重构的过去保持一定距离，而记忆与过去则是紧密拥抱的关系。他声称，记忆"不是对经历的明辨、审慎地重构，而是过去的自发、公认的经历。记忆是绝对的，不是探索，不用保持距离，是以符号、信号、象征、意象以及易于记忆的各种线索为表达形式。无论我们是否知晓，记忆都在塑造我们的意识，记忆最终属于情感，不属于智识"。

这些历史学家虽然都强调批判性的历史与大众记忆的对立——我在《历史与大众记忆》中也一再凸显此点——但这一对立不是全部。事实上，我分析的学术历史与"历史"故事之间多有重合，这正是许多人心中将二者混淆的主要原因。我不断地提出，大众记忆往往包含真实的历史成分：1389 年在科索沃，塞族与土耳其人一战确有其事；公元 70 年，罗马大军围攻耶路撒冷，焚毁犹太人第二圣殿确有其事；1431 年，曾与法国北部英国占领军英勇作战的法国少女贞德被烧死在火刑柱上确有其事；确有勾践其人在东周末年统治越国，最终战胜敌国；如此不一而足。那么，没有经过史学训练的人，甚至恰好不谙故事背后这段历史的史家，如何得知讲述此等人物、事件的故事，哪里是真，哪里是奇思妙想之士的创造？当我们在观看电影、电视剧、舞台剧中改编过的历史故事，或读到以真实的历史人物、事件为核心而写的历史小说时，也会不断面临这个问题。

我最近读到两本好书，即斯坦福大学心理分析学家、作家欧文·亚隆（Irvin D. Yalom）的历史小说《斯宾诺莎问题》（*The Spinoza Problem：A Novel*，2012）和《当尼采哭泣》（*When Nietzsche Wept：A Novel of Obsession*，1992）。有别于许多写历史小说的作家，亚隆在他的每部小说最后都加入注释，告诉读者哪些章节、人物是虚构的。注释有用，但也有欺骗性，当史实发生的环境被小说化，结果就是真实的部分也不可避免地被小说化。[26]

事实和虚构往往难以被明确区分只是问题的一面。另一面是严肃的历史学家虽然努力重构史实，但永远无法百分之百成功。在史料不完整、不可信的情况下（基本所有情况都如此），我们习惯推理，而有些推理结果后来被证明是错误的。除此之外，历史学家永远无法全然脱离自己生活的社会的集体记忆，即使努力辨明、证伪历史知识中的神话部分，也一定会在叙述中引入新的

226

神话，虽然我们不认为它们是神话，但它们反映当下生活的人们脑海中恰好占据重要地位的价值观、思维方式。我们说历史永远是当代史，确实部分就指这些。社会学家巴里·施瓦兹（Barry Schwartz）认为，铭记亚伯拉罕·林肯（应该还有其他重要的历史人物）一定是"一个构建过程，而不是提取过程"，在一定的限制条件下，美国每一代人都有自己的林肯，与上一代的林肯或多或少有所不同。[27] 屡获大奖的纪录片导演肯·伯恩斯（Ken Burns）写道：美国人总会时不时反思内战的意义，从关注英雄到转向复杂宏大的事件。[28]

批判性的历史和大众记忆之间的复杂关系，说明贝林在大西洋奴隶贸易会议上的发言可能需要微调重点。当时他发言时——此话题本身就十分敏感——对批判性的历史、大众记忆做斩钉截铁的区分，一定有其正当的、合适的原因。当然好的历史写作一定要注意史实与当下的距离——本书序言已援引罗温索另一本书中的名言"过往即他乡"——但说历史写作永远有脑无心有失公允。贝林自己似乎亦作如是观，他说："也许历史与记忆……可以互相滋养。"[29] 我想以更强烈的措辞，质疑二者的互动是否自然而然。普勒姆认为法国史学大师马克·布洛赫（Marc Bloch）"拥有抽离于过去任何先入为主观念的力量，能冷静对待所研究的历史问题。然而冷静如斯，他的想象力、创造力、人文精神充盈治学之间"。[30] 我认为优秀的历史学家应该主动追求这种充盈。但若觉得充盈本身能给予我们百分之百真实的过去，则是痴人说

梦。重构过去时无论怎样孜孜不倦——这种努力我自然双手赞   227
成——我们提出的研究、写作问题都一定会受现在生活时代的价
值观、理论、忧患、缺点、喜爱的神话左右。因此我们历史学家
的成果，或多或少都会代表真实的过去与我们希冀阐明、理解的
过去之间的对立。

第十一章
当时与现在：两重历史

228 　　在这本回忆录中，我多次提及"历史"一词的双重含义。历史是当时发生的事、过去的事，但历史也代表历史学家现在如何看待过去，如何理解、书写历史。这本回忆录里，我恰好在两个阶段——"当时"和"现在"——都是主角，所以本书的书名《走过两遍的路：我研究中国历史的旅程》，恰到好处。

　　这本回忆录的主要目的是追溯我六十年的学术生涯。最新一本书《历史与大众记忆：故事在危机时刻的力量》2014 年出版时，我已年近八十。此时撰写这本回忆录，距离我从任教 35 年之久的卫斯理学院退休（2000 年）已有大约 20 个年头。显然，研究中国悠悠数十载间，人生发生了重大变化：我老了，也不再教学。

　　近些年我明白了一个道理：不同人对老去与退休看法不同。许多年前，一位同事告诉我，退休后他打算每天出海航行；而另外一位说他期望的退休生活是每天开开心心，从早到晚打高尔夫球。我从卫斯理退休后，有快到退休年龄的同事几次问我有什么建议（这里要说明，美国教授并没有退休年龄的规定）。我总是回答说要考虑几个因素：积蓄是否充足，健康状况如何，退休后做何打算，等等。应对这些问题我不用绞尽脑汁，因为我生活优渥，身体极佳，热爱研究、写作，退休后有更多时间从事这些活动。

这里我必须分享我给老友、费正清中心同事傅高义写的一段话，当时是 2000 年，他也离任哈佛教职，与我同年退休。我写道：自己退休前几个月总有学术圈外的亲友问我"结束之后你准备做什么呀？"，而且询问的频率愈来愈高。尽管这个问题是出于好意，但第一次听到时我却震惊不已，因为从来没有想过教学生涯停止我就"结束"了。我说他也一定会被问到这个问题。[1]我离开教学职位后，反而出版了三部新书，发表了近 30 篇论文，有几篇大大偏离了向来研究的主题。[2]我依然积极参与哈佛费正清中国研究中心的事务，1965 年起于此任职；也继续每年在香港大学香港人文社会研究所待三个月。而且一如既往，我依然应美国全国各地的同事、年轻学者之邀审读他们的文稿。所以的确，退休后我的职业生涯大体有变，但也多有不变。

在本书第一章开头，我讲到为什么有写一本回忆录的想法，意在"回望我走过的路：事业在何处开启？一些节点我的观点如何转变，为何转变？现在如何思考？"我不想按照亚里士多德的叙事三结构，讲一个包括开头、中间、结尾的具有缜密结构的故事，而是尽可能重构我作为中国历史学家的学术历程。显而易见，这一过程中我的角色在某个时间点必然终止，或是我去世，或是抛弃中国历史研究，转而务农、跑马拉松。但更宽广的历程——理解、阐释中国历史的事业——我生前存在，身后依然存在。我在这一历程中的参与，才是这本回忆录的主题。

230

书写回忆录还有一个原因，它不仅是我人生正当其时要做的事情，也是一个有意思的学习机会。虽然着手准备时我对此一无所知，但下笔过程中我逐渐领会到两种截然不同的意识（本书序言已经讲到），开始思索之前从未深究的事情。

这方面最明显的例子是如何讲述我职业生涯的故事。我现在知晓自己的史家生涯的许多经历，但在一开始时我并不了解。比如写第一本书《中国与基督教》时，我不知道下一本书会为王韬做思想史传。后续每本皆如此。的确，读者可能记得每次我都是立意写一本书（讲国耻），结果却写了另一本书（讲越王勾践故事对 20 世纪中国的影响），导致全书的具体内容、最终核心主题来了个大转向，尤其是最重要的主题成为故事与历史的关系。

另一个说明我写作经历变幻的例子是《在中国发现历史》。完稿后我天真地以为，有之前在哈佛大学出版社的经历，这部书稿自然会被哈佛接受。结果不仅远非如此，还惨遭其他三家出版社拒绝或冷眼相对，最后哥大接手。这期间我经历的挣扎，已在本书第四章详述，这在写作本回忆录前从未公之于众。

回忆录作为历史的形式之一，往往带来当时或隐而不发，或未曾存在的视角。能说明这点的是，发生在我职业生涯初期的社会普遍现实，与之后撰写回忆录以新视角看待这些现实引发的感受之间的转变。这里有意思的是，以现在的意识回望多年前社会规范大不相同时的情况，产生了新的启发。这点本书有两个事例， 每一个代表着不同社会规范的制约。序言讲到了第一个，起初是父权制度影响了我的父亲和我的祖父的关系，后来以截然相反的形式，影响了我与我父亲的关系，而且在做人生大事的决定时，代际关系出现父亲控制越来越少、儿女有越来越多的自由的趋势。

　　欣喜的是，我与子女的关系延续了这种自由的模式。我的儿女乔安娜、纳撒尼尔、莉萨、艾米丽（图11.1），他们每一个都无拘无束，不受父母制约。乔安娜曾在麻省几所高中担任英语老师，最近在罗得岛州首府普罗维登斯（Providence）约翰逊与威尔士大学（Johnson & Wales University）教以英语为第二语言的学生，班里全是中国学生是常事。一家人在一起时，大家都用中文的"弟弟"称呼纳撒尼尔，因为他从出生到六个月都在台北长大。纳撒尼尔是一位艺术家、手工艺人，擅长雕塑、木刻、绘画、设计，在几家学校教美术，包括位于麻省阿默斯特的汉普郡学院（Hampshire College）。莉萨，我在第九章已经讲到，是一位职业摄影师，既做商业摄影，也涉足艺术摄影。艾米丽是我第二段婚姻留下的唯一的孩子，她开办了一家运转五年的有机药草产品公司（Revival Herbs，重生药草），后来重回学校接受针刺疗法及中药知识的培训，不仅自2005年以来在麻省北安普敦（Northampton）市开办针灸、中药诊所，也对自耕农场越来越感兴趣。还要提到，艾米丽的孩子和她的两位继女都在上麻省西部一所中文特许学校。

**图 11.1　在纽约市与我的四个子女参加庆祝
我姐姐芭芭拉九十大寿聚会，2017 年 9 月**

左起：纳撒尼尔、我、莉萨、乔安娜、艾米丽。彼得·布莱克（Peter Black）摄。

　　另一个例子是两性中的男性特权问题。第一章已经指出，20世纪 60 年代初男性享受特权的观念根深蒂固，但在 60 年代那十年这一观念遭到巨大挑战，两性关系更加平等，当然也不是所有方面都如此，但确实在职业选择方面更加平等。1968 年离婚后不久，我与简·马斯洛（Jane Maslow）结婚。她比我小 11 岁，本科毕业后马上就读了法学院，成为律师。现在我清楚认识到自己在性别议题上的观点在 20 世纪 60 年代经历了重要转变，60

233

年代末，我的妻子是在职律师再正常不过；如今二十多年间，我的伴侣是一位家不在波士顿而在香港的女士，这也再正常不过，而且她和我一样，都是职业的研究中国的历史学家。

局内人与局外人

我现在谈谈我的职业生涯，谈谈自己作为中国历史学家的志趣。正如我筹备在劳特里奇出版《了解中国历史的挑战》时所指出的（见本书第八章），我的研究中有一些主题贯穿始终（不同时期可能形式不一），也有一些主题是在后来某些时间点涌现的，一开始并未存在。第一类主题的绝佳案例是局内人与局外人的对立，在我职业生涯的大部分时期这是我矢志不渝的关注点。正如我在《了解中国历史的挑战》的序言中所言："我始终有志于深入中国，像中国人自己亲历历史一样，最大限度地重构中国历史，而不是关心西方人认为的富有价值、自然而然，或符合常规的事物。"这种志向是有来龙去脉的。我希望摆脱过去"欧洲中心观"和"西方中心观"等受先入为主观念误导的中国历史学说。上述两种取向代表"局外视角"，而我首肯的是"局内视角"，即最终我所称的"中国中心观"。

我要重申，中国中心观虽是我取的名字，但不是我发明的。1970 年前后乃至 1970 年前，中国中心观已经开始在美国史学界站稳脚跟，其最重要的表现形式之一是直接或间接否认过去的研究范式，西方的中国历史研究发轫于这些传统范式，以西方为准绳决定哪些故事有价值。而中国中心观则以讲述中国的故事线取而代之：中国的故事并没有在 1800 年或 1840 年陷入停顿，遭到西方阻拦、取代，而是在 19 世纪、20 世纪都一直占据核心地位。

234

这种重构对 19 世纪中国的认知，在几个领域都有新发现。最鲜明的例子是改革，许多西方学者因此认为 19 世纪的改革衍生于长期内生的改革主义传统，这种传统的根源、风格以及大部分实质内容鲜有仿效西方，甚至与西方完全无关。大多数人同意西方固然重要，也渐进深刻塑造了中国改革的思想、活动，但均强烈反对改革西方发源说、效仿西方说这种肤浅的观点，一致认同需要以中国视角重新定义整个改革现象。[3]

如今对中国整个 19 世纪史的理解亦有转变。早期学者普遍认为中国近代史和古代史的分界线是鸦片战争，1970 年后越来越多的人达成共识，19 世纪中国史更关键的分水岭是太平天国运动及随后爆发的多场起义，这些叛乱和起义给清帝国人口造成了无法比拟的损失。[4]

将目光聚焦于太平天国运动，我们不仅需要关注早期美国史家视野中的盲点，也要强调时代划分带来的问题。[5]我们当然可以找到 19 世纪太平天国运动的前因，但如果深究最终导致这场运动的因素，必定会被 18 世纪，尤其是当时实属空前、大体内生的变化所吸引。孔飞力梳理的因素（其中最迫在眉睫的是人口膨胀、人地矛盾加剧）在中国社会产生了不断增长的压力，这些压力的苗头在 18 世纪晚期已经出现。及至 18 世纪末，西方扩张尤其是鸦片贸易的外缘影响加剧了社会经济危机，加之朝代衰落的标志性因素（官僚腐败、地方叛乱），导致鸦片战争爆发前几十年的 19 世纪初清朝已不复康乾盛世（康熙 1661—1722 年在位，雍正 1722—1735 年在位，乾隆 1736—1795 年在位初期）的景象。[6]

235

　　本书第六章结尾提到的"历史学家的局外人身份"也间接说明了局内人、局外人的对立。从一个视角观之，历史学家的局外人身份——如男性历史学家重构女性经历，抑或白人历史学家探寻黑人历史——可能导致史料被误解、歪曲，被解读得风马牛不相及。这样的局外人视角有明显弊病，我在早期著作中强调了这一观点。然而一些同行（包括已仙游的林同奇，[7]即《在中国发现历史》中文版译者）极为反对这一观点，他们认为在一些情况下，像研究中国的美国史家这些局外人与研究自己国家历史的中国学者这些局内人相比，确有一些优势。撰写《历史三调》的过程中，我反复斟酌了二者的区别，尤其是直接亲历历史这一典型的局内人视角，与历史学家作为不可避免的局外人重构历史之间的差异。我渐渐接受了这一批评，承认虽然历史学家的局外人身份可能有缺陷，但我们与亲历者的最大差别正是这个身份，使我们作为历史学家能以亲历者完全无法触及的角度，理解历史，书写历史的意义。

　　关于局内人与局外人的对立，还有一个特别的例子：越王勾践故事在 20 世纪中国。"勾践的故事，"我在本书第九章写道，

"中国小学生耳熟能详，不亚于美国小朋友熟悉《圣经》里的亚当和夏娃、大卫和歌利亚。"然而美国文化圈的人几乎完全不谙勾践，至少在《与历史对话》出版前，连一些认真研究中国近世史的学者也知之甚少。

在《与历史对话》中，我提出越王勾践这样的故事是"局内文化知识"："这种知识不是中国人（局内人）有意不让中国之外的人（局外人）看到，而是由于习得方式往往被隐藏起来，因为这些知识一般是在家、幼儿园大量讲故事时学习到的，或从电台播放的通俗戏曲中听到，所以不在中国文化圈长大的人，通常不会接触到这些。"[8]

局内文化知识的概念绝不仅适用于中国。它在所有文化中都存在，一个文化演化的不同时期也存在。可以说明后一点的是，英国历史学家玛丽娜·华纳（Marina Warner）观察到，圣女贞德"利用……与自己内心声音有大致共鸣的隐喻"，她选择的三个意象——大天使米迦勒（Michael the Archangel）、亚历山大的圣女加大肋纳（St. Catherine of Alexandria）、安条克的圣玛格丽特（St. Margaret of Antioch）——在"同时代的法国、英格兰熟人不知，如同今天的足球明星、网球明星、歌手"。三位圣人的形象在15世纪的法国、英格兰由家庭、教堂强化，而21世纪的法国人、英国人对他们远非尽人皆知。[9]

局内文化知识的作用场景、隐藏深度往往因事而异。在中国随口一提"卧薪尝胆"这个成语，人们马上就会想到勾践故事

236

的主要情节。西方也有类似的故事。2005 年 3 月，我开车探望儿子纳撒尼尔一家后，在回波士顿的路上听《媒体时间》——一档每周评析全国媒体的电台节目。当期的嘉宾是非营利、无党派组织"公共诚信中心"（Center for Public Integrity）的创始人查尔斯·路易斯（Charles Lewis），该中心是华盛顿特区一家做新闻调查、公共政策议题的研究组织，路易斯在 1989—2004 年担任该中心的负责人。节目主持人鲍勃·加菲尔德（Bob Garfield）在节目中与路易斯探讨中心能否带来有效、建设性的变革。"我来问问你，堂吉诃德，"主持人挪揄道，语气稍显负面，"你大战过的风车①中，哪三座是你觉得公众最应该关注，结果却没有下文的？"路易斯马上明白，主持人用的是塞万提斯笔下堂吉诃德的典故，说他是不切实际的梦想家，一再试图匡扶正义，最终却一事无成。于是路易斯讲了几个最为失败的案例。几分钟后，主持人问路易斯他的报道有多少次能带来真正的变革，路易斯承认很可能不到 10%。"好吧，"主持人打断他，"我换一个典故，不说堂吉诃德了（观众大笑），我们说说西西弗斯（Sisyphus）。""对，"路易斯插口，"（笑）西西弗斯应该更准确（笑）。"打断之后，主持人接上上句，说西西弗斯"永无止境地将巨石推上山顶"，但很明显，路易斯在被打断之前就理解了这个比喻，无须主持人解释。[10]

①　"大战风车"指代堂吉诃德充满理想主义、不切实际的行为。——作者注

这场电台访谈中，"唐吉诃德""西西弗斯""大战风车"这样的比喻，虽然不像"卧薪尝胆"在中国那么妇孺皆知，但对许多西方人来说几乎无须解释。但如果对象是中国人的话，很多完全不了解堂吉诃德和西西弗斯的故事，这样的解释会至关重要。

文化规律和人类共有规律

回首自己的学术生涯，时不时在我脑海涌现的另一个写作主题是如何区分文化影响的想法和行为，和反映人类共有特质的想法和行为。最初研究王韬时，我发表过一篇文章，告诫学界不要忽视现代西方文明和中国传统文明中"不那么显眼的方面"，这些方面虽"并不完全相同"，却"相向而行，有所重叠"。我认为，两种迥异文化的交会处很有价值，原因之一是"其中反映了人们面对人类本质——因此在一定程度上超越文化——的困境做出的本能反应"。[11]

王韬也时常用自己的话发表类似洞见。19世纪60年代末，王韬游历欧洲，于1868年在牛津大学向毕业生致辞，一些毕业生请他比较孔子的"道"和基督教的"道"。他说，两种"道"均系于人。他援引前圣之言："东方有圣人焉；此心同，此理同也。西方有圣人焉；此心同，此理同也。"他归结道：孔子之道与基督教之道"其道大同"。二十年后，王韬在驳斥影响愈大的

238

西化人物秉持的"西学中源说"时，再次重申这一立场，大胆批判了那些认为历史上只有中国文化才真正重"道"的偏见。"道"属于全人类。贤明是东西方所有民族都能孕育的普遍品质。事实上，正是这种任何地方人们都自然产生的特质，才赋予了人类社会根本的统一。[12]

在试图理解王韬中西文化同系于人的思想过程中，我逐渐感受到了更普遍的议题，人类共有规律成为我的历史观日益重要的角度。可以说明此点的是我对义和团运动的理解。传统上认为，义和团和外国人在所有方面都针锋相对。19、20世纪之交的西方人将义和团运动描绘成野蛮、落后、迷信、排外力量与进步、文明、开明力量的斗争。而中国过去一百多年间对义和团的看法与此十分不同，尤其是主流学者强烈倾向于把这种冲突定义为外国帝国主义与中国抵抗帝国主义的爱国人民之间的斗争。

我认为这两种观点完全依据义和团与外国人的区别，是浅尝辄止，而浅尝辄止是因为两种观点都没能考虑双方的共通点。研读关于义和团运动的史料时，我十分惊讶于当时双方把事件宗教化的程度之高，他们用大量宗教术语来诠释此次斗争及其相关情况。我也注意到，冲突各方倾向于把自己视作超自然神明、真善之神——上帝或诸神的代表，而另外一方则是无能伪神或恶灵本身的化身。[13]

生活在19世纪末的基督徒认为上帝之手无处不在。若他希望羊群存活，则会拯救羊群于危难之间。若他希望传教士继续宣教，则会确保传教士的基本物质需求得到满足。若是——如同一位传教士写道——在 1900 年经久不散的大旱时，"他思虑周详"，"会降雨纾缓旱情"。[14]反过来也成立，基督徒面临义和团的死亡威胁，不是因为上帝在工位上睡着了，而是他准许义和团运动发生，义和团运动才发生的。

令人震撼的是，当时许多中国人，义和团也好，非义和团也罢，也把世界万事万物包括晴雨归结于上天或"诸神"。虽然中国人建构的现实与传教士建构的在具体细节上大相径庭，但在许多主题上几乎互为镜像。传教士自诩上帝的代表，有时自称"上帝的战士"[15]，往往确信自己正是听从了耶稣基督的召唤前往中国，为救赎中国而工作。1900 年在华北广为流传的顺口溜、揭帖中，义和团常用充满救世、武力字眼的词句把自己描绘成"神兵"，是上天派下来执行神圣任务的或是有神附体的凡人，因此拥有神性，能执行神圣任务。

此外，传教士把义和团塑造为一股邪恶势力，罪行罄竹难书，而义和团拳民——可能也包括同情他们，但没有直接参与运动的数百万中国人——也把传教士甚至所有的外国人（包括中国教民）视作自己所处世界的邪恶之源、神灵震怒的直接原因。义和团揭帖中对旱灾原因的解释完全反映了宗教对现实的认识；揭帖还为运动参与者提供了清晰的行动指南，说明如何平息神灵怒火、恢复宇宙平衡。[16]此等观点被大众普遍接受，这点证据确凿。"洋鬼子来了，老天就不下雨了！"1900 年 5 月，一位传教

240

士在天津的街上听到有个男孩子这样喊。[17]

　　神明若使天不下雨，往往被认为凶悍易怒、睚眦必报，如果群体中某些代表转投他神或破坏了规矩，神明会惩罚整个信徒群体。而若是信徒认为群体里没有害群之马，反而可能是危难关头无辜的受害者，这时他们也期待神明发挥庇护的作用。战场上义和团拳民和基督徒对超自然主体的理解，正能说明他们对神灵作用的认识。[18]

故事与历史

　　作为一个既研究中国史又研究世界史的学者，对于历史观我最新的转变在于愈加欣赏历史故事以及讲述历史故事的价值。这一点似乎是在 20 世纪 80 年代中期某个时间涌入我脑海的。如果在 70 年代有人当面问我："故事呢？故事发挥什么样的作用？"实话说，我无从谈起。以今视昔，我要说自己对故事的兴趣虽在探究勾践故事对 20 世纪中国的影响时明确成为我的研究主线，但早在 20 世纪 80 年代中期某个节点，我无意之间已经开始体会到故事——或用更正式的术语"叙事"——的意义，这与我研究义和团时运用的三重方法有关。

　　剖析看待过去的不同方式时，我立志厘清事件、经历、神话三者的分界线。本书第七章已经讲到，《历史三调》三部分是倒着写的，写第一部分"作为事件的义和团"的绪论"历史学家重塑的过去"时，我已经拟就第二部分的绪论"人们经历的过去"和第三部分的"被神话化的过去"。待第二、第三部分完成后，我得以更游刃有余地分清：实际经历是混乱复杂、模糊不清的，而历史为混乱带来秩序、清晰。我当时写道，根本问题在于我们怎样厘清历史学家书写的"历史"和人们创造和亲历的"真实"。这是史学界以及在研究历史的哲学家、文艺理论家之间备受争议的话题。一些学者，如海登·怀特（Hayden White）认为，历史和真实之间没有本质上的连续性。他们相信历史的基本形式是叙事，而真实没有叙事的结构。因此，历史学家书写历史时会强加给历史本身没有的意义和框架。另外一些史家，如观点清晰、最具说服力的戴维·卡尔（David Carr）则认为，"无论我们是不是历史学家，是否在思忖过去，都本能地会采用叙事的结构来处理时间和日常生活"。卡尔直言，既然历史学家渴望阐释过去的真实，而叙事结构正是过去的真实不可或缺的一部分，那么历史和现实的关系，或用他的措辞"叙事和日常生活"的关系就是连续性的，而不是非连续性的。[19]

在这个问题上，我的立场介乎这两种极端之间，但更倾向于卡尔。我同意卡尔的观点，叙事不仅对个人来说，而且对群体来说都是日常生活的基本组成元素。因此历史学家的叙事化处理，本身并不会割裂人们经历的过去与历史学家重构的历史。然而，历史学家在重构的过程中往往引入其他因素，重构的实践虽不会完全割裂过去与历史，但会制造出一系列与界定直接经历截然不同的元素。[20]至少所有历史著作都会对过去高度简化、压缩，即便最出色的作品也不例外。就像义和团运动那样大的事件，历时数年，波及大半个华北，但一旦写成史书，却区区百页，只手可握，几个小时就能从头翻到尾。[21]

　　历史学家的工作，最重要的就是先理解过去发生的事情，然后解释给读者。然而我要指出，说亲历的历史和历史学家重构的历史之间泾渭分明是过度简化，是值得商榷的。于历史学家而言，亲历的历史或许凌乱混杂，但于亲历者而言却并非如此。人们生活中当然有纷繁复杂的部分，但至少一般来说，我们每个人认识自己的生活并不会觉得它混沌繁杂。所以在个人层面、个人亲身经历层面，叙事发挥着至关重要的作用。经历自己的人生时，我们本能地把生活纳入叙事框架中。丹尼尔·夏克特（Daniel L. Schacter）用心理学的语言写道："大脑主要通过记忆来试图理解经历，讲述关于经历的连贯的故事。想要认识自己的过去，我们只能依赖这些故事，所以它们深远影响了我们看待自己以及自己所作所为的方式。"[22]也就是说，我们"讲故事"给自己听，以此梳理自己的经历——这是记录自己的传记，而非构建历史。所以朱利安·巴恩斯（Julian Barnes）的小说《福楼拜的鹦鹉》（*Flaubert's Parrot*）中叙事主人公杰弗里·布拉斯韦特（Geoffrey Braithwaite）的话——书籍用来解释人生，而实际上，事情是自自然然就发生的——并不完全对。在实际的人生中，我们也渴求理解、解释，这种渴望我们每个人、每天、每时每刻都

242

可以主观体会到。[23]

经过长时间的思索，我最终发觉，只有分解整个义和团运动的实质，详述理解拳民的不同方式，才更能体味到故事在义和团历史中的角色。自然，这是我探究义和团现象被神话化时想到的，关于神话的章节虽然被放在书的最后，却是我最先写的部分，其中充斥着形形色色的故事。随着自己日益熟悉故事和讲故事的作用，我意识到书中讲述经历的章节，比如旱灾、法术、妇女秽物败法、降神附体、谣言、死亡等，同样也蕴含诸多故事。最后，撰写《历史三调》过程中，我更为理解历史学家重构过去的方法，也更深入地察觉到他们怎样用不同方式来讲故事。[24]到这时候，故事已成为我写历史的重要概念基础。

这点也是《历史三调》的一个有趣谜题。虽然《历史三调》1997 年才出版，但十几年前其核心思想已在我脑海中反复盘旋，那正是 1984 年《在中国发现历史》出版之时，书中极力支持以中国中心观来看待中国历史。然而读者您可能想到，本回忆录第五章我探讨中国中心观的局限之处时，讲到《历史三调》虽然在一些层面以中国为中心，但其主旨却不是讲中国历史，而是更宏大的如何认知历史书写。正如我在那一章写的，"关于这点并没有以中国为中心"。换句话说，正是引介、首肯中国中心观之时，我已经摩拳擦掌，在自己的研究中偏离了中国中心观。本书第五章已经言明，解决这个悖论相当轻而易举。我对中国中心观的拥护毕竟适用于中国历史研究。《在中国发现历史》讲中国中心观的那一章就叫"走向以中国为中心的中国史"。但在《历史三调》中，虽然阐发分析的主要材料援引自中国的义和团运动，但在开篇我就直言题中之义在于剖析一般历史学家如何写作历史，而中国的义和团充当了这项宏大事业推动者的角色。

我的下一本书《与历史对话》延伸了《历史三调》的一些脉络。其最鲜明的主题是妇孺皆知的越王勾践受辱、复仇的故事，尤其在20世纪20—30年代日本对中国虎视眈眈之时，该故事成为爱国叙事的一部分，更重要的是，在随后的场场危机中人们一再改编勾践故事，而这种方式令人想起20世纪不同时期，关于义和团拳民的神话或故事也几经改编。神话的创造者以各种方式从义和团的过去汲取他们想要的信息，灌输给当时的人们，在20世纪，人们也以类似方式，有意无意地加工了新版本的勾践故事，以迎合当时中国人不断变化的担忧。

前文我把勾践这一类故事称为"局内文化知识"，一个在这种文化中长大的人才会了解。美国史家即使去过中国，会用中文聊天，也极不可能知晓勾践故事乃至勾践的名字。研究勾践故事时，我私下调查了做现代中国研究的美国同事，他们所有人都会讲中文，也都在中国生活过，但没有一个人听说过勾践（我自己也是如此，若不是之前研究国耻时反复看到勾践的故事，我也不会知道）。

关于勾践故事有一件有趣的事。虽然东亚之外世界大部分地区的人都不知道勾践，但对他的故事却远非一无所知。这个故事

244

在东亚其他地区颇负盛名，包括一度与中国兵戎相见的国家。这其中的关键因素是汉字书写系统的使用。越南长期抵抗北方强大邻国的进攻，因此自诩为历史上的越国。1427 年，越南摆脱明朝统治，越南著名爱国文学家阮廌在其《平吴大诰》中将中国比作吴国。东亚其他地区也大抵如此。日本明治晚期国难之际，如 1894 年甲午战争之后三国干涉还辽（1895 年）及后来的俄日战争（1904—1905 年）期间，越王勾践故事均被使用指日本似越国，面对着实力远胜于自己的敌国。[25]熟读文言文的东亚人撰写的著作中也时常出现勾践故事的典故，这一点无须解释。总而言之，我想说的是虽然勾践故事是中国文化传统的一部分，但这一传统不只存在于中国，往前推几十年，东亚其他国家的知识分子均受中国经典滋养，勾践故事也深入他们骨髓，如同欧洲精英在学校研习古希腊、古罗马典籍一般。[26]勾践故事不仅是中国人，也是越南人、朝鲜人、韩国人、日本人的局内文化知识。

　　本书第十章讲到，《与历史对话》也成为我最新出版的《历史与大众记忆》的出发点，后者关注的是多个故事与历史的互动。勾践故事只是其中一个章节，其他章节聚焦塞尔维亚、法国、英国、以色列、巴勒斯坦和苏联的故事。这是我的第一本不是集中写中国的书。的确，前文已经讲到，我想写这本书主要就是为了把中国放在更广阔的世界舞台，去颠覆过去狭隘、画地为牢的地方主义视角。

　　之前讲到，我的历史观一部分是早期已经存在，一部分是后来萌发的。反讽的是，《历史与大众记忆》中这两部分历史观皆有。这本书主要探讨一种超越文化的现象，我在本书第十章中将之称为"另一种世界史，并非传统的基于交会、比较、影响的历史方法，而是着眼于另一类反复出现的规律，如同有血脉关系一般，独自生长，却很可能植根于一些人类的特性，归根结底，是人类自身经历中讲故事的共通性，超越了文化和地域的特性"。有意思的是，我在写作的早期已注意到这层超越文化的、人类共有的特点——我的治学工具之一（可参见本书第二章对王韬的讨论）——已被与讲故事紧密相连起来，而我这一部分的历史观是在 20 世纪 80 年代构思《历史三调》时才冒出来的。

一确定故事和讲故事的重要性，它便成为我历史观的核心思想。最初领会故事的作用是受到关于义和团拳民变化多端的神话的启示。后来，故事成为我打开勾践故事里那面相众多的主角的钥匙——时代环境不同，他的形象也在不断演变。故事亦是我新书中"大众记忆"的基石。上一章讲到，书中我细分了大众记忆与严肃历史的区别，虽然历史学家认为此类区分大有必要，但我注意到普通人往往搞不清楚二者，历史学家给出的真相往往无法与引人入胜的历史故事的力量抗衡，这些故事虽然自称讲述历史真相，其实被严重神话化或政治扭曲。

历史学家一般比较重视严肃历史。然而，严肃历史和大众记忆之间的关系远比人们认识的更复杂、更模糊。原因之一前文已经讲到，是大众记忆往往包含真实的历史成分，而且普通人甚至 246

一些历史学家都难以分辨哪些是事实，哪些是虚构。原因之二是历史学家重构真实的过去时，常常甚至不可避免地会面对证据不足的问题——审视的过去越复杂，材料就越少——而我们不得不做出推断，以自己推断出的结果填补那些空缺。但问题是，我们难以保证这些推断不反映我们所生活、工作的社会的主流价值观和偏见，所以，即使我们试图挑战误导人们理解过去的古老神话，也可能不由自主地在叙述中引入新的神话。

所以在一定程度上，我们回到了本章开篇探讨历史模糊性的基调。但这也不过是一定程度而已，本章开篇的分析仅与这本回忆录相关。然而，回忆录不过是书写历史的一种形式，是很特殊的一种形式。其他很多形式也会提及回忆录作者不会理会的问题，因为这些问题并非他们的心头之重。例如，回忆录作者希望表达的过去、当时发生的事，相对离现在更近、有清晰的时间界定，一般都是主人公的成年生活，往往聚焦一个个体。因此回忆录作家——假设他们从事写作的话——只需告诉读者他们写过的书籍文章、著作主题、获奖情况、遭遇的批评，如此而已。当然这是有意简化了回忆录的实际内容，作者自然有无数选择，有写与不写某些东西的自由。但归根结底，写作回忆录相对简单，尤其是跟写法国大革命这种题材相比，因为后者定然复杂得多。书写法国大革命的历史学家，需要知晓的过去并非某一个人，而是大量、多元的人。但因牵涉的地域极广，做到深入理解是不可能的，一部分原因是许多事情不仅根本没有记录，还有一部分原因是许多记录已然湮没了。此外，研究法国大革命的历史学家在重构这个事件时，有意无意间会在叙述中加入一些元素，而删去另一些元素。本书第七章已经指出，所有的历史学家，包括研究法国大革命的历史学家和回忆录作者，都有个人议程。

由此说到一个相关话题：历史学家，包括回忆录作家，如何处于现在来看待过去、理解过去、书写过去？总有空隙需要弥合、空白需要填补，但即使历史学家穷尽一生弥合、填补，他们也不可避免要使用今天的语言，去尽力重构当时真实发生的故事，还要采用能够引起现在人们共鸣的方式。

也就是说，历史学家，包括回忆录作家和法国大革命学者，必须是精通多种语言的人——通晓当今的语言，也以人类所能到达的极限，通晓过去的语言。我们在这两个大相径庭的领域之间辗转游走，每个领域都有属于自己的理解难题——这或许是我们治学面临的最大挑战。这种困境永远无法完全克服，而且当时和现在的距离越远，这个挑战自然就越棘手。然而，任何成熟的历史学家都会认同，与这个挑战角斗，甚至拥抱这个挑战，深入探寻我们渴望了解的神秘过去，正是为历史学家带来满足感的最大来源。

附录: 作者论著
（按初版发表时间排序）

英文书籍

China and Christianity: *The Missionary Movement and the Growth of Chinese Antiforeignism*, *1860 – 1870* (Cambridge, MA: Harvard University Press, 1963) .

Between Tradition and Modernity: *Wang T'ao and Reform in Late Ch'ing China* (Cambridge, MA: Harvard University Press, 1974); paperback reprint with new preface (Cambridge, MA: Council on East Asian Studies, Harvard University, 1987) .

Reform in Nineteenth-Century China, coedited with John E. Schrecker (Cambridge, MA: East Asian Research Center, Harvard University, 1976).

Report on the Visit of the Young Political Leaders Delegation to the People's Republic of China (New York: National Committee on United States-China Relations, 1977) .

Discovering History in China: *American Historical Writing on the Recent Chinese Past* (New York: Columbia University Press, 1984); second paperback ed. with new preface, 1996; reissue with new introduction by author, 2010.

Ideas Across Cultures: *Essays on Chinese Thought in Honor of Benjamin I. Schwartz*, coedited with Merle Goldman (Cambridge, MA: Council on East Asian Studies, Harvard University, 1990).

Fairbank Remembered, compiled with Merle Goldman (Cambridge, MA: John K. Fairbank Center for East Asian Research, Harvard University, 1992) .

History in Three Keys: *The Boxers as Event*, *Experience*, *and Myth* (New

York: Columbia University Press, 1997).

China Unbound: Evolving Perspectives on the Chinese Past (London: Routledge Curzon, 2003).

Speaking to History: The Story of King Goujian in Twentieth-Century China (Berkeley: University of California Press, 2009).

History and Popular Memory: The Power of Story in Moments of Crisis (New York: Columbia University Press, 2014).

A Path Twice Traveled: My Journey as a Historian of China (Cambridge, MA: Fairbank Center for Chinese Studies at Harvard University, 2019).

英文期刊文章、论文集文章及短文

"Missionary Approaches: Hudson Taylor and Timothy Richard," *Papers on China* 11 (1957): 29 – 62.

"The Hunan-Kiangsi Antimissionary Incidents of 1962," *Papers on China* 12 (1958): 1 – 27.

"The Anti-Christian Tradition in China," *Journal of Asian Studies* 20.2 (February 1961): 169 – 80; reprinted in *Christian Missions in China: Evangelists of What?*, ed. Jessie Lutz (Boston: Heath, 1965).

"Some Sources of Antimissionary Sentiment during the Late Ch'ing," *Journal of the China Society* 2 (1962): 1 – 19.

"Wang T'ao and Incipient Chinese Nationalism," *Journal of Asian Studies* 26.4 (1967): 559 – 74.

"Wang T'ao's Perspective on a Changing World," in *Approaches to Modern Chinese History*, ed. Albert Feuerwerker et al. (Berkeley: University of California Press, 1967).

"Ch'ing China: Confrontation with the West, 1850 – 1900," in *Modern East Asia: Essays in Interpretation*, ed. James Crowley (New York: Harcourt Brace and World, 1970).

Foreword to Sidney A. Forsythe, *An American Missionary Community in*

China, 1895 – 1905 (Cambridge, MA: East Asian Research Center, Harvard University, 1971) .

"Europe Goes East," in *Half the World: The History and Culture of China and Japan*, ed. Arnold Toynbee (London: Thames and Hudson, 1973) .

"Littoral and Hinterland in Nineteenth-Century China: The ' Christian ' Reformers," in *The Missionary Enterprise in China and America*, ed. John K. Fairbank (Cambridge, MA: Harvard University Press, 1974) .

"Discussion," in *Medicine and Society in China*, ed. John Z. Bowers and Elizabeth F. Purcell (New York: Josiah Macy, Jr. Foundation, 1974), 75 – 81.

"The New Coastal Reformers," in *Reform in Nineteenth-Century China*, ed. Paul A. Cohen and John E. Schrecker (Cambridge, MA: East Asian Research Center, 1976) .

"China Reaches a Milestone—and Relaxes: Some Signs Hint a Letup," *Boston Globe*, July 31, 1977, A3.

"Christian Missions and Their Impact to 1900," in *The Cambridge History of China*, vol. 10, ed. John K. Fairbank (Cambridge: Cambridge University Press, 1978) .

"Sino-American Relations, 1850 – 1900," in *The Historical Precedents for Our New Relations with China* (Washington, DC: Wilson Center, Occasional Paper No. 7, 1980) .

"Modern History," coauthored with Merle Goldman, in *Humanistic and Social Science Research in China*, ed. Anne F. Thurston and Jason Parker (New York: Social Science Research Council, 1980), 38 – 60.

"Sinological Shadowboxing: Myers and Metzger on the State of Modern China Studies in America," *Republican China* 9. 1 (October 1983): 5 – 10.

"The Quest for Liberalism in the Chinese Past: Stepping Stone to a Cosmopolitan World or the Last Stand of Western Parochialism? —A Review of *The Liberal Tradition in China* by Wm. Theodore de Bary," *Philosophy East and West* 35. 3 (July 1985): 305 – 10.

" ' State ' Domination of the China Field: Reality or Fantasy? A Reply to

Robert Marks," *Modern China* 11. 4 (October 1985): 510 – 18.

"A Reply to Professor Wm. Theodore de Bary," *Philosophy East and West* 35. 4 (October 1985): 413 – 17.

Review essay on Jacques Gernet, *China and the Christian Impact: A Conflict of Cultures* (Cambridge: Cambridge University Press, 1985), *Harvard Journal of Asiatic Studies* 47. 2 (December 1987): 674 – 83.

"Self-Strengthening in ' China-Centered ' Perspective: The Evolution of American Historiography," 载《清季自强运动研讨会论文集》（台北：中研院近代史研究所，1988），上册，第3—35 页。

"Our Proper Concerns as Historians of China: A Reply to Michael Gasster," *American Asian Review* 6. 1 (Spring 1988): 1 – 24.

"The Post-Mao Reforms in Historical Perspective," *Journal of Asian Studies* 47. 3 (August 1988): 518 – 40.

"Introduction," coauthored with Merle Goldman, in *Ideas Across Cultures: Essays on Chinese Thought in Honor of Benjamin I. Schwartz*, ed. Paul A. Cohen and Merle Goldman (Cambridge, MA: Council on East Asian Studies, Harvard University, 1990), 1 – 13.

"Response to Introduction: Situational versus Systemic Factors in Societal Evolution," in *Two Societies in Opposition: The Republic of China and the People's Republic of China after Forty Years*, ed. Ramon Myers (Stanford, CA: Hoover Institution Press, 1990), xlvii – liv.

"The Contested Past: The Boxers as History and Myth," *Journal of Asian Studies* 51. 1 (February 1992): 82 – 113.

"John King Fairbank (24 May 1907 – 14 September 1991)" [biographical memoir], *Proceedings of the American Philosophical Society* 137. 2 (June 1993): 279 – 84.

"Cultural China: Some Definitional Issues," *Philosophy East and West* 43. 3 (July 1993): 557 – 63.

"Obituary for Lloyd Eastman," coauthored with Parks M. Coble and Patricia Ebrey, *Journal of Asian Studies* 52. 4 (November 1993): 1110 – 12.

Foreword to Edward V. Gulick, *Teaching in Wartime China: A Photo-Memoir*, 1937 – 1939 (Amherst: University of Massachusetts Press, 1995).

"Imagining the Red Lanterns," *Berliner China-Hefte* 12 (May 1997): 83 – 97.

Review essay on Daniel H. Bays, ed., *Christianity in China: From the Eighteenth Century to the Present* (Stanford: Stanford University Press, 1996), *China Review International* 5. 1 (Spring 1998): 1 – 16.

"Time, Culture, and Christian Eschatology: The Year 2000 in the West and the World," *American Historical Review* 104. 5 (December 1999): 1615 – 28.

"Memorial to Benjamin I. Schwartz," coauthored with Merle Goldman and Roderick MacFarquhar, *China Quarterly* 161 (March 2000): 299 – 301.

"Introduction: Politics, Myth, and the Real Past," *Twentieth-Century China* 26. 2 (April 2001): 1 – 15.

"The Asymmetry in Intellectual Relations between China and the West in the Twentieth Century," 载张启雄编《二十世纪的中国与世界论文选集》（台北：中研院近代史研究所，2001），上册，第61—93页。

"Remembering and Forgetting the Twenty-One Demands: A Case Study in Manipulation of National Memory," in *Measuring Historical Heat: Event, Performance, and Impact in China and the West* (conference volume) (November 2001).

"Reflections on a Watershed Date: The 1949 Divide in Chinese History," in *Twentieth-Century China: New Approaches*, ed. Jeffrey N. Wasserstrom (London: Routledge, 2002). 此文后长篇扩充为 "Ambiguities of a Watershed Date: The 1949 Divide in Chinese History", 载 Paul A. Cohen, *China Unbound: Evolving Perspectives on the Chinese Past* (London: Routledge Curzon, 2003), 131 – 47。

"Remembering and Forgetting National Humiliation in Twentieth-Century China," *Twentieth-Century China* 27. 2 (April 2002): 1 – 39.

"Between China and America: The Career of Madame Chiang Kai-shek," *Wellesley* 88. 2 (Winter 2004): 34 – 38.

Foreword to Ye Weili (with Ma Xiaodong), *Growing Up in the People's Republic: Conversations between Two Daughters of China's Revolution* (New York: Palgrave Macmillan, 2005).

"Humanizing the Boxers," in *The Boxers, China, and the World*, ed. Robert Bickers and R. T. Tiedemann (Lanham, MD: Rowman and Littlefield, 2007), 179 – 97.

"Epilogue: Thoughts in Response," 204 – 8, in "Forum: Reflections on Paul A. Cohen's Contributions to Chinese Historical Studies," *Chinese Historical Review* 14. 2 (Fall 2007): 179 – 211.

"Coming Distractions: Speaking to History" (interview), *The China Beat*, September 26, 2008, http: //thechinabeat. blogspot. com/2008/09/coming – distractions – speaking – to – history. html.

"Boxer Uprising," in *Encyclopedia of Modern China*, ed. David Pong (Farmington Hills, MI: Charles Scribner's Sons/Gale Cengage Learning, 2009), 146 – 48.

"The Tenacity of Culture: Old Stories in the New China," in *The People's Republic of China at 60: An International Assessment*, ed. William C. Kirby (Cambridge, MA: Harvard University Asia Center for the Fairbank Center for Chinese Studies, 2011), 388 – 400.

"Boxers, Christians, and the Gods: The Boxer Conflict of 1900 as a Religious War," in *Critical Readings on Religions of China*, ed. Vincent Goossaert, 4 vols. (Leiden: Brill, 2012), 4: 1451 – 80.

Biography of Wang Tao (coauthored with Elizabeth Sinn), in *Dictionary of Hong Kong Biography*, ed. May Holdsworth and Christopher Munn (Hong Kong: Hong Kong University Press, 2012).

Biography of Hong Ren'gan, in *Dictionary of Hong Kong Biography*, ed. May Holdsworth and Christopher Munn (Hong Kong: Hong Kong University Press, 2012).

"Peter Hessler: Teacher, Archaeologist, Anthropologist, Travel Writer, Master Storyteller," *Journal of Asian Studies* 72. 2 (May 2013): 251 – 72.

"Between History and Memory: A Conversation with Paul A. Cohen," *Chinese Historical Review* 23. 1 (May 2016): 70 – 78 (interviewer: Hanchao Lu).

"Change over Time in Qing History: The Importance of Context," *Late Imperial China* 37. 1 (June 2016): 10 – 13.

"Nineteenth-Century China: The Evolution of American Historical Approaches," in *A Companion to Chinese History*, ed. Michael Szonyi (Hoboken, NJ: Wiley Blackwell, 2017), 154 – 67.

"How Has the Way We Study China Changed in the Last Sixty Years?," in *The China Questions: Critical Insights into a Rising Power*, ed. Jennifer Rudolph and Michael Szonyi (Cambridge, MA: Harvard University Press, 2018).

"My Taipei Days: A Reminiscence," in *The Field of Chinese Language Education in the U. S.: A Retrospective of the 20th Century*, ed. Vivian Ling (London: Routledge, 2018), 337 – 42.

中、日、韩文书籍、期刊论文及短文

《美国的中国近代史研究》，《历史研究》，第 2 期（1980），第 85—88 页。

《美国研究清末民初中国历史的新动向》，《复旦学报》，第 6 期（1981），第 73—84 页。

《美国研究清末民初中国历史的新动向》，载蔡尚思编《论清末民初中国社会》（上海：复旦大学出版社，1983），第 317—357 页（前文同题的全面分析）。

佐藤慎一譯：『知の帝国主義—オリエンタリズムと中国像』（東京：平凡社，1988）。

林同奇译：《在中国发现历史》（北京：中华书局，1989）；扩展本（北京：中华书局，2005）；重印版（北京：社会科学文献出版社，2017）。

林同奇译：《在中国发现历史：中国中心观在美国的兴起》（台北：稻香出版社，1991）。

柯保安（作者在台湾曾用名）著，李荣泰译，古伟瀛校：《美国的中国近代史研究：回顾与前瞻》（台北：联经出版公司，1991）。

《有争议的往事：作为历史与神话的义和团》，载《义和团运动与近代中国社会国际学术讨论会论文集》（济南：齐鲁书社，1992）。

《我的学术生涯》，《文史哲》，第 2 期（1994 年 3 月），第 61—63 页。

《我的老师费正清》，《文史哲》，第 3 期（1994 年 5 月），第 72—75、71 页。

《〈在中国发现历史〉新序》，《历史研究》，第 6 期（1996 年 12 月），第 95—105 页。

《以人类学观点看义和团》，《二十一世纪》，第 45 期（1998 年 2 月），第 93—102 页。

雷颐、罗检秋译：《在传统与现代性之间：王韬与晚清革命》（南京：江苏人民出版社，1998）。

《理解过去的三条途径：作为事件、经验和神话的义和团》，《世界汉学》，第 1 期（1998 年 5 月），第 122—132 页。

《二十世纪晚期中西之间的知识交流》，《文史哲》，第 4 期（1998 年 6 月），第 21—29 页。

柯文、戈德曼编，朱政惠等译：《费正清的中国世界：同时代人的回忆》（上海：东方出版中心，2000）。

杜继东译：《历史三调：作为事件、经历和神话的义和团》（南京：江苏人民出版社，2000）。

《义和团、基督徒和神：从宗教战争看 1900 年的义和团斗争》，《历史研究》，第 1 期（2001 年 2 月），第 17—28 页。亦载苏位智、刘天路编《义和团研究 100 周年国际学术讨论会论文集》（济南：山东大学出版社，2002），上卷，第 59—80 页。

《中国中心观的由来及其发展：柯文教授访谈录》，《史林》，第 4 期（2002 年 11 月），第 32—42 页。

《变动中的中国历史研究角度》，《二十一世纪》，第 78 期（2003 年 8 月），第 34—49 页。重印于中华书局 2005 年版《在中国发现历史》，第 246—276 页。

Lee Nam Lee 译：Hak Moon ei：Jae Gook Ju ei（《在中国发现历史》韩语版）（首尔：Sanhae Publishing，2003）；2013 年新版（首尔：SCH Press）。

《史学研究的标签暴政》，《二十一世纪》，第 87 期（2005 年 2 月），第 118—119 页。

《勾践故事在 20 世纪中国：跨文化视角》，载许纪霖、朱政惠编《史华慈与中国》（长春：吉林出版集团有限责任公司，2008），第 427—450 页。

《历史书写的无声之处：一位历史学者的自白——以〈历史三调：作为事件、经历和神话的义和团〉的撰写为例》，《文史哲》，第 3 期（2012 年 5 月），第 5—12 页。

杜继东译：《〈历史三调〉中文再版序》（北京：社会科学文献出版社，2014）；再版序言亦以《历史事实与历史叙写——〈历史三调〉中文再版序》为题，发表于《兰州学刊》（2014 年 11 月）。

雷颐、罗检秋译：《在传统与现代性之间：王韬与晚清改革》（北京：中信出版集团，2016）。

董铁柱译：《与历史对话：二十世纪中国对越王勾践的叙述》（香港：中华书局，2021）。

注　释

序言

1　Benedict Anderson, *A Life Beyond Boundaries* (London and Brooklyn: Verso, 　257
2016), 101; See also 189 – 90. 安德森强调文化差异的重要性，可与我
在哈佛读研究生时的老师 H. 斯图亚特·休斯（H. Stuart Hughes）的态
度观照。休斯 8 岁时，他的父母带他去欧洲游玩，他和我第一次出国的
感受有些相似。杰里米·D. 波普金（Jeremy D. Popkin）写道，休斯
"深受创伤"，"因为看到了一些东西，比如圣米歇尔山中世纪地牢里的
囚犯蜡像"（*History, Historians, and Autobiography* [Chicago: University of
Chicago Press, 2005], 132)。与我不同的是，休斯在自传中说自己马上
感到了旅途经历与后来立志成为历史学家之间的联系，"所以我很早就
找到了自己的志向：我想做欧洲历史学家。研究历史……是理清那次旅
行遗留的混乱、矛盾情绪的唯一方法"（*Gentleman Rebel: The Memoirs of
H. Stuart Hughes* [New York: Ticknor & Fields, 1990], 24)。

2　David Lowenthal, *The Past Is a Foreign Country* (Cambridge: Cambridge
University Press, 1985). 哈特利小说《送信人》（*The Go-Between* [London:
Hamish Hamilton, 1953]) 的开篇首句："过往即他乡，那里行事风俗不
同。"（The past is a foreign country; they do things differently there.)

第一章　开端

1　Paul A. Cohen, *China and Christianity: The Missionary Movement and the
Growth of Chinese Antiforeignism, 1860 – 1870* (Cambridge, MA: Harvard
University Press, 1963), vii.

2　Ryan Dunch, "On China and Christianity," in "Paul A. Cohen's　258

· 263 ·

Contributions to Chinese Historical Studies," special issue of *Chinese Historical Review* 14. 2 (Fall 2007): 183. 总理衙门是清政府 1861 年特设的机构，主管外交事务。

3   Paul A. Cohen and Hanchao Lu, "Between History and Memory: A Conversation with Paul A. Cohen," *Chinese Historical Review* 23. 1 (May 2016): 72. Ronald Suleski, *The Fairbank Center for East Asian Research at Harvard University: A Fifty Year History, 1955 - 2005* (Cambridge, MA: John K. Fairbank Center for East Asian Research, Harvard University, 2005); 这本书中有一张周四下午茶永久邀请函的复印件，在第 144 页后的照片集。

4   "Missionary Approaches: Hudson Taylor and Timothy Richard," *Papers on China* 11 (1957): 29 - 62.

5   费先生的文章是 "Patterns behind the Tientsin Massacre," *Harvard Journal of Asiatic Studies* 20 (1957): 480 - 511。

6   "The Hunan-Kiangsi Anti-Missionary Incidents of 1862," *Papers on China* 12 (1958): 1 - 27.

7   柯文：《中国与基督教》，第三章，尤见第 86—109 页。

8   我在台北的老师马静恒请我写了一篇讲述在台湾学中文经历的短文，收录在她和凌志韫 (Vivian Ling) 合作的 20 世纪美国中文教学研究项目中。本节部分内容取材于拙文 "My Taipei Days: A Reminiscence", in *The Field of Chinese Language Education in the U. S. : A Retrospective of the 20th Century*, ed. Vivian Ling (London: Routledge, 2018), 337 - 42。

9   也有例外——在中国研究领域也有获得博士学位、学术上颇有建树的女性。现在我能记起的哈佛同学里有波士顿大学教授戈德曼 (Merle Goldman)，其丈夫是卫斯理学院教授，研究苏联经济；以及冉玫铄 (Mary B. Rankin)，华盛顿特区的独立学者，丈夫也是华府的一位地质学家。

10   Jeremy D. Popkin, *History, Historians, and Autobiography* (Chicago: University of Chicago Press, 2005), 146 - 47. 也可参见 Henry Abelove et al. , eds. , *Visions of History* (New York: Pantheon, 1984), 99 - 122 对戴维斯的采访。澳大利亚历史学者吉尔·凯尔·康威 (Jill Ker Conway) 20 世纪 60 年代是戴维斯在多伦多大学历史系关系很好的同事，后担

任史密斯学院校长，她写道，60 年代初自己在哈佛博士毕业之后，女性在哈佛找到教职几乎不可能。*True North*: *A Memoir*（New York: Vintage Books，1995），31，58 – 59；See also Popkin，*History*，*Historians*，*and Autobiography*，147 – 48.

11　Jane Kramer，"Eat，Memory，" *New Yorker*，September 19，2016，84. 美国联邦储备委员会前主席珍妮特·耶伦（Janet Yellen）在 2017 年 5 月 5 日的一篇讲话中提到，直到 1974 年新法通过，女性申请贷款才无须男性做共同签署人。Binyamin Appelbaum，"To Lift Growth，Help Women Go to Work，Fed Chief Says，" *New York Times*，May 6，2017，B3.

12　Interview with Philip Galanes，"The Road to Activism，" *New York Times*（Style Section），September 18，2016，17.

13　费先生给作者的信，1960 年 11 月 15 日。

14　费先生给作者的信，1961 年 3 月 20 日。

15　费维恺给作者的信，1961 年 12 月 6 日。

16　哈佛燕京图书馆藏有篇幅更长的《辟邪纪实》——我在《中国与基督教》中有详细分析——但没有《辟邪实录》。《辟邪实录》是《辟邪纪实》的浓缩版，似乎更为传教士群体所知。山东滕州的传教士将之翻译过来，1870 年在上海出版。

17　作者给费先生的信，1961 年 6 月 28 日；费先生给作者的信，1961 年 7 月 27 日。

18　费先生给作者的信，1961 年 6 月 20 日。

19　作者给费先生的信，1961 年 8 月 12 日。

20　向纳利用当时研究的成果写成了 *Christian Converts and Social Protest in Meiji Japan*（Berkeley: University of California Press，1970）。

21　作者给费先生的信，1962 年 10 月 8 日。需要说明的是，20 世纪 50 年代后几年我读博士时还在上课，而研究生当助教的惯例至少在中国历史系入门课上还没有成形。因此执教密大前，我完全没有站讲台的经历。

22　12 月初，我给亚历山大写了一篇详细的备忘录，分析密大扩展中国研究方面的工作安排，其中很多要点来自之前给费维恺写的信。

23　哈佛大学出版社社长托马斯·J. 威尔逊（Thomas J. Wilson）1962 年 6 月 12 日给费先生的信，随附于费先生 1962 年 6 月 18 日给作者的信。

24　作者给费先生的信，1962 年 10 月 8 日。

259

25 作者给陈增辉的信，1985 年 6 月 3 日。编目的题目是《教案史料编目》（北平：燕京大学宗教学院书记室，1941）。

26 接受卫斯理学院聘请前，我在 1965 年 1 月 20 日接到费先生来函，正式邀请我担任东亚研究中心研究员。

第二章　王韬：清末变革之法

1 Paul A. Cohen, *Between Tradition and Modernity*：*Wang T'ao and Reform in Late Ch'ing China*（Cambridge, MA：Harvard University Press, 1974）.

2 这段王韬简介大体取材自 Paul A. Cohen and Elizabeth Sinn, "Wang Tao," in *Dictionary of Hong Kong Biography*, ed. May Holdsworth and Christopher Munn（Hong Kong：Hong Kong University Press, 2012）, 449 – 52。

3 西方影响是晚清变革的主要原因，这一学说的问题我在 *Between Tradition and Modernity*（Cambridge, MA：Council on East Asian Studies, Harvard University, 1987）序言中有分析。亦可参见本章最后一节。

4 John K. Fairbank, *China*：*The People's Middle Kingdom and the U. S. A.*（Cambridge, MA：Harvard University Press, 1967）, 104. 本节取材自柯文著《在传统与现代性之间》，第 143—153 页，稍有改动。

5 王韬：《弢园文录外编》（香港，1883），卷七，19a—b。

6 王韬的驳论见《弢园文录外编》，卷七，15b—19。

7 类似主题参见《弢园文录外编》，卷五，16b。

8 19 世纪维新派常引用《易经》这句话。杨联陞认为其意义接近人类学家阿尔弗雷德·克鲁伯（Alfred Louis Kroeber）的"穷尽一切可能性"（exhaustion of possibilities）。见杨联陞著《朝代间的比赛》，原刊《庆祝李济先生七十岁论文集》（台北：清华学报社，1965），第一卷，第 146 页。

9 Michael Gasster, "Reform and Revolution in China's Political Modernization," in *China in Revolution*：*The First Phase, 1900 – 1913*, ed. Mary C. Wright（New Haven, CT：Yale University Press, 1968）, 83. 着重号为原文所加。

10 关于"故事和讲故事的重要性"，本书后文有详谈。

11 罗伯特·E. 沃德（Robert E. Ward）谈到日本政治现代化时说："日本

完整的现代政治体系大约在 19 世纪 60—70 年代建成，但该体系的基本组成部分……可以往前再推 150 年至五六百年。这颠覆了人们对日本政治现代化的传统观点。在这些情况下，日本政治现代化不是明治维新以降一百年发生的过程，而是历经 250 年到六七百年准备、累积的结果，终至最后一百年政治变革的飞速发展、大幅拓宽。”见 Robert E. Ward, ed. , *Political Development in Modern Japan*（Princeton, NJ: Princeton University Press, 1968），第 580 页的终曲；亦见 Michael Gasster, “Reform and Revolution,” 84。

12 Paul A. Cohen, “Ch’ing China: Confrontation with the West, 1850 – 1900,” in *Modern East Asia: Essays in Interpretation*, ed. James B. Crowley（New York: Harcourt, Brace, & World, 1970），48 – 49。西里尔·E. 布莱克（Cyril E. Black）在发人深省的 *The Dynamics of Modernization: A Study in Comparative History*（New York: Harper and Row, 1966）一书中采取全球视角，称有七种各具特色的政治现代化模式；尤其重要的是，他认为中日同属一种模式，还有俄罗斯、伊朗、土耳其、阿富汗、埃塞俄比亚、泰国等六种模式。

13 为了让近代中国史摆脱西方冲击说，21 世纪的中国爱国学者声称明末时中国已出现资本主义和现代科技萌芽，当时西方还没有全面入侵中国。即便如此，这也远迟于江户时代的日本。列文森（Joseph R. Levenson）批判了中国的现代科技思想清初独立出现的说法，见 Joseph R. Levenson, *Confucian China and Its Modern Fate: The Problem of Intellectual Continuity*（Berkeley: University of California Press, 1958），3 – 14。

14 Mary C. Wright, *The Last Stand of Chinese Conservatism: The T’ung-chih Restoration, 1862 – 1874*（Stanford, CA: Stanford University Press, 1957），274.

15 见 Cohen, *Between Tradition and Modernity*, 67 – 73。

261

16 王韬支持变革缘由的演变见 Leong Sow-theng（梁肇庭），“Wang T’ao and the Movement for Self-strengthening and Reform in the Late Ch’ing Period,” *Papers on China* 17（1963）: 118ff。

17 王韬：《弢园文录外编》，卷一，10；亦见卷一，12b；卷五，17。

18 王韬：《弢园文录外编》，卷一，10、13；卷十一，13b。

19 Cohen, *Between Tradition and Modernity*, 69, 138 – 39, 152 – 53,

181，235.

20　削弱观点力度的词太多，一位评审表示不满，说我"削足适履"，见 C. A. Curwen, *Bulletin of the School of Oriental and African Studies* 39.3 (1976)：683 – 84。另外一位不满意最后一部分的评审是 W. S. Atwell，见 *China Quarterly* 67 (September 1976)：640 – 43。不过大多数学者的反应相当正面，如 Jerome B. Grieder, *Intellectuals and the State in Modern China：A Narrative History* (New York：Free Press, 1981), 130 – 31, 379。

21　有两本重要的著作认为，清末内陆地区商业的发展应得到比前人学说更大的认可，它们分别是 William T. Rowe, *Hankow：Commerce and Society in a Chinese City, 1796 – 1889* (Stanford, CA：Stanford University Press, 1984)；Susan Mann, *Local Merchants and the Chinese Bureaucracy, 1750 – 1950* (Stanford, CA：Stanford University Press, 1987)。曼素恩 (Susan Mann) 根据自己的研究，直接质疑 (见 *Local Merchants*, 27) 我的提议，认为将清末中国划分为两种截然不同的文化环境有失准确。我以为她这部分的论断不具有说服力，原因有二。第一，无论清末内陆经济商业化程度多高，其经济基础依然是农业。而沿海情况完全相反，我坚信沿海文化"比农业有着更商业化的经济基础" (*Between Tradition and Modernity*, 241)。第二，即使有证据表明沿海、内陆经济差距没有我想象的那么大，但经济之外的差距依然很大，如受西方影响的程度、上层价值取向、行政立法设置等。

22　冯桂芬最著名的改革著述《校邠庐抗议》1860 年前后于上海完稿，前言为 1861 年所作。我读到的是 1897 年上海广仁堂版。

23　忻平：《王韬评传》(上海：华东师范大学出版社，1990)。

第三章　下一步：《在中国发现历史》

262　1　费正清自述麦卡锡主义始末及其对拉铁摩尔和他本人的影响，见 *Chinabound：A Fifty-Year Memoir* (New York：Harper & Row, 1982), 331 – 51。

2　论文题目是《美国短期签证政策对外国科学家及美国国家利益的影响》("United States Temporary Visa Policy：Its Effects on the Foreign Scientist and on American National Interest")，1955 年春季获奖。该政策影响很大，以至于英国天才物理学家保罗·狄拉克 (P. A. M. Dirac) 1954 年

被美国拒绝签发入境签证。狄拉克 1933 年与埃尔温·薛定谔（Erwin Schrödinger）同获诺贝尔物理学奖。狄拉克签证被拒，可能因为他有几位苏联科学家朋友，而且他本人同情 20 世纪 30 年代的斯大林政府。见 Eric Hobsbawm，*Interesting Times：A Twentieth-Century Life*（New York：New Press，2002），183；Graham Farmelo，"Paul Dirac：The Mozart of Science，" available at http：//www. ias. edu/ideas/2008/farmelo – on – dirac（2016 年 11 月 4 日检索）。麦卡锡主义消亡后，美国政府这方面的敏感政策依然持续很久，波及许多科学界之外的人士。用英国历史学家艾瑞克·霍布斯鲍姆（Eric Hobsbawm）的话说，20 世纪 70 年代时，他已是"学界乃至政界备受崇敬的人物"，"人们认为"他的英国共产党党员身份"不过是著名历史学家、'坐飞机满天飞的学者'这个新物种一员的个人癖好而已。然而只有美国拒绝遗忘颠覆者霍布斯鲍姆的名字。80 年代末《外侨登记法》〔又称《史密斯法》（Smith Act）〕废止前，我一直不符合美国入境签证条件，我每年去一趟美国，每次去都被要求'放弃'这一身份"。Hobsbawm，*Interesting Times*，304；亦见第 389—391 页。

3　杰里米·波普金说，努力学习历史学家需要的技能，是"想在希望进入的群体中，证明自己能获方家青睐"。*History，Historians，and Autobiography*（Chicago：University of Chicago Press，2005），140.

4　演讲全文见 http：//www. historians. org/about – aha – and – membership/aha – history – and – archives/presidential – addresses/john – k – fairbank#25（2016 年 8 月 17 日检索）。

5　本章"导言部分"取材自 Paul A. Cohen，*Discovering History in China：American Historical Writing on the Recent Chinese Past*（New York：Columbia University Press，1984），ix – xiii；亦可见 2010 年增订重印版，第 xxix—xxxiii 页。

6　Paul A. Cohen，*China and Christianity：The Missionary Movement and the Growth of Chinese Antiforeignism，1860 – 1870*（Cambridge，MA：Harvard University Press，1963），264 – 65.

7　18 世纪时则截然相反，当时中国对欧洲思想界、装饰艺术、经济影响深远，举世公认；而且在 18 世纪之前，在一些领域也影响重大。

8　Paul A. Cohen，"Ch'ing China：Confrontation with the West，1850 – 1900，"

in *Modern East Asia : Essays in Interpretation*, ed. James B. Crowley (New
York : Harcourt, Brace, & World, 1970), 29 – 30；史华慈的话出自
Benjamin Schwartz, *In Search of Wealth and Power : Yen Fu and the West*
(Cambridge, MA : Harvard University Press, 1964), 1 – 2。

9　费先生更广为流传的著作中，这种倾向非常明显，特别是 Ssu-yü Teng
and John K. Fairbank, *China's Response to the West : A Documentary Survey,
1839 – 1923* (Cambridge, MA : Harvard University Press, 1954) 和 John K.
Fairbank, *The United States and China*, 4th ed. (Cambridge, MA : Harvard
University Press, 1979) 讲 19 世纪的章节。

10　拙文 "Ch'ing China," 29 – 61；此文经修订载 Paul A. Cohen, *Discovering
History in China : American Historical Writing on the Recent Chinese Past*
(New York : Columbia University Press, 2010 [1984]), 9 – 55。

11　邓嗣禹、费正清：《冲击与回应》，第一章。

12　Wilbert E. Moore and Neil J. Smeltzer, foreword, in S. N. Eisenstadt,
Modernization : Protest and Change (Englewood Cliffs, NJ : Prentice Hall,
1966), iii.

13　孔多塞侯爵与黑格尔的引言出自 Raymond Dawson, "Western
Conceptions of Chinese Civilization," in *The Legacy of China*, ed. Raymond
Dawson (Oxford : Clarendon Press, 1964), 14 – 15。20 世纪 60 年代初，
历史学家休·特勒弗－罗珀（Hugh Trevor-Roper）也表达过类似的观
点，他的电视讲座"基督教欧洲的崛起"开宗明义："未来也许有一
些非洲史可讲，但现在非洲史不存在，只有在非欧洲人史，其余皆黑
暗。"引自 Roland Oliver, *In the Realms of Gold : Pioneering in African
History* (London : Frank Cass, 1997), 284；亦见 Popkin, *History,
Historians, and Autobiography*, 175。

14　拙著 *Discovering History in China*, 61 – 79 详述了列文森的观点。

15　Mary C. Wright, *The Last Stand of Chinese Conservatism : The T'ung-chih
Restoration, 1862 – 1874*, rev. ed. (New York : Atheneum, 1965), 9 –
10, 300；Albert Feuerwerker, *China's Early Industrialization : Sheng Hsuan-
huai (1844 – 1916) and Mandarin Enterprise* (Cambridge, MA : Harvard
University Press, 1958)．

16　Benjamin Schwartz, "History and Culture in the Thought of Joseph

Levenson," in *The Mozartian Historian*: *Essays on the Work of Joseph R. Levenson*, ed. Maurice Meisner and Rhoads Murphey (Berkeley: University of California Press, 1976), 108 – 9.

17　Lloyd I. Rudolph and Susanne Hoeber Rudolph, *The Modernity of Tradition*: *Political Development in India* (Chicago: University of Chicago Press, 1972 [1967]), 4 – 6.

18　James Peck, "Revolution versus Modernization and Revisionism: A Two-Front Struggle," in *China's Uninterrupted Revolution*: *From 1840 to the Present*, ed. Victor Nee and James Peck (New York: Pantheon, 1975), 88, 90; 亦见此书序言: Victor Nee and James Peck, "Introduction: Why Uninterrupted Revolution?," 6。

19　Nee and Peck, "Introduction," 3.

20　Philip Kuhn, *Rebellion and Its Enemies in Late Imperial China*: *Militarization and Social Structure*, *1796 – 1864* (Cambridge, MA: Harvard University Press, 1970), 1 - 2, 5 – 6. 当时中国经济的货币化在一定程度上是由于外国银币流入，因此部分是外因。但孔飞力（第 51 页）提及仅人口爆炸一项就可能"为中国传统社会带来新的灾难"。这里亦有外因作用，但不少研究指向内因（Cohen, *Discovering History in China*, 210, n. 59）。

21　"Introduction: The Evolution of Local Control in Late Imperial China," in *Conflict and Control in Late Imperial China*, ed. Frederic Wakeman Jr. and Carolyn Grant (Berkeley: University of California Press, 1975), 2.

22　拙著 *Discovering History in China*, 166 – 169 探讨了开先河的省级、县级研究；亦见〔美〕裴士锋《湖南人与现代中国》，黄中宪译，社会科学文献出版社，2015，此书很有洞见。

23　施坚雅的思想对中西学者影响很深，其概要见拙著 *Discovering History in China*, 164 – 66。

24　对大众教育、识字率、宗教和叛乱的探讨，参见 *Discovering History in China*, 173 – 79。

25　James A. Henretta, "Social History as Lived and Written," *American Historical Review* 84. 5 (December 1979): 1293 – 1322 一文对"新社会史"有逸趣横生、理论丰富的讨论。Lawrence Stone, "History and the

264

Social Sciences in the Twentieth Century"，载其书 *The Past and the Present*（Boston：Routledge & Kegan Paul，1981），3 – 44，以更广阔的历史视角，分析了历史与社会科学之间的互动。

26 拙著 *Discovering History in China*，180 – 183 中分析了人类学对孔飞力和裴宜理（Elizabeth Perry）研究的影响。

27 Philip Kuhn，"The Taiping Rebellion," in *The Cambridge History of China*，vol. 10，Late Ch'ing，1800 – 1911，Part 1，ed. John K. Fairbank（Cambridge：Cambridge University Press，1978），264；William Rowe，*China's Last Empire*：*The Great Qing*（Cambridge，MA：Harvard University Press，2009），198 – 200.

28 见 Philip D. Curtin，"African History," in *The Past Before Us*：*Contemporary Historical Writing in the United States*，ed. Michael Kammen（Ithaca，NY：Cornell University Press，1980），113 – 30，esp. 119 – 130；Nicki Keddie，"The History of the Muslim Middle East," in *The Past Before Us*，131 – 56，esp. 141，148，151，154 – 55；Charles Gibson，"Latin America and the Americas," in *The Past Before Us*，187 – 202，esp. 194 – 195。

29 本节改写自 *Discovering History in China* 序言，第6—7页。

第四章　《在中国发现历史》：幕后故事

1 高家龙给作者的信，1987年4月20日。另有对本书教学价值的评价，见 Hanchao Lu（卢汉超），"A Double-Sided Mirror：On Paul Cohen's *Discovering History in China*"，part of a special forum titied "Paul A. Cohen's Contributions to Chinese Historical Studies," *Chinese Historical Review* 14. 2（Fall 2007）：189 – 91。

265 2 提议举办圆桌会的是《清史问题》（*Late Imperial China*）杂志主编梅尔清（Tobie Meyer-Fong）、副主编戴真兰（Janet Theiss）。与会讨论嘉宾有王国斌（R. Bin Wong）、毕可思（Robert Bickers）、李怀印、季家珍（Joan Judge）和张勉治（Michael Chang）。

3 Li Huaiyin，*Reinventing Modern China*：*Imagination and Authenticity in Chinese Historical Writing*（Honolulu：University of Hawai'i Press，2013）.

4 见 Hanchao Lu，"A Double-Sided Mirror," 189 – 91；亦见拙文 "Epilogue：

Thoughts in Response", 集于《中国历史评论》特刊, "Reflections on Paul A. Cohen's Contributions to Chinese Historical Studies," *Chinese Historical Review* 14. 2（Fall 2007）: 205 – 6。

5　此处总结了我 1981 年 6 月 3 日对外审报告的回应。我把中文人名、名称改成了拼音（编者按: 指作者原以英文撰写回应时），指代两位外审时为方便起见用了"他"，我并不知道两位外审的身份。

6　Cohen, "Ch'ing China: Confrontation with the West, 1850 – 1900," in *Modern East Asia: Essays in Interpretation*, ed. James B. Crowley（New York: Harcourt, Brace, & World, 1970）, 29 – 61.

7　著名中国科学史学者李约瑟（Joseph Needham）。

8　读者来信, *Bulletin of Concerned Asian Scholars* 2. 4（Fall 1970）: 118。

9　Paul Cohen and John Schrecker, eds. , *Reform in Nineteenth Century China*（Cambridge, MA: East Asian Research Center, Harvard University, 1976）.

10　费先生来函是在 1990 年 11 月 30 日，最能说明他作为主编的认真，以及新添的一层紧迫感:

亲爱的柯文:

这本书稿是希望介绍中国历史研究的最新进展: 截至 1991 年该领域研究的主要方向、话题，侧重最近出版的著作和目前讨论的学说。

文本里不涉及文学艺术，所以插图不包含画作雕像。当然你应该没时间看完整本，只看自己感兴趣的就行，但希望你能就这些问题指点一二:

即使作为大纲，这本书有哪些没有提到的著作，还有哪些是不应该省略的?

提到的著作里，哪些大体来看是不应该被提到的?

最重要的是，哪些概念和著作，以及哪些学者写得有失准确? 哪些学者呢?

还想问你:

最后两章讲"文化大革命"和 1980 年代邓小平改革的。

地图和按话题推荐读物的设计。

2 月前能回复我最好不过。

11 前面几段改写自费先生去世后，我为他写的悼念文章，可见 Paul A. Cohen and Merle Goldman, comps., *Fairbank Remembered* (Cambridge, MA: John K. Fairbank Center for East Asian Research, Harvard University, 1992), 282 – 84。

12 见 1991 年 5 月 5 日，我给艾达·唐纳德写的两封信，一封是对书稿的大致想法，另一封是具体修改建议。

13 此书全名 *The United States and the Far Eastern Crisis, 1933 – 1938: From the Manchurian Incident through the Initial Stage of the Undeclared Sino-Japanese War*。

14 见《纽约时报》博格逝世悼词，1993 年 10 月 28 日。关于博格的生平故事，请见 Warren I. Cohen, ed., *New Frontiers in American-East Asian Relations: Essays Presented to Dorothy Borg* (New York: Columbia University Press, 1983), xvii – xxiv。

15 *Discovering History in China: American Historical Writing on the Recent Chinese Past* (New York: Columbia University Press, 1984), xiii – xiv; in expanded Lolo edition, xxxiii – xxxiv.

16 Cohen, ed., *New Frontiers in American-East Asian Relations.*

266

第五章　中国中心观的局限

1 本章部分内容取材自拙文 "Introduction to the 2010 Reissue: Further Reflections on the China-Centered Approach to Chinese History"，载拙著 *Discovering History in China: American Historical Writing on the Recent Chinese Past* (New York: Columbia University Press, 2010)，此文则改编自拙著 *China Unbound: Evolving Perspectives on the Chinese Past* (London: Routledge Curzon, 2003)，第 1—22 页的 "Introduction: China Unbound"。

2 Madeleine Zelin, *The Magistrate's Tael: Rationalizing Fiscal Reform in Eighteenth Century Ch'ing China* (Berkeley: University of California Press, 1984); William T. Rowe, *Hankow: Commerce and Society in a Chinese City, 1796 – 1889* (Stanford, CA: Stanford University Press, 1984); Benjamin A. Elman, *From Philosophy to Philology: Intellectual and Social Aspects of Change in Late Imperial China* (Cambridge, MA: Council on East Asian

Studies, Harvard University, 1984); Philip C. C. Huang, *The Peasant Economy and Social Change in North China* (Stanford, CA: Stanford University Press, 1985); Mary Backus Rankin, *Elite Activism and Political Transformation in China: Zhejiang Province, 1865 – 1911* (Stanford, CA: Stanford University Press, 1986); Prasenjit Duara, *Culture, Power, and the State: Rural North China, 1900 – 1942* (Stanford, CA: Stanford University Press, 1988); James M. Polachek, *The Inner Opium War* (Cambridge, MA: Council on East Asian Studies, Harvard University, 1992); Kathryn Bernhardt, *Rents, Taxes, and Peasant Resistance: The Lower Yangzi Region, 1840 – 1950* (Stanford, CA: Stanford University Press, 1992).

3　R. Bin Wong, *China Transformed: Historical Change and the Limits of European Experience* (Ithaca, NY: Cornell University Press, 1997); Kenneth Pomeranz, *The Great Divergence: China, Europe, and the Making of the Modern World Economy* (Princeton, NJ: Princeton University Press, 2000). 王国斌和彭慕兰的著作是 2002 年《美国历史评论》(*American Historical Review*) 一个论坛的焦点。参见 Kenneth Pomeranz, "Political Economy and Ecology on the Eve of Industrialization: Europe, China, and the Global Conjuncture," *American Historical Review* 107. 2 (April 2002): 425 – 46; R. Bin Wong, "The Search for European Differences and Domination in the Early Modern World: A View from Asia," *American Historical Review* 107. 2 (April 2002): 447 – 69。对彭慕兰《大分流》的长篇批评，见 Philip C. C. Huang (黄宗智), "Development or Involution in Eighteenth-Century Britain and China? A Review of Kenneth Pomeranz's *The Great Divergence: China, Europe, and the Making of the Modern World Economy*," *Journal of Asian Studies* 61. 2 (May 2002): 501 – 38; and Robert Brenner and Christopher Isett, "England's Divergence from China's Yangzi Delta: Property Relations, Microeconomics, and Patterns of Development," *Journal of Asian Studies* 61. 2 (May 2002): 609 – 62。彭慕兰对黄宗智的回应见 "Beyond the East-West Binary: Resituating Development Paths in the Eighteenth-Century World," *Journal of Asian Studies* 61. 2 (May 2002): 539 – 90。

4　我这里虽是简略介绍，但国家形成和大众抗议占据王国斌《转变的中国》一书中最长的篇幅，是他分析几世纪中欧经济发展的重要语境。

267

5   Pomeranz, *The Great Divergence*, 8, n. 13.

6   Wong, *China Transformed*, 282; Pomeranz, *The Great Divergence*, 8 - 10.

7   Wong, *China Transformed*, 17; Pomeranz, *The Great Divergence*, 7 - 8 (see also 70, 107, 112 - 13, 165). 彭慕兰和王国斌都探讨了工业革命前夕亚欧经济体的相似性，均主要集中在两书前两章。

8   这里对两位学者精心论证的观点做了过度简化的处理。例如，两位虽然都强调了煤的重要性，但彭慕兰更渲染欧洲在地理上的历史偶然，即欧洲不同于中国，欧洲最大的几个煤矿位于英国，且靠近绝佳水路运输渠道，商业富有活力，高超工匠众多。见 Pomeranz, *The Great Divergence*, 59 - 68。对王国斌和彭慕兰影响最深刻、较著名的评论、比较，应该是安德烈·贡德·弗兰克 (Andre Gunder Frank) 的书 *ReOrient: Global Economy in the Asian Age* (Berkeley: University of California Press, 1998)，这本书还把他们纳入了前人解决类似"宏观历史"问题研究的语境中。见 Gale Stokes, "The Fates of Human Societies: A Review of Recent Macrohistories," *American Historical Review* 106. 2 (April 2001): 508 - 25; and Gale Stokes, "Why the West? The Unsettled Question of Europe's Ascendancy," *Lingua Franca* 11. 8 (November 2001): 30 - 38.

9   Wong, *China Transformed*, 8.

10   Pomeranz, *The Great Divergence*, 25 - 26.

11   这里重点谈滨下，是因为他影响突出、史学背景深厚；还有许多其他学者也分析了亚洲区域系统，如马克·塞尔登 (Mark Selden)、乔万尼·阿瑞吉 (Giovanni Arrighi) 等。

12   Takeshi Hamashita, "The Intra-regional System in East Asia in Modern Times," in *Network Power: Japan and Asia*, ed. Peter J. Katzenstein and Takashi Shiraishi (Ithaca, NY: Cornell University Press, 1997), 113.

13   Takeshi Hamashita, "The Tribute Trade System and Modern Asia," in *Japanese Industrialization and the Asian Economy*, ed. A. J. H. Latham and Heita Kawakatsu (London: Routledge, 1994), 92 - 97 (引文出自第 96 - 97 页).

14   费先生对进贡、朝贡体系的理解见诸其多部作品，如与邓嗣禹合著的早期文章："On the Ch'ing Tributary System," *Harvard Journal of Asiatic Studies* 6 (1941): 135 - 246; 随后主编的文集: *The Chinese World*

268

Order：*Traditional China's Foreign Relations*（Cambridge，MA：Harvard University Press，1968）。对该体系早期研究的上佳评论，见 James L. Hevia，*Cherishing Men from Afar*：*Qing Guest Ritual and the Macartney Embassy of 1793*（Durham，NC：Duke University Press，1995），9 – 15。近些年对朝贡体系概念的批判讨论，见 Peter C. Perdue，"The Tenacious Tributary System," *Journal of Contemporary China* 24.96（2015）：1002 – 14；亦见《哈佛亚洲学报》（*Harvard Journal of Asiatic Studies*）审视朝贡体系及其近些年在国际关系领域作用的特别专题，尤见大卫·L.豪威尔（David L. Howell）"主编前言"（"Editorial Preface"）中的总结（77.1［June 2017］：vii – viii）。

15　我在《在中国发现历史》（英文版第 196 页）中直言，中国中心观与中国中心主义不同。中国中心主义意指世界以中国为中心，或在滨下的研究中，指一个区域以中国为中心。

16　Hamashita，"The Intra-regional System in East Asia in Modern Times," 115.滨下亚洲区域系统的海洋中心论亦可见"Overseas Chinese Networks in the Asian Historical Regional System，1700 – 1900"，载张启雄编《二十世纪的中国与世界论文选集》（上下册）（台北：中研院近代史研究所），上册，第 143—164 页。

17　此处篇幅有限，无法深入探讨汉一词作为民族名称的问题。最近阐明该词的研究认为，汉"是清朝为区分与汉族之外他者文化、民族不同的中国人的称谓"；"'汉族'是一个现代民族称呼，用以描述大部分不同于当今中国政府定义下五十五个'少数民族'的中国人群体"。见 Mark C. Elliott，*The Manchu Way*：*The Eight Banners and Ethnic Identity in Late Imperial China*（Stanford，CA：Stanford University Press，2001），383 – 84，n.75。

18　史景迁（Jonathan Spence）、傅礼初（Joseph Fletcher）、白彬菊（Beatrice Bartlett）等人开创了对清朝满族在中国经历的研究。过去二十多年此领域重要的英文著作点评，可见拙著《在中国发现历史》英文版的"Introduction to the 2010 Reissue," lxii，n.25。

19　Elliott，*The Manchu Way*，34.

20　Evelyn S. Rawski，"Reenvisioning the Qing：The Significance of the Qing Period in Chinese History," *Journal of Asian Studies* 55.4（November

1996）：832 – 33；Elliott, *The Manchu Way*, 28, 34；James A. Millward, *Beyond the Pass: Economy, Ethnicity, and Empire in Qing Central Asia, 1759 – 1864* (Stanford, CA: Stanford University Press, 1998), 13 – 15.

21 这是濮德培 (Peter C. Perdue) 的巨作 *China Marches West: The Qing Conquest of Central Eurasia* (Cambridge, MA: Harvard University Press, 2005) 关注的主题。

22 Dru C. Gladney, *Muslim Chinese: Ethnic Nationalism in the People's Republic*, 2nd ed. (Cambridge, MA: Council on East Asian Studies, Harvard University, 1996); Jonathan N. Lipman, *Familiar Strangers: A History of Muslims in Northwest China* (Seattle: University of Washington Press, 1997).

23 2000 年人口普查显示，维吾尔族当时人口超过八百万，90% 以上居住在新疆维吾尔自治区。Dru C. Gladney, *Dislocating China: Reflections on Muslims, Minorities, and Other Subaltern Subjects* (Chicago: University of Chicago Press, 2004), 206, 220.

24 Cohen, *Discovering History in China*, 161 – 72.

25 Lipman, "Hyphenated Chinese," 100 – 102（引文出自第 101 页）。米华健 (James Millward) *Beyond the Pass* 一书第 10—12 页也建议，处理中心 – 边缘地理划分时，严肃对待民族差异有重要意义。穆斯林群体内部的暴力冲突，杜磊注意到 "仍是教派内部、民族内部的，而不是穆斯林与穆斯林之外群体的宗教冲突"。Gladney, *Muslim Chinese*, viii.

26 这一蓬勃发展领域的代表性著作，拙著《在中国发现历史》有所援引，见 "Introduction to the 2010 Reissue," lxiii, n. 34。

27 该领域的论著数量很多，我远非专家。此处探讨的灵感多来自 Adam McKeown, "Conceptualizing Chinese Diasporas, 184 2 – 1949," *Journal of Asian Studies* 58. 2 (May 1999): 306 – 37; Philip Kuhn, "Toward an Historical Ecology of Chinese Migration," in *The Chinese Overseas*, ed. Hong Liu (London: Routledge, 2006), 1: 67 – 97；冼玉仪侧重香港在华人离散中关键作用的著作，以及她和我的讨论。

28 Elizabeth Sinn, "In-Between Places: The Key Role of Localities of Transit in Chinese Migration," paper presented at the Association for Asian Studies annual meeting, Washington, DC, April 6, 2002；亦见她的 *Pacific*

Crossing: *California Gold*, *Chinese Migration*, *and the Making of Hong Kong*（Hong Kong：Hong Kong University Press，2013），304 - 7（中译本：冼玉仪著，林立伟译：《穿梭太平洋：金山梦、华人出洋与香港的形成》［香港：中华书局，2019]）及本书多处注释。亦见 McKeown，"Conceptualizing Chinese Diasporas，"314 - 15，319 - 21；Philip A. Kuhn，*Chinese Among Others*：*Emigration in Modern Times*（Lanham，MD：Rowman and Littlefield，2008），14 - 15，51 - 52。

29　Kuhn，"Toward an Historical Ecology of Chinese Migration."王赓武对东南亚华人后裔利用多重过去构建新的身份有妙趣横生的讨论，见"Ethnic Chinese：The Past in Their Future，"paper presented at the conference on "International Relations and Cultural Transformation of Ethnic Chinese，"Manila，November 26 - 28，1998。

30　McKeown，"Conceptualizing Chinese Diasporas，"307，亦见第331页。

31　华人离散只是近几百年数场大规模移民活动之一，其他还有印度、非洲、亚美尼亚移民等。

32　Paul A. Cohen，*History in Three Keys*：*The Boxers as Event*，*Experience*，*and Myth*（New York：Columbia University Press，1997），xiv.

33　例如康豹（Paul R. Katz）在著作中明确应用了《历史三调》作为事件、经历、神话的三重视角，见 *When Valleys Turned Blood Red*：*The Ta-pa-ni Incident in Colonial Taiwan*（Honolulu：University of Hawai'i Press，2005）。 270

34　华人离散群体在进行各式各样的非地域化。一个具体案例是杜维明提出的"文化中国"概念。"文化中国"实质上指人们同意的可以客观地将之定义为"中国人"的一套价值观、行为模式、想法、传统；而且更主观来说，"文化中国"是自我认同为"中国人"的人感觉上的自我归属。策略上讲，文化中国的概念使离散华人即使没有生活在中国地理或政治空间，也可以谈论、塑造甚至界定中国、中国性的含义。见 Wei-ming Tu，"Cultural China：The Periphery as the Center，"*Daedalus*：*Journal of the American Academy of Arts and Sciences* 120. 2（Spring 1991）：1 - 32；及拙文 "Cultural China：Some Definitional Issues，"*Philosophy East and West* 43. 3（July 1993）：557 - 63。

35　比如可参见拙文 "The Tenacity of Culture：Old Stories in the New China，" in *The People's Republic of China at 60*: *An International Assessment*, ed. William C. Kirby (Cambridge, MA: Harvard University Asia Center, 2011), 388 – 400。

36　森并没有直接使用"文化本质主义"这个词，他在以下文章中驳斥了文化边界、文化失调（cultural disharmony）、文化特有等学说："East and West: The Reach of Reason," *New York Review of Books* 47 (July 20, 2000): 33 – 38（引文出自第 36 页）。

37　费正清在他的著作开篇就讲述中国与蛮夷打交道的经历及其对待蛮夷的态度，视之为中国回应西方的语境，见 John K. Fairbank, *Trade and Diplomacy on the China Coast*: *The Opening of the Treaty Ports*, *1842 – 1854* (Cambridge, MA: Harvard University Press, 1953)，第一章。我在《中国与基督教》中明确断言，传教士给中国官员带来的政治问题"本质上是次生问题，而根本问题在于更大的中西文化冲突"。Paul A. Cohen, *China and Christianity*: *The Missionary Movement and the Growth of Chinese Antiforeignism*, *1860 – 1870* (Cambridge, MA: Harvard University Press, 1963), 264.

38　Albert Feuerwerker, *China's Early Industrialization*: *Sheng Hsuan-huai* (*1844 – 1916*) *and Mandarin Enterprise* (Cambridge, MA: Harvard University Press, 1958); John K. Fairbank, Edwin O. Reischauer, and Albert Craig, *East Asia*: *The Modern Transformation* (Boston: Houghton Mifflin, 1965); Mary C. Wright, *The Last Stand of Chinese Conservatism*: *The T'ung – chih Restoration*, *1862 – 1874*, rev. ed. (New York: Atheneum, 1965); Joseph R. Levenson, *Confucian China and Its Modern Fate*: *The Problem of Intellectual Continuity* (Berkeley: University of California Press, 1958), 3.

39　Cohen, *Discovering History in China*, 189 – 90.

40　对史华慈思想主要方面的深入探讨，见 Paul A. Cohen and Merle Goldman, "Introduction," in *Ideas Across Cultures*: *Essays on Chinese Thought in Honor of Benjamin I. Schwartz*, ed. Paul A. Cohen and Merle Goldman (Cambridge, MA: Council on East Asian Studies, Harvard University, 1990), 1 – 13。

271　41　这里必须指出，并不是所有历史学家都接受人类处在共有处境的观点。谢和耐（Jacques Gernet）关于明末清初中西文化冲突的优秀著作中，一大缺陷是他提出在中国的西方传教士"发现自己身处另一种人类之中"。可参见其 *China and the Christian Impact: A Conflict of Cultures*, trans. Janet Lloyd（Cambridge: Cambridge University Press, 1985）, 247。综观全书, 谢和耐暗示, 以及在正文最后几页明示, 语言决定论力量强大, 任何跨文化研究和理解都没有意义。见我对此书的书评, 发表于 *Harvard Journal of Asiatic Studies* 47. 2（December 1987）: 674 – 83。

第六章　多重过去：《历史三调》

1　本章部分内容改编自拙著 *History in Three Keys: The Boxers as Event, Experience, and Myth*（New York: Columbia University Press, 1997）的序言和结论部分。本章曾为我在查尔斯顿大学（University of Charleston）和哥伦比亚大学的讲座内容, 此处有重大修改。以稍作改动的形式, 此章内容也载于拙著 *China Unbound: Evolving Perspectives on the Chinese Past*（London: Routledge Curzon, 2003）, 200 – 220。

2　Paul A. Cohen, *China and Christianity: The Missionary Movement and the Growth of Chinese Antiforeignism, 1860 – 1870*（Cambridge, MA: Harvard University Press, 1963）, 263.

3　我对该方法的描述, 最早出现在 1985 年申请约翰·西蒙·古根海姆纪念基金会（John Simon Guggenheim Memorial Foundation）和国家人文基金会（National Endowment for the Humanities）文件中。由于两个申请都成功了, 我得以在 80 年代后五年有整整两年的奢侈时光, 不用教学、担任委员会工作。1985 年 8 月 27 日, 我给同样对义和团心醉神迷的华志坚（Jeffrey Wasserstrom）写信, 总结了基金项目的大致内容, 当时题目是《探究历史认识论: 作为经历、事件、象征的义和团》:

　　我的基本想法是用义和团做案例, 探究历史认识论, 但还不确定怎么使最后成品形成体系。对照现在的目标, 可能可以构建一系列历史"横截面", 如同电影一样交互历史意识的不同层面。一个层面是义和团经历中不同阶段亲历者的想法、感受、行为, 如赤贫的农民青年为生存所迫, 加入所经过村子的拳坛; 1900 年数月酷暑, 使馆区被围攻的洋人至少一开始不知道生死几何。简而言之, 这些个体脑海中没有提前

272

存码整个"事件"，当时支配他们想法、行为的只是有限情况的认知坐标。第二个层面是引入整个事件本身的宏大主题，由历史学家等人叙述，这些人确实脑海中有整个图景（至少有一个版本的图景），期求阐明义和团现象本身，以及其与前后历史进程的关联。第三个层面（你的研究一直关注）是义和团的象征表征，存在于当代新闻媒体以及后来虚构、非虚构作品中提到的义和团和"义和团式"现象。这些象征不是为了厘清义和团历史，而是在后义和团的当代博得政治宣传分。我交叠这些不同层面的意识，是为了表现历史研究中的一些难以解释的事情，并阐明人创造的永恒固定历史与人书写的、使用的……永恒变化的历史之间的矛盾。

4　Mary C. Wright, "Introduction: The Rising Tide of Change," in *China in Revolution: The First Phase, 1900 – 1913*, ed. Mary C. Wright (New Haven, CT: Yale University Press, 1968), 1.

5　Jeffrey Wasserstrom, "The Boxers as Symbol: The Use and Abuse of the Yi He Tuan," 未刊论文（1984），第10—11页。

6　在美国，义和团受到纽约、旧金山激进派美籍华人的热烈赞扬。旧金山成立红卫兵党派，纽约出现义和拳组织，英文名是广东话的"I Wor Kuen"，1970年2月开始出版双语杂志《团结报》（*Getting Together*），该杂志是双月刊，有时是月刊。第二期题为《义和拳》的社论明确表述了该组织立场：

　　义和拳战士没有被洋人武器吓倒，因为他们相信决定战争胜负的更重要的因素不是武器，而是人们的团结一心……成千上万的妇女得到解放，加入红灯照等组织，与男子并肩作战、抗击洋人……太平天国和义和拳爱国志士点燃的星星之火，引发中国人民、世界人民伟大解放运动的燎原之势。（*Getting Together* 1.2 [April 1970]: 2；英文版）

7　《生活》（*Life*）杂志出版了三期图片故事，讲述"红卫兵"的历史背景，第一期用大量篇幅讲了"义和团起义"。见"Behind Mao's Red Rule: The 100 Violent Years," *Life*, September 23, September 30, and October 7, 1966。

8　见拙文"Imagining the Red Lanterns," *Berliner China-Hefte* 12（May

1997）：88 – 95。

9　Paul Veyne, *Writing History*：*Essay on Epistemology*, trans. Mina Moore-Rinvolucri（Middletown, CT：Wesleyan University Press, 1984）, 40.　273

10　电影《罗生门》部分情节来自 20 世纪初日本作家芥川龙之介的同名短篇小说。

11　哲学家保罗·利科（Paul Ricoeur）的有力论辩表明，即使是法国史学家费尔南·布罗代尔（Fernand Braudel）等年鉴学派（Annales school）的作品，他们声称本质上不是叙事，但依然内藏叙事结构。尤见 Paul Ricoeur, *Time and Narrative*, trans. Kathleen McLaughlin and David Pellauer（Chicago：University of Chicago Press, 1984）, 卷一, 第六章, 讲 "Historical Intentionality"。亦见 David Carr, *Time, Narrative, and History*（Bloomington：Indiana University Press, 1986）, 8 – 9, 175 – 77。

12　所有史学研究都有这样的问题。在直言自身职业之外社会、政治准则的学者间这一问题最为明显。比如优秀的社会历史学家贺萧（Gail Hershatter）在以下文章中隐约表达了这个问题，但并没有真正解决, 见 Gail Hershatter, "The Subaltern Talks Back：Reflections on Subaltern Theory and Chinese History," *Positions*：*East asia Cultures Critique* 1. 1（Spring 1993）：103 – 30。

13　J. H. Hexter, 引自 David Lowenthal, *The Past Is a Foreign Country*（Cambridge：Cambridge University Press, 1985）, 218。

14　阙名：《天津一月记》，载翦伯赞等辑《义和团》四册（上海：神州国光社，1951），第二册，第 153—154 页。

15　拙著《历史三调》第 65—67 页阐明了传记或自传意识与历史意识的区别。

16　这些口述历史资料虽全面讲述了拳民口中自己的经历，但对于探索每个拳民的意识来说完全不够。因为这些资料不是现在收集的，而且实质上不是由受访者，而是按访谈人的意识塑造的。无论如何，这些资料的丰富程度远不及义和团运动外国参与者的资料。外国参与者的资料仔细追溯了义和团运动之前或之后这些人的生活经历，或是前后兼有，见 Richard A. Steel, *Through Peking's Sewer Gate*：*Relief of the Boxer Siege, 1900 – 1901*, ed. George W. Carrington（New York：Vantage, 1985）; Eva Jane Price, *China Journal, 1889 – 1900*：*An American Missionary Family during the Boxer Rebellion*（New York：Scribner's，1989）等众多公开、未刊资料的描述。

17　两个事例见 Paul A. Cohen，"New Perspectives on the Boxers：The View from Anthropology," in Cohen，*China Unbound*，84 - 104（原以中文发表：柯文著、林立伟译：《以人类学观点看义和团》，《二十一世纪》，第 45 期［1998 年 2 月］，第 93—102 页）；Paul A. Cohen，"Boxers，Christians，and the Gods：The Boxer Conflict of 1900 as a Religious War," in Cohen，*China Unbound*，105 - 30（原为讲座，后以中文发表：李莉、陶飞亚、冼玉仪译：《义和团、基督徒和神：从宗教战争看 1900 年的义和团斗争》，《历史研究》，第 1 期［2001 年 2 月］，第 17—28 页）。

18　John Noble Wilford，*The Mysterious History of Columbus：An Exploration of the Man，the Myth，the Legacy*（New York：Knopf，1991），249 - 62. 以下事例可以说明哥伦布被塑造为截然相反的神话，结果激发出不同的情感。1991 年夏天，为纪念哥伦布登陆北美洲 500 周年，费城市政厅投票，决定把大约 6.5 公里长的德拉华道（Delaware Avenue）改名为哥伦布大道（Christopher Columbus Boulevard）。这次改名事件是意大利裔美国人推动的。但是一个活跃在"拒绝更名"联盟的阿帕奇族印第安人说，他们不愿意纪念"奴役有色人种"的代表人物。《纽约时报》，1991 年 8 月 25 日，第 271 页。一年后，哥伦布日大游行前，一群美国原住民在波士顿示威，游行大礼官做出如下回应："他们搞得我们意大利裔的英雄全都没有了……只剩下哥伦布这一位……他发现了美洲，怎么就不能放过他呢？"《纽约时报》，1992 年 10 月 11 日，第 18 页。

19　Don C. Price，"Popular and Elite Heterodoxy toward the End of the Qing," in *Heterodoxy in Late Imperial China*，ed. Kwang-Ching Liu and Richard Shek（Honolulu：University of Hawai'i Press，2004），431 - 62.

20　芮玛丽探讨过 20 年代国民党蒋介石领导期间，逐渐不再认同太平天国和革命，而越来越重视稳定、秩序。见其文 "From Revolution to Restoration：The Transformation of Kuomintang Ideology," *Far Eastern Quarterly* 14.4（August 1955）：515 - 32。

21　Stephen Uhalley Jr.，"The Controversy over Li Hsiu-ch'eng：An Ill-Timed Centenary," *Journal of Asian Studies* 25.2（February 1966）：305 - 17；James P. Harrison，*The Communists and Chinese Peasant Rebellions：A Study in the Rewriting of Chinese History* (New York: Atheneum, 1971), 128.

22 Harold Z. Schiffrin, *Sun Yat-sen and the Origins of the Chinese Revolution* (Berkeley: University of California Press, 1970), 23; 亦见 Marie-Claire Bergère, *Sun Yat-sen*, trans. Janet Lloyd (Stanford, CA: Stanford University Press, 1998), 33 – 34。

23 Nicole Constable, "Christianity and Hakka Identity," in *Christianity in China: The Eighteenth Century to the Present*, ed. Daniel H. Bays (Stanford, CA: Stanford University Press, 1996).

24 一个更复杂、痛苦的例子是海军海豹突击队队员鲍伯·克里（Bob Kerrey）越战期间的经历。1969 年 2 月 25 日，克里所在的队伍袭击了孤立的小村庄坦防（Thanh Phong），据说越共士兵藏身于此。夜袭结束后发现被杀死的不仅有越共士兵，还有妇女儿童。事实细节存在争议。克里的叙述见他的回忆录 *When I was a Young Man: A Memoir* (New York: Harcourt, 2002)。

25 Robertson Davies, *World of Wonders* (New York: Penguin: 1981), 58.

26 芭芭拉·麦尔霍夫（Barbara Myerhoff）为加州威尼斯（Venice）区域一个犹太人老年社区写了动人的民族志，其中她说受访者为了追求"个人的前后一致"，往往为创造"个人神话"牺牲"真实性和完整性"。见 *Number Our Days* (New York: Simon and Schuster, 1978), 37, 222。从更普遍意义上说，心理学家谢利·E. 泰勒（Shelley E. Taylor）说，对于大脑的健康运作，在很大程度上准确并不重要，更重要的是它进行的"创造性自我欺骗"的能力。见 *Positive Illusions: Creative Self-Deception and the Healthy Mind* (New York: Basic Books, 1989)。大卫·卡尔（David Carr）同样承认人们在"撰写、不断修改"自传的过程中，会侧重前后连贯，但是跟麦尔霍夫和泰勒相比，他更加坚持认为人们还是会笃行真实、纪实的准则。见 *Time, Narrative, and History*, 75 – 78, 98 – 99, 171 – 72。

27 林肯在 1862 年 8 月 22 日给霍勒斯·格里利（Horace Greeley）的信中写道："这场战争中，我至高无上的目标是拯救联邦，而不是挽救或摧毁奴隶制。如果不用解放任何奴隶就能拯救联邦，我就不用解放奴隶。"出自 *The People Shall Judge: Readings in the Formation of American Policy*, 2 vols. (Chicago: University of Chicago Press, 1949), 1: 768 – 69。

28 集中营近 75% 的囚犯是美国公民。相比之下，德裔、意大利裔美国人，以及旅居美国的德国、意大利公民，只有出于具体原因被认为是敌军间谍时才会有如此遭遇。

29 法国历史学家罗杰·夏蒂埃（Roger Chartier）评道，历史虽然是"众多叙事形式的一种……但依然独一无二，是因为历史与真相之间保持着特殊关系。更准确地说，构建历史叙事旨在重构过去的真相"。夏蒂埃的话发表在 1995 年蒙特利尔国际历史学大会会议论文上，转引自 Georg G. Iggers, *Historiography in the Twentieth Century: From Scientific Objectivity to the Postmodern Challenge* (Hanover, NH: Wesleyan University Press, published by the University Press of New England, 1997), 12。

30 *New York Times*, June 26, 1989, C13, C17.

31 这一问题的多层次探讨，可见罗温索（David Lowenthal）《过往即他乡》（*The Past is a Foreign Country*），尤见第 210—238 页。

第七章 《历史三调》：研究、写作、出版过程

1 Joseph Esherick, *The Origins of the Boxer Uprising* (Berkeley: University of California Press, 1987).

2 Paul A. Cohen, *Report on the Visit of the Young Political Leaders Delegation to the People's Republic of China* (New York: National Committee on United States-China Relations, 1977).

3 题为《现代中国》（"Modern China"），载 *Humanistic and Social Science Research in China: Recent History and Future Prospects*, ed. Anne F. Thurston and Jason H. Parker (New York: Social Science Research Council, 1980), 38 – 60。

4 汪熙给作者的信，1991 年 1 月 31 日。

5 汪熙给作者的电子邮件，2003 年 12 月 4 日。

6 作者给汪熙的信，2001 年 3 月 1 日。

7 这几页我的经历取材自给美国学术团体协会的报告，协会资助了我去中国参会的旅行费用。

8 1981 年会议结束超过 35 年后，今天清朝满族性的话题依然会引发历史学界争论。见本书第五章的讨论。欧立德（Mark Elliott）尤为排斥传统

276

的归化、汉化说，大力区分了满族、汉族之间的差异，见其书 *The Manchu Way：The Eight Banners and Ethnic Identity in Late Imperial China* (Stanford, CA：Stanford University Press, 2001)。

9　柯文：《美国研究清末民初中国历史的新动向》，《复旦学报》，第 6 期 (1981)，第 73—84 页。会议论文后结集出版，载蔡尚思等编《论清末民初中国社会》（上海：复旦大学出版社，1983）。

10　资中筠对《历史三调》一开始的评价援引自她给我的信，1997 年 7 月 2 日；她的书评文章发表于《读书》，第 1 期（1998），第 122—130 页。

11　本节大体为 1999 年我在巴特勒大学（Butler University）承办的印第安纳州历史学家学会讲座的内容，题为《历史重构的无声议程：机遇、策略和风险》（"Unspoken Agendas in Historical Reconstruction：Opportunities, Strategies, Risks"），之后被更名为《历史重构的无声之处：一位历史学者的自白》（"Silences in Historical Reconstruction：A China Historian's Confessions"），作为 2006 年在马萨诸塞州温汉姆（Wenham）市戈登学院（Gordon College）、2011 年山东大学讲座的内容。在山大的讲座由崔华杰、曲宁宁译为中文，题为《历史书写的无声之处：一位历史学者的自白》，《文史哲》，第 3 期（2012），第 5—12 页。

12　Paul A. Cohen, *History in Three Keys：The Boxers as Event, Experience, and Myth* (New York：Columbia University Press, 1997), 5, 213.

13　Cohen, *History in Three Keys*, 214, 292.

14　*New York Times*, March 10, 1989, C4.

15　1988 年 1 月，纽约谢亚球场（Shea Stadium）录像显示，球队休息时电视台工作人员"仔细瞧着大雪覆盖的座椅，指着威尔森的滚地球穿过巴克纳双腿之间时自己正在什么位置。那一刻发生的事如同珍珠港、巴比·汤森（Bobby Thomson）的全垒打、猫王逝世，被写入历史"。*New York Times*, January 17, 1988, S3.

16　《申命记》（*Deuteronomy*）第十一章第 13—21 节。

17　这两个例子均援引自 David Arnold, *Famine：Social Crisis and Historical Change* (Oxford：Basil Blackwell, 1988), 15。

18　R. K. Hitchcock, "The Traditional Response to Drought in Botswana," in *Symposium on Drought in Botswana*, ed. Madalon T. Hinchey (Gabarone：

277

Botswana Society in collaboration with Clark University Press, 1979), 92.

19 Erika Bourguignon, "An Assessment of Some Comparisons and Implications," in *Religion*, *Altered States of Consciousness*, *and Social Change*, ed. Erika Bourguignon (Columbus: Ohio State University Press, 1973), 326 – 27.

20 Arthur H. Smith, *China in Convulsion* , 2 vols. (New York: Fleming H. Revell, 1901), 2: 659 – 60.

21 事例均取自 Richard D. Loewenberg, "Rumors of Mass Poisoning in Times of Crisis," *Journal of Criminal Psychopathology* 5 (July 1943): 131 – 42。

22 Andrew Gordon, *Labor and Imperial Democracy in Prewar Japan* (Berkeley: University of California Press, 1991), 177.

23 Nwokocha K. U. Nkpa, "Rumors of Mass Poisoning in Biafra," *Public Opinion Quarterly* 41.3 (Fall 1977): 332 – 46.

24 见 Paul Rabinow, "Representations Are Social Facts: Modernity and Post-Modernity in Anthropology," in *Writing Culture*: *The Poetics and Politics of Ethnography*, ed. James Clifford and George E. Marcus (Berkeley: University of California Press, 1986), 241。

25 波士顿广播台 WEEI, 1988 年 6 月 19 日至 20 日。主播查尔斯·奥斯古德 (Charles Osgood) 说, 俄亥俄州围观的人普遍相信祈雨仪式有效, 无人对此提出质疑。

26 更多细节见拙文 "Boxers, Christians, and the Gods: The Boxer Conflict of 1900 as a Religious War," in Cohen, *China Unbound*: *Evolving Perspectives on the Chinese Past* (London: Routledge Curzon, 2003), 105 – 30。此文本为讲座内容, 后以中文出版: 柯文著, 李莉、陶飞亚、冼玉仪译:《义和团、基督徒和神——从宗教战争角度看 1900 年的义和团斗争》,《历史研究》, 第 1 期 (2001 年 2 月), 第 17—28、189 页。

27 Jane E. Brody, "Lucking Out: Weird Rituals and Strange Beliefs," *New York Times*, January 27, 1991, S11.

28 Mary Douglas, *Purity and Danger*: *An Analysis of the Concepts of Pollution and Taboo* (New York: Routledge, 1991), 68, 72.

29 Cohen, *History in Three Keys*, 122. 援引自新教传教士莎拉·博德曼·古德里奇 (Sarah Boardman Goodrich) 1900 年 5 月 25 日的一封信, 见 Cohen, *History in Three Keys*, 333, n. 13; 亦见第 319 页, n. 66。

30　Cohen, *History in Three Keys*, 119 – 45.

31　2000 年译本《历史三调：作为事件、经历和神话的义和团》由南京的
　　江苏人民出版社出版。2014 年同名修订版由社会科学文献出版社
　　出版。

32　张金才（时年 83 岁），原义和团三师兄，天津西郊人氏，其口述见南
　　开大学历史系 1956 级师生主编的《天津地区义和团运动调查报告》
　　（未出版），第 123 页。我征引的是 1987 年造访南开大学期间校方提供
　　的 1960 年原本油印版，未标注具体日期。

33　李源山（时年 79 岁），原拳民，天津人氏，见《天津地区义和团运动
　　调查报告》，第 134 页。

34　查尔斯·A. 德努瓦耶（Charles A. Desnoyers）的书评，见 *History*（Fall
　　1997）: 35。

35　Greg Dening, "Enigma Variations on History in Three Keys: A Conversational
　　Essay," *History and Theory: Studies in the Philosophy of History* 39. 2（May
　　2000）: 210；亦见彼得·伯克（Peter Burke）的评价： "History of
　　Events and the Revival of Narrative," in *New Perspectives on Historical
　　Writing*, 2nd ed. , ed. Peter Burke（University Park: Pennsylvania State
　　University Press, 2001）, 295。

36　翻译问题并不是译者的问题，编者删了少量文字。而且所有外国人
　　名、书名均被译成中文，但没有括注，这不仅使正文本身就有些令人
　　费解，最后篇幅甚长的参考书目也变得没什么用了。

37　雷颐：《史学家就是翻译家》，载柯文著、杜继东译《历史三调》（北
　　京：社会科学文献出版社，2014），第 i—v 页；亦见 "译后记"，译者
　　详述了初版的问题及 2014 年版的改进，载《历史三调》，第 376—
　　379 页。

38　引自希拉·莱文 1995 年 11 月 1 日给我的信。

39　下一章讲到 2003 年我出版了另一本书 *China Unbound: Evolving
　　Perspectives on the Chinese Past*（Routledge Curzon）。这是一本已发行的
　　论文集，不完全是新书。

第八章　从义和团到越王勾践：意料之外

1　会议论文集原计划确实是要出版，但据我所知最终没有出。三场会议的

278

最后一场论文得以出版，书名为 *Historical Truth*, *Historical Criticism*, *and Ideology*, ed. Helwig Schmidt-Glintzer, Achim Mittag, and Jörn Rüsen (Leiden: Brill, 2005)。

2　Lucian W. Pye, *The Spirit of Chinese Politics*: *A Psychocultural Study of the Authority Crisis in Political Development* (Cambridge, MA: MIT Press, 1968), 71 – 72.

279　3　国民政府军事委员会委员长南昌行营军团总部政治训练部编印《各种纪念日史略》(1932?)，第 103—109 页。

4　见《重编日用百科全书》（上海：商务印书馆，1934），第 5792—5793 页。

5　表格出自梁心著《国耻史要》（上海：日新舆地学社，1933 年第 6 次印刷；初版 1931 年），前辅文。该表格似乎在 1928 年由内政部首次发行，见徐国桢著《近百年外交失败史》（上海：世界书局，1929），第 203—205 页。

6　梁义群、羊劼、小叶编《一百个国耻纪念日》（北京：中国青年出版社，1995）。

7　《各种纪念日史略》中提到了 25 个类似的国家节日。所有国家纪念日、纪念方式，详见 Henrietta Harrison, *The Making of the Republican Citizen*: *Political Ceremonies and Symbols in China*, *1911 – 1929* (Oxford: Oxford University Press, 2000)。

8　如梁心著《国耻史要》；吕思勉著《国耻小史》（上海：中华书局，1919；初版 1917 年）；沈文濬编纂《增订国耻小史》（上海：中国图书公司和记，1924 年第 11 次印刷；初版 1910 年）；蒋恭晟著《国耻史》（上海：中华书局，1928 年再版；初版 1926 年）；佚名编《国耻痛史》（缺出版信息）；《国耻图》（上海：商务印书馆，缺出版日期，或为 1931 年或 1932 年）。还有许多书题目并没有"国耻"二字，内容却全然为国耻，如徐国桢著：《近百年外交失败史》；傅幼圃著《中国痛史》（上海：新华书局，1927）。

9　参见注释 8 的重印书籍。

10　如广东省教育厅厅长为《国耻史要》作序，详记勿忘自鸦片战争以来中国国耻，力劝读者购买。

11　见《增订国耻小史》。

12　Chow Tse-tsung, *The May Fourth Movement: Intellectual Revolution in Modern China* (Cambridge, MA: Harvard University Press, 1960), 22.

13　在此感谢华志坚寄给我《市民千字课》第 23 课 "国耻" 的复印件（该书的出版信息为：上海：商务印书馆，1929 年 1 月第 20 版；1927 年 3 月初版），第二册，第 52—53 页。

14　《平民千字课》第四册，第 24 课（上海：中华基督教青年会全国协会，1924 年第三版修订版），第 48—49 页。

15　何瑜、华立：《国耻备忘录：中国近代史上的不平等条约》（北京教育出版社，1995）。

16　吕涛：《国耻的开端》（北京：中国华侨出版社，1992）。

17　《国耻痛史》。

18　赵玉森：《国耻小史续编》（上海：中国图书公司和记，1924 年第 5 版）；支持社编：《国耻》（台北：文海出版社，1987?）；郭大钧、张北根：《勿忘 "九·一八" ——柳条湖事件前前后后》（北京：中国华侨出版社，1992）。

19　梁心：《自序》，载《国耻史要》，1931 年 6 月 30 日。其他关注中国国民性缺点的论述有《论血国仇宜先立国耻》，《东方杂志》，第 1 卷，第 4 期（1904 年 6 月 8 日），第 65—67 页；吕思勉：《国耻小史上》，第 1—3 页；《平民千字课》（1924 年版），第 4 册，第 48—49 页；傅幼圃：《中国痛史》，第 2—3 页。

20　勾践的故事几经改编，是中国儿童故事的经典之一。如《卧薪尝胆》（上海：中华书局，1921）；赵隆治编《勾践》（台北：华国出版社，1953）；杨牧之、黄克编《中国历史故事（春秋）》（北京：中国青年出版社，1986；初版 1979 年），第 115—124 页。截至 1986 年，《中国历史故事（春秋）》印刷 34.8 万本，大约可以说明勾践故事销量甚广。

21　《市民千字课》，第 52 页。

22　《国耻痛史》外封。

23　许多书名提及 "勿忘" 的主题。见郭大钧、张北根著《勿忘 "九·一八" ——柳条湖事件前前后后》（北京：中国华侨出版社，1992）。澳大利亚汉学家白杰明（Geremie Barmé）说，北京颐和园最近成为 "民族主义悲痛、爱国主义愤怒的象征"，再次出名。90 年代园中竖起一

280

面墙列举所有不平等条约，标题大字是"勿忘国耻"。Geremie Barmeé, "The Garden of Perfect Brightness, A Life in Ruins," *East Asian History* 11 (June 1996): 113. 感谢白杰明提供了他拍摄的这面墙的照片。20 世纪初"勿忘国耻"标语也很常见。(1915 年签署"二十一条"时这条标语随处可见，见周策纵 (Chow Tse-tsung) 著《五四运动史》(*May Fourth Movement*)，第 22 页。20 世纪初利用这条标语是为了警醒中国人有朝一日不忘复仇，20 世纪末是为了确保过去的耻辱绝不重现。

24 《前言》，载《一百个国耻纪念日》，第 11 页。类似宏大叙事亦可参见车吉心编《国耻——中国人民不该忘记》(济南：山东友谊书社，1992)，安作璋"序"，第 1—2 页。邵荣昌、吴家林主编：《勿忘百年国耻》上下册 (北京：中国人民大学出版社，1992)，张大中"序"，上册，第 i—iii 页；及此书结论，下册，第 354—360 页。

25 这方面最佳案例是煽动情绪的畅销书《中国可以说不》。见宋强等著《中国可以说不——冷战后时代的政治与情感抉择》(北京：中华工商联合出版社，1996)。对《中国可以说不》及背后受害者中心民族主义的上佳分析，见 Toming Jun Liu, "Uses and Abuses of Sentimental Nationalism: Mnemonic Disquiet in Heshang and Shuobu," paper presented at the annual meeting of the Association for Asian Studies, Boston, March 1999。

26 题为 "Remembering and Forgetting National Humiliation in Twentieth-Century China"，发表于期刊 *Twentieth-Century China*，27.2 (April 2002): 1 – 39。重印版见拙著 *China Unbound: Evolving Perspectives on the Chinese Past* (London: Routledge Curzon, 2003), 148 – 84。本章下一节内容主要取自此文前言、结论。

27 Prasenjit Duara, "Response to Philip Huang's 'Biculturality in Modern China and in Chinese Studies, '" *Modern China* 26.1 (January 2000): 32 – 37 (引文出自第 35 页)。

28 最先提出这点的是芮玛丽，见 *China in Revolution: The First Phase, 1900 – 1913* (New Haven, CT: Yale University Press, 1968) 序言；及石约翰著作 *Imperialism and Chinese Nationalism: Germany in Shandong* (Cambridge, MA: Harvard University Press, 1971)。亦有学者持不同观点，认为清末

反帝民族主义多见于士绅及中央政府的反对势力，见 Min Tu-ki, *National Polity and Local Power: The Transformation of Late Imperial China*, ed. Philip A. Kuhn and Timothy Brook（Cambridge, MA: Council on East Asian Studies, Harvard University, 1989），尤其是第 207—211 页。

29　冉玫铄剖析此点尤为精到，见 Mary Rankin, "Nationalistic Contestation and Mobilization Politics: Practice and Rhetoric of Railway-Rights Recovery at the End of the Qing," *Modern China* 28. 3（July 2002）: 315 – 61。

30　鲁迅讲阿 Q 被刚骂过的人打头，他的反应是："在阿 Q 的记忆上，这大约要算是生平第二件的屈辱。幸而拍拍的响了之后，于他倒似乎完结了一件事，反而觉得轻松些，而且'忘却'这一件祖传的宝贝也发生了效力，他慢慢的走，将到酒店门口，早已有些高兴了。"作者征引的英文版出自 "The True Story of Ah Q", in Lu Hsun［Xun］, *Selected Works of Lu Hsun*, 4 vols.（Peking: Foreign Languages Press, 1956）, 1: 92。

31　Benedict Anderson, *Imagined Communities: Reflections on the Origin and Spread of Nationalism*, rev. ed.（London: Verso, 1991［1983］）, 159.

32　清末及袁世凯担任中华民国大总统期间（1912—1916 年），这种矛盾亦存在。袁世凯当政期间，英文报纸《北华捷报》（*North China Herald*）印发过袁世凯政府给各省发出的电报翻译件，要求遏止中国 ²⁸² 接受"二十一条"导致的反日行动。"虽无因制止宣告爱国情感之行为，"电报部分内容如此写道，"但恐叛徒乘此机会，仍须严行管控此等行为莫越界。"《北华捷报》，1915 年 5 月 22 日，第 546 页。亦见 Karl G. Gerth, "Consumption as Resistance: The National Products Movement and Anti-Japanese Boycotts in Modern China," in *The Japanese Empire in East Asia and Its Postwar Legacy*, ed. Harald Fuess（München: Ludicium, 1998）, 135。

33　郑永年此书以下章节探讨了大众民族主义和官方民族主义之间棘手的关系，见 Yongnian Zheng, *Discovering Chinese Nationalism in China: Modernization and International Relations*（Cambridge: Cambridge University Press, 1999）, 87 – 110, 123, 133 – 34。

34　2001 年 4 月 1 日，一架美军侦察机与一架中国战斗机在海南岛和西沙群岛之间的上空相撞。《纽约时报》以夸张的笔法，描述中国的网上聊天室和 BBS，"中国顶尖学府里年轻人舆论的风向标"里面充满"对美帝国主义愤怒谴责的声音"，号召"严惩"，但《纽约时报》也注意到，"最具煽动性的评论无法发布，或被删除"。更能说明情况的是据报道，学生被禁止游行。报道见 Craig S. Smith, "American Embassy Officials Wait to See Plane's Crew," *New York Times*, April 3, 2001, 6; Erik Eckholm, "U. S. Envoy to Meet Chinese Foreign Minister as Negotiations on Plane Crew Continue," *New York Times*, April 6, 2001, A10。1991 年夏发生了另一种情况。见 Ian Baruma, *The Wages of Guilt: Memories of War in Germany and Japan* (New York: Farrar, Straus, Giroux, 1994), 123。

35 许多学者探究了这种区别的方方面面。如法国社会学家莫里斯·哈布瓦赫（Maurice Halbwachs）区分了传记记忆和历史记忆。前者指亲历过的事件，后者指间接通过书籍、纪念仪式等经历的事件。见刘易斯·科塞（Lewis A. Coser）为哈布瓦赫《论集体记忆》所作的序言：Maurice Halbwachs, *On Collective Memory*, ed. and trans. Lewis A. Coser (Chicago: University of Chicago Press, 1992), 23 – 24, 29 – 30。

36 "出于自身需要，语境一定会不断变化，"伊斯莱尔·罗森菲尔德（Israel Rosenfield）写道，"因此记忆从来不是固定绝对的。没有现在的记忆不存在。"出自 *The Invention of Memory: A New View of the Brain* (New York: Basic Books, 1988), 80。很能说明这点的是东西两德战后的经历，截然不同的现在导致对纳粹历史截然不同的记忆、遗忘模式。见 Claudia Koonz, "Between Memory and Oblivion: Concentration Camps in German Memory," in *Commemorations: The Politics of National Identity*, ed. John R. Gillis (Princeton, NJ: Princeton University Press, 1994), 258 – 80。

37 2001 年 11 月 1 日，劳特里奇出版社资深编辑克雷格·弗里（Craig Fowlie）、新书系编辑马克·塞尔登的信。

38 后续邀请的学者一样著作等身，有瓦茨拉夫·斯米尔（Vaclav Smil）、卜正民（Timothy Brook）、杜赞奇。

39 Benjamin I. Schwartz, "Introduction," in *China and Other Matters* (Cambridge, MA: Harvard University Press, 1996), 1.

40 给华志坚的电子邮件，1998 年 8 月 21 日。

283

41　给华志坚的电子邮件，2003 年 6 月 20 日；及华志坚给我的电子邮件，
　　2003 年 6 月 23 日。

42　2007 年 6 月 25 日，我邮件告知约翰·齐默决定签约加州大学出版社，
　　他一向慷慨大度，说："多谢告知。败给加大我不介意，他们为此书一
　　定会尽心尽力。"

第九章　局内人与局外人问题：《与历史对话》

1　本来为伦敦大学亚非学院举办的"1900 年：义和团、中国与世界"会
　　议口头报告内容，2001 年 6 月 22—24 日，伦敦。报告内容后被收入同
　　名著作 Robert Bickers and R. G. Tiedemann, eds., *The Boxers, China, and
　　the World* (Lanham, MD: Rowman and Littlefield, 2007), 179–97。

2　Paul A. Cohen, *Discovering History in China: American Historical Writing on
　　the Recent Chinese Past* (New York: Columbia University Press, 2010
　　reissue), xxii.

3　Arthur Miller, *Timebends: A Life* (New York: Grove Press, 1987), 348.

4　中国早期故事逐渐丰富的历程，宇文所安 (Stephen Owen) 有详述，见
　　Stephen Owen, ed. and trans., *An Anthology of Chinese Literature:
　　Beginnings to 1911* (New York: Norton, 1996), 88。书中宇文所安特地以
　　伍子胥为例，伍子胥正是勾践故事的中心人物。

5　圣女贞德的故事也一样没有固定文本，所以玛丽·戈登 (Mary Gordon)
　　说讲圣女贞德故事的人有多少，小说、电影、戏剧、电视中这个故事就
　　有多少版本。Gordon, *Joan of Arc* (New York: Lipper/Viking, 2000),
　　148–65.

6　关于林则徐，见文舟《论林则徐流放诗的用典艺术》，《新疆大学学报》
　　(哲学社会科学版)，第 24 卷，第 3 期 (1996)，第 89 页。关于曾国藩，
　　见薛麒麟著《曾国藩文化人格论》，《娄底师专学报》，第 1 期 (1995)，
　　第 55 页。关于蒋介石，见拙著《与历史对话》 (*Speaking to History: The
　　Story of King Goujian in Twentieth-Century China* [Berkeley: University of
　　California Press, 2009])，第二章。天使岛移民留下的诗歌用的勾践典
　　故，见 Him Mark Lai et al., *Island: Poetry and History of Chinese
　　Immigrants on Angel Island, 1910–1940* (San Francisco: Hoc Doi, 1980),　284

56，124－25，139，143，158，160。菲律宾中国移民对勾践故事的认同，见《看华视历史剧〈越王勾践〉》，http：//www. siongpo. com/20070323/forumI. htm（2007 年 5 月 5 日检索）。

7　"愚公移山"出自道家典籍《列子》。见"国立编译馆"编《愚公移山》，载《国民小学国语》13 卷（台北，1974），卷 4（第 23 课），第 65—66 页。及见"国立编译馆"编《曾文溪水库》，载《国民小学国语》，卷 12（第 6 课），第 17—19 页；"国立编译馆"编《愚公移山》，载《国民中学国文课教科书》6 卷（台北，1974），卷 3（第 15 课），第 67—70 页。

8　毛泽东在 1945 年 6 月 11 日中国共产党第七次全国代表大会闭幕词中，对这个故事进行了当代应用。见毛泽东著《愚公移山》，载《毛泽东选集》（*Selected Works of Mao Tse-tung*）（北京：外文出版社，1965），第三卷，第 321—324 页。后人的引用见《彻底搞好文化革命　彻底改革教育制度》，英文版载《北京周报》（*Peking Review*），1966 年 6 月 24 日，第 15—17 页；及 Liang Heng and Judith Shapiro, *Son of the Revolution*（New York：Vintage Books，1984），78，175。

9　中华文化圈此处被定义为东亚的中国、越南、日本、韩国，四国学者受中国传统经典教育，如同欧洲精英自小学习希腊、罗马经典一般。见拙著《与历史对话》（英文版，下同），第 229 页。

10　20 世纪 60 年代初，一位历史故事戏评论家观察道："今天，当党号召我们艰苦奋斗、发奋图强的时候，越王勾践的卧薪尝胆就吸引了更多的观众。"见王季思著《多写写这样的历史故事戏》，《剧本》，第 2—3 期（1961 年 2—3 月），第 121—122 页。

11　Jerome Bruner, *Making Stories*：*Law*，*Literature*，*Life*（Cambridge，MA：Harvard University Press，2002），7，34－35，60.

12　古代勾践故事的完整叙述，见柯文著《与历史对话》，第一章。

13　文献具体信息见柯文著《与历史对话》，第 242 页，注释 3。

14　详情参见柯文著《与历史对话》，第 242—243 页，注释 4。

15　David Johnson, "Epic and History in Early China：The Matter of Wu Tzu-hsü," *Journal of Asian Studies* 40. 2（February 1981）：255－71.

16　见柯文著《与历史对话》，第 243 页，注释 6。

17　文种与公元前 3 世纪屈原"契合儒家……忠臣遭昏君冷遇的悲剧主

题"。Timothy Cheek, *Propaganda and Culture in Mao's China*: *Deng Tuo and the Intelligentsia* (Oxford: Clarendon Press, 1997), vi.

18 柯文:《与历史对话》,第 59 页。

19 柯文:《与历史对话》,第 69—71 页。在中国古代一个人若被脱下上衣,则表示臣服,用以请罪道歉、恳求原谅。此图中勾践赤裸上体,不是表示承认错误,而是象征被压迫受害。勾践被囚吴国期间被迫做夫差马夫,与耶稣受辱一样,受尽吴国百姓嘲笑。

285

20 蒋介石日记(1934 年 2 月 15—16 日),载杨天石:《卢沟桥事变前蒋介石的对日谋略——以蒋氏日记为中心所做的考察》,《近代史研究》,第 2 期(2001),第 9 页。

21 蒋介石讲话摘自曾迭《越王勾践坐飞机》,《人言》,第 1 卷,第 1 期(1934 年 2 月 17 日),第 19 页。

22 杨天石:《卢沟桥事变前蒋介石的对日谋略——以蒋氏日记为中心所做的考察》,《近代史研究》,第 10 页。

23 漫画由蓝虹编画,题为《卧薪尝胆》,细节、插画见柯文著《与历史对话》,第 124—126 页。

24 王季思:《多写写这样的历史故事戏》,第 121—122 页。亦见柯文著《与历史对话》,第 270 页,注释 8。

25 茅盾:《关于历史和历史剧——从〈卧薪尝胆〉的许多不同剧本说起》(北京:作家出版社,1962)。此书原以文章形式刊于《文学评论》,第 5 期(1961),第 37—65 页;及第 6 期(1961),第 1—57 页。

26 关于曹禺及《胆剑篇》,见柯文著《与历史对话》,第 155—176 页。

27 拙著《与历史对话》第五章分析了萧军的《吴越春秋史话》和白桦的《吴王金戈越王剑》。

28 接下来几段内容细节,大多取材自拙著《与历史对话》第六章。

29 王智、唐锋:《也谈卧薪尝胆》,《党建与人才》,第 10—11 期(2002),第 53 页。

30 柯文:《与历史对话》,第 203—205 页(包含胡小龙家墙上字的照片)。

31 《中国学术期刊》(北京:清华同方光盘股份有限公司)在美国由明尼阿波利斯市 East View Publications 发行。

32 柯文:《与历史对话》,第 222、283 页(注释 50—51)。

33 钟离泉是虚构的越国铸剑大师,20 世纪 60 年代评剧《钟离剑》的主角。评剧中钟离泉将造剑之术传给孙女，孙女铸的 8000 把宝剑在勾践征吴中发挥大作用。见赵聪著《中国大陆的戏曲改革（1942—1967）》（香港：香港中文大学，1969）；刘乃崇《看评剧〈钟离剑〉后漫笔》，《戏剧报》，第 14 期（1961），第 22—25 页。

34　柯文：《与历史对话》，第 219—227 页。

35　马萨达和科索沃的例子，拙著《与历史对话》第 228—229、236—239 页有诠释；亦见 Lewis A. Coser, "Introduction: Maurice Halbwachs 1877 – 1945," in Maurice Halbwachs, *On Collective Memory* (Chicago: University of Chicago Press, 1992), 32 – 34, 分析了马萨达之战；Avishai Margalit, *The Ethics of Memory* (Cambridge, MA: Harvard University Press, 2002), 96 – 98, 分析了科索沃战役例子。奥巴马演讲节选自 David Remnick, "The Joshua Generation: Race and the Campaign of Barack Obama," *New Yorker*, November 17, 2008, 69 – 70。

第十章　故事的力量：《历史与大众记忆》

286　1　Simon Schama, "His Story, Our Story," *Financial Times*, June 9, 2012. 感谢文基贤告知我沙玛的这篇文章。

2　Jerome Bruner, *Making Stories: Law, Literature, Life* (Cambridge, MA: Harvard University Press, 2002), 27.

3　此论断有不少例外，本章讨论"大众记忆"一节涉及相关重要研究。

4　Bruner, *Making Stories*, 27.

5　下文对科索沃之战、塞族历史的分析援引自拙著 *History and Popular Memory: The Power of Story in Moments of Crisis* (New York: Columbia University Press, 2014), 1 – 32。

6　沃尔肯还举了两个例子：1620 年布拉格附近发生的白山战役（Bílá Hora），捷克人虽然在这场战役中惨败于哈布斯堡帝国（Habsburg Empire），但如今仍在纪念这一事件；1890 年，在美国南达科他州伤膝河（Wounded Knee），拉科塔族印第安人（Lakota Indians）遭美国第七骑兵团屠杀，被杀原住民的后代今天仍在纪念这一事件。

7　Vamik Volkan, "Chosen Trauma, the Political Ideology of Entitlement and Violence," 2004 年 6 月 10 日德国柏林会议论文；亦见其文 "Large-

Group Identity and Chosen Trauma," *Psychoanalysis Downunder* 6（December 2005）。

8　下文对二战中圣女贞德故事的分析援引自拙著 *History and Popular Memory*：*The Power of Story in Moments of Crisis*（New York：Columbia University Press，2014），109 – 148。

9　"不认为婴孩可爱的基因谱系已经消失了，因为婴孩没有得到好好照顾。" David Eagleman，*Incognito*：*The Secret Lives of the Brain*（New York：Pantheon Books，2011），99.

10　讲故事在现代智人（即我们现代人，*Homo sapiens sapiens*）早期进化中的作用，米歇尔·斯卡利塞·椙山（Michelle Scalise Sugiyama）乃论述最有力、例证最丰富的学者之一，见其文 "Narrative Theory and Function：Why Evolution Matters," *Philosophy and Literature* 25. 2（2001）：233 – 50。椙山写道："叙事无处不在，说明擅长或更擅长讲故事、理解故事的人，比不擅长、不会讲故事的有繁衍优势，因此将这种能力遗传给了后代"（第 235 页）。Jonathan Gottshall and David Sloan Wilson，eds.，*The Literary Animal*：*Evolution and the Nature of Narrative*（Evanston，IL：Northwestern University Press，2005），此书中的一些文章也颇有意趣。

11　Scalise Sugiyama，"Narrative Theory and Function," 234. 大卫·鲍德威尔（David Bordwell）和克莉丝汀·汤普逊（Kristin Thompson）说叙事是"时间、空间中一连串有因果关系的事件"，见其书 *Film Art*：*An Introduction*，4th ed.（New York：McGraw-Hill，1993），65。

12　马萨达的犹太领袖是埃拉扎尔·本·亚伊尔（Elazar ben Yair）。有一本讲马萨达之战的绝佳历史小说是 Alice Hoffman，*The Dovekeepers*：*A Novel*（New York：Scribner，2011）。

13　Avishai Margalit，*The Ethics of Memory*（Cambridge，MA：Harvard University Press，2002），95. 亦可见 Jan Assmann，"Collective Memory and Cultural Identity," trans. John Czaplicka，*New German Critique* 65（Spring-Summer 1995）：125 – 33。

14　Ernest Renan，*What Is a Nation? Qu'est-ce qu'une nation?*，trans. Wanda Romer Taylor（Toronto：Tapir Press，1996），47. 奎迈·安东尼·阿皮亚（Kwame Anthony Appiah）在为玛格丽特的著作《记忆的伦理》（*The*

287

Ethics of Memory）写的书评中分析了勒南的观点，见 *New York Review of Books*, March 13, 2003, 35 – 37。亦可参见 Joep Leerssen, *National Thought in Europe: A Cultural History*（Amsterdam: Amsterdam University Press, 2006），227 – 31。

15　Bruner, *Making Stories*, 25.

16　Jonathan Gottschall, *The Storytelling Animal: How Stories Make Us Human*（Boston: Houghton Mifflin Harcourt, 2012），177；亦见第 28、197 页。

17　Mark Elvin, *Changing Stories in the Chinese World*（Stanford, CA: Stanford University Press, 1997），5.

18　Benedict Anderson, *Imagined Communities: Reflections on the Origin and Spread of Nationalism*, rev. ed.（London: Verso, 1991），5 – 7.

19　Margalit, *Ethics of Memory*, 99.

20　见《历史与大众记忆》，第 208—212 页。

21　夏蒂埃的话发表在 1995 年蒙特利尔国际历史学大会会议论文里，转引自 Georg G. Iggers, *Historiography in the Twentieth Century: From Scientific Objectivity to the Postmodern Challenge*（Hanover, NH: Wesleyan University Press, published by the University Press of New England, 1997），12。

22　Iggers, *Historiography in the Twentieth Century*, 119；亦可参见第 12—13、145 页。我自己对历史重构、实际、真相的认识，参见拙著《历史三调》（*History in Three Keys: The Boxers as Event, Experience, and Myth*［New York: Columbia University Press, 1997]），尤其是第 3—13 页。

23　David Lowenthal, *Possessed by the Past: The Heritage Crusade and the Spoils of History*（New York: Free Press, 1996），162 – 63.

24　本段对历史与记忆区别的分析，以及下一段对普勒姆、诺拉、罗温索、贝林等人的分析，援引自戈登·S. 伍德（Gordon S. Wood）对吉尔·拉波雷（Jill Lepore）著作 *The Whites of Their Eyes: The Tea Party's Revolution and the Battle over American History* 的书评，题为 "No Thanks for the Memories," *New York Review of Books*, January 13, 2011, 41 – 42。对历史、记忆区别问题清晰、有益的分析亦可参见 Pierre Nora, "Between Memory and History: Les Lieux de Mémoire," *Representations* 26（Spring 1989）: 7 – 24。

25　Jonathan Safran Foer, "Why a Haggadah?," *New York Times*, April

1，2012.

26　Beverley Southgate, *History Meets Fiction*（Harlow，UK：Pearson/Longman，2009）一书对虚构－非虚构问题的分析入木三分。

27　施瓦兹在一定程度上继承了哈布瓦赫的学说，但超越了哈布瓦赫的极端现在论。施瓦兹认为虽然林肯形象历经转变，但美国的一些基本特质、价值观屹立不摇。见刘易斯·科塞为哈布瓦赫《论集体记忆》所作序言"Introduction：Maurice Halbwachs 1877 - 1945，" in Maurice Halbwachs, *On Collective Memory*, ed. and trans. Lewis A. Coser（Chicago：University of Chicago Press，1992），第 30 页对施瓦兹观点的探讨。

28　Ken Burns, "A Conflict's Acoustic Shadows," *New York Times*, April 12, 2011, A21. 关于美国对内战认知的转变，亦见哈佛大学前校长德鲁·吉尔平·福斯特（Drew Gilpin Faust）题为"Telling War Stories：Reflections of a Civil War Historian"的演讲，由麻省坎布里奇市公共图书馆发布，2012 年 1 月 10 日，报道可见于 Katie Koch, "The Civil War's Allures and Horrors," *Harvard Gazette*, January 12, 2012；及安德鲁·德尔班科（Andrew Delbanco）给大卫·布莱特（David W. Blight）著作 *American Oracle：The Civil War in the Civil Rights Era*（Cambridge，MA：Harvard University Press，2011）写的书评，题为"'The Central Event of Our Past'：Still Murky," *New York Review of Books*, February 9, 2012, 19 - 21。

29　援引自戈登·伍德 "No Thanks for the Memories" 一文，第 42 页。

30　J. H. Plumb, *The Death of the Past*（1969；reprint, New York：Palgrave Macmillan，2004），106 - 7. 普勒姆对英国历史学家爱德华·吉本（Edward Gibbon）也做过类似点评，直言吉本在 18 世纪后半叶"将历史写作提到新高度"，他"追寻冷静、真实的历史，不受先入为主观念、目的论的影响。但他的冷静中，充盈着对人类无尽愚蠢与不公的温暖、宽容态度"（第 129—130 页）。

第十一章　当时与现在：两重历史

1　作者给傅高义的邮件，2000 年 4 月 18 日。我对傅高义的退休生活真可谓一语中的，退休后他不仅著述不减，还出版了权威巨著《邓小平时

288

代》（*Deng Xiaoping and the Transformation of China* [Cambridge, MA: Harvard University Press, 2011]；中译本：冯克利译，香港中文大学出版社编辑部译校 [香港：香港中文大学出版社，2012]）。

2　此处映入脑海的是华志坚邀请我写了一篇关于记者、作家何伟（Peter Hessler）的文章，其中反思了在加深美国人理解当代中国生活复杂性方面何伟做的贡献。见拙文 "Peter Hessler: Teacher, Archaeologist, Anthropologist, Travel Writer, Master Storyteller," *Journal of Asian Studies* 72. 2（May 2013）: 251 – 72。

3　Paul A. Cohen and John E. Schrecker, eds. , *Reform in Nineteenth-Century China*（Cambridge, MA: East Asian Research Center, Harvard University, 1976）, x.

4　见 Philip Kuhn, "The Taiping Rebellion," in *The Cambridge History of China*, vol. 10, Late Ch'ing, 1800 – 1911, Part 1, ed. John K. Fairbank（Cambridge: Cambridge University Press, 1978）, 264; William Rowe, *China's Last Empire: The Great Qing*（Cambridge, MA: Harvard University Press, 2009）, 198 – 200。

5　Paul A. Cohen, "Nineteenth-Century China: The Evolution of American Historical Approaches," in *A Companion to Chinese History*, ed. Michael Szonyi（Hoboken, NJ: Wiley, 2017）, 154 – 67.

6　Rowe, *China's Last Empire*, 149 – 85.

7　见林同奇著《"中国中心观"：特点、思潮与内在张力》（译者代序），载柯文著、林同奇译《在中国发现历史：中国中心观在美国的兴起》（北京：中华书局，1989），第1—34页。

8　Paul A. Cohen, *Speaking to History: The Story of King Goujian in Twentieth-Century China*（Berkeley: University of California Press, 2009）, 232 – 33.

9　Cohen, *Speaking to History*, 233; Marina Warner, *Joan of Arc: The Image of Female Heroism*（New York: Knopf, 1981）, 131 – 32.

10　Cohen, *Speaking to History*, 233 – 34. 《媒体时间》是纽约市公共电台WNYC制作的节目，网站（http: //www. wnycstudios. org/shows/otm）上有查尔斯·路易斯访谈的逐字记录，题为 "The Digging Life"。

11　Paul A. Cohen, "Wang T'ao's Perspective on a Changing World," in *Approaches to Modern Chinese History*, ed. Albert Feuerwerker, Rhoads

289

Murphey, and Mary C. Wright (Berkeley: University of California Press, 1967), 134.

12 Paul A. Cohen, *Between Tradition and Modernity*: *Wang T'ao and Reform in Late Ch'ing China* (Cambridge, MA: Harvard University Press, 1974), 69, 181，亦见第 138—139、152—153、235 页。

13 具体分析，见拙文 "Boxers, Christians, and the Gods: The Boxer Conflict of 1900 as a Religious War"，即《了解中国历史的挑战：演变视角》(*China Unbound*: *Evolving Perspectives on the Chinese Past* [London: Routledge Curzon, 2003])，第四章。

14 Cohen, *China Unbound*, 106; 126, n. 5.

15 Cohen, *China Unbound*, 108; 126, n. 8.

16 流传最广的揭帖之一，部分内容如下：

> 劝奉教，自信天，不信神，忘祖先。
> 男无伦，女行奸，鬼孩俱是子母产。……
> 天无雨，地焦旱，全是教堂止住天。
> 神发怒，仙发怨，一同下山把道传。

本文征引的英文原文由周锡瑞翻译，出自 Joseph Esherick, T*he Origins of the Boxer Uprising* (Berkeley: University of California Press, 1987)，299。重印自拙著 *China Unbound*, 108 – 9。

17 Cohen, *China Unbound* , 109.

18 Cohen, *China Unbound*, 112 – 18.

19 David Carr, *Time*, *Narrative*, *and History* (Bloomington: Indiana University Press, 1986), 9, 16; 亦见第 65、73、168—169、177 页。怀特的观点见其文 "The Question of Narrative in Contemporary Historical Theory," *History and Theory* 23. 1 (February 1984): 1 – 33。关于怀特和卡尔观点的深入对比，见 Jeremy D. Popkin, *History*, *Historians*, *and Autobiography* (Chicago: University of Chicago Press, 2005)，第二章。关于卡尔，波普金写道："卡尔理论的重要性在于，其切中肯綮地指出所有文学叙事形式都源于可以被称为更基本、文字诞生前的讲故事经历，无论我们

290

· 303 ·

认为这种更基本的经历是基于现实本身，还是人类文化的根本层面。"（第 55 页）

20　卡尔在此书最后一部分明言历史叙事的一些特性应与亲历者的叙事有别。然而区别不在于实质，而在于形式，于作者而言形式更重要。因此实际上历史学家有后见之明，笔下的亲历者则没有。但形式上现在的人们也有类似后见之明，卡尔称之为"部分后见之明"（quasi-hindsight），因为人们可以预测未来成果，按照未来预测成功的情景采取行动。见 Carr, *Time, Narrative, and History*, 168–77，亦见第 60—62 页。

21　Paul A. Cohen, *History in Three Keys: The Boxers as Event, Experience, and Myth* (New York: Columbia University Press, 1997), 4.

22　Daniel L. Schacter, *Searching for Memory: The Brain, the Mind, and the Past* (New York: Basic Books, 1996), 308.

23　Cohen, *History in Three Keys*, 4–5；亦见 Julian Barnes, *Flaubert's Parrot* (New York: Vintage, 1990), 168。

24　读者您可能想到，几十年前，费正清先生对我博士论文的主要批评正是我没有渲染 19 世纪 60 年代不断累积的紧张气氛，最终导致的那场"摄人心弦、震惊中外的天津教案，正可以把所有分析角度收尾到最强音。若是你能用杰出的编辑技巧搞定这点，写成畅销书几乎不在话下。因为这个故事正是不断积累，直到高潮"。费先生给作者的信，1960 年 11 月 15 日。

25　Cohen, *Speaking to History*, 229.

26　Cohen, *Speaking to History*, 229.

Jackson, Jesse, 146
Japan, 32, 98, 108, 137; and China, 10, 145, 194, 209, 243, 244, 284n9; Goujian in, 198, 201, 203, 244; Koreans in, 145; modernization of, 46, 260nn11–12; and national humiliation, 163, 165, 167, 172, 173, 195, 209, 243; in Taiwan, 18, 24; and tributary system, 100; Wang Tao in, 40; war crimes of, 282n34; wars with, 40, 145, 194, 205, 244
Japanese internment camps (U.S.), 124, 275n30
Jerome Robbins' Broadway (musical), 142
Jews, 145, 214. *See also* Palestine/Israel
Jiang Qing, 112
Jiangsu Renmin Chubanshe, 157
Jiang Yihua, 137
Joan of Arc, 186, 210, 212, 216–19, 223, 225, 236, 283n5
Johnson, David, 190
Johnson, Ian, 182
Joint Committee on Contemporary China (ACLS), 129
Journal of Asian Studies, 13, 26
Judge, Joan, 265n2

Kahin, George, 175
Kammen, Michael, 157
Kang Youwei, 49, 71
Karadžić, Vuk, 214
Katz, Paul R., 270n34
Kennedy, John F., 28
Kerrey, Bob, 274n26
King, Martin Luther, Jr., 207
Kirby, Bill, 181, 182
Korea, 100, 244, 284n9
Korean War, 22, 58
Kramer, Jane, 18
Kroeber, Alfred, 260n8
Kuhn, Philip, 36, 67–69, 72, 105, 234, 263n20
Kurosawa, Akira, 114

Laos, 100
Lattimore, Owen, 11, 58, 89
Lazar, Prince, 213, 214
Lebowitz, Alan, 5
Lee, Leo, 178
Legge, James, 39–40, 42
Lei Yi, 157
Les lieux de mémoire (Realms of memory; Nora), 224
Levenson, Joseph, 65, 78, 81, 108; death of, 91–92
Levine, Sheila, 158, 159, 160
Levine, Steve, 59
Lewis, Charles, 236–37
Liang Pao-shuo, 30
Liang Qichao, 40, 71, 134
Liang Xin, 166
Liang Yiqun, 167
Liezi, 284n7
Li Hongzhang, 40
Li Huaiyin, 75, 265n2
Lin, Helen, 35
Lincoln, Abraham, 124, 226, 275n29, 287n27
Ling, Vivian, 258n8
Lin Tongqi, 75–77, 235
Lin Tsung-yi, 18
Lin Zexu, 186
Lipman, Jonathan, 102, 103
Liu, Kwang-Ching, 15–16
Liuqiu (Ryūkyū) Islands, 100
Liu Shijiu, 153
Liu Xiaobo, 54, 261n24
Li Xiucheng, 121
Loehr, Max, 36
London Missionary Society Press, 38
Lowenthal, David, 6, 223, 224, 226
Lu Hanchao, 75, 183
Lüshi chunqiu (The annals of Lü Buwei), 190
Lü Shiqiang, 30
Lü Simian, 165
Lu Xun, 25, 112, 172, 281n30
Lu Yao, 138

Ma Jingheng, 30, 32–33, 258n8
Manchurian (Mukden) Incident (1931), 166, 195
Manchus, 101–2, 103, 120, 136, 171, 268n18, 276n8
Mann, Susan, 261n21
Mao Dun, 199–200
Mao Zedong, 17, 121, 140, 187; and Goujian story, 199–201
Margalit, Avishai, 220, 222
Marx, Karl, 222
Marxism-Leninism, 53, 58, 63, 136–37, 238
Masada (73 CE), 207, 210, 212, 220, 223, 225
Maslow, Jane, 231, 233
May Fourth period, 50
McCarthyism, 58, 89, 185, 262n2
McKeown, Adam, 105
memory: collective, 224, 225–26; community of, 220; folk, 224; popular, 212–14, 220, 222–27, 245–46; and story, 210–13, 242
Meyer-Fong, Tobie, 265n2
Michigan, University of, 27–28, 31–33, 34
migration, 97, 104–5, 106, 107, 186
Mihailovich, Vasa, 216
Miller, Arthur, 185
Minbao (journal), 120
Ming dynasty, 70, 260n13
Mirsky, Jonathan, 30
missionaries, 153, 270n39, 271n43; and antimissionary incidents (*jiao'an*), 15, 29; and Boxers, 111, 113, 123; Francis-can, 138; historiography of, 10–11, 15–16, 26, 61; and magic, 147, 149. See also *China and Christianity*
Modern China (journal), 60
Modernity of Tradition, The (Rudolph and Rudolph), 66
modernization: and change, 42–50; in China, 41–42; and Confucianism, 50; in Japan, 46, 260nn11–13; and modernity, 45; and national

humiliation, 173; in Russia, 260n12; Westernization as, 43, 67
modernization theory, 63–64, 71, 72, 96
Mongols, 102
Montenegro, 216
Morse, H. B., 29
Mountain Wreath, The (*Gorski vijenac*; Njegoš), 216
Mukden (Manchurian) Incident (1931), 166, 195
Munn, Chris, 210, 211
Munro, Donald J., 33
Murad I, Sultan, 213
Muslim Chinese, 102–3
Muslim rebellion, 72
Myerhoff, Barbara, 275n28
mythologization: autobiographical, 123–24; of baseball, 142–43, 150, 276n16; of Battle of Kosovo, 213–14; of Boxers, 112–14, 115, 120–22, 159, 184; of Columbus, 120, 121, 142, 274n18; in historiography, 116, 226–27, 246; and *History in Three Keys*, 140–41, 151; of "history" stories, 212, 219–20, 223; of Joan of Arc, 186, 210, 212, 216–19, 223, 225, 236, 283n5; of Masada, 207, 210, 212, 220, 223, 225; personal, 275n28; and role of historian, 125, 126, 127; and story, 240–41, 242, 243; of Taiping Rebellion, 120–21; validity of, 122, 123–25

Nanjing Massacre (1937), 282n34
Nankai University, 137
Nathan, Andrew, 90, 91, 92–93
National Committee on United States–China Relations, 129
national humiliation (*guochi*): and Chinese intellectuals, 169, 170, 172, 174; in communist vs. Republican periods, 167–69; Days of, 162–69, 179, 194; and experience, 174; and Goujian story, 166–67, 169, 177–80, 185, 192–95, 230; and Guomindang, 162, 163, 165,

图书在版编目（CIP）数据

走过两遍的路：我研究中国历史的旅程/（美）柯
文（Paul A. Cohen）著；刘楠楠译. -- 北京：社会科
学文献出版社，2022.5（2023.7 重印）

书名原文：A Path Twice Traveled：My Journey as
a Historian of China

ISBN 978 - 7 - 5201 - 9699 - 4

Ⅰ. ①走… Ⅱ. ①柯… ②刘… Ⅲ. ①柯文 - 回忆录
Ⅳ. ①K837. 125. 8

中国版本图书馆 CIP 数据核字（2022）第 046304 号

走过两遍的路：我研究中国历史的旅程

著　　者 / 〔美〕柯文（Paul A. Cohen）
译　　者 / 刘楠楠

出 版 人 / 王利民
组稿编辑 / 董风云
责任编辑 / 李　洋
责任印制 / 王京美

出　　版 / 社会科学文献出版社·甲骨文工作室（分社）（010）59366527
　　　　　　地址：北京市北三环中路甲 29 号院华龙大厦　邮编：100029
　　　　　　网址：www. ssap. com. cn
发　　行 / 社会科学文献出版社（010）59367028
印　　装 / 三河市东方印刷有限公司

规　　格 / 开　本：889mm × 1194mm　1/32
　　　　　　印　张：10.625　字　数：218 千字
版　　次 / 2022 年 5 月第 1 版　2023 年 7 月第 2 次印刷
书　　号 / ISBN 978 - 7 - 5201 - 9699 - 4
著作权合同
　　　　　 / 图字 01 - 2022 - 0330 号
登 记 号
定　　价 / 65.00 元

读者服务电话：4008918866